Klaus-Dieter John

Auf dem Wasser laufen

Diospi Suyana –
Der Glaube im Härtetest

BRUNNEN
Verlag GmbH · Giessen

Ein wichtiger Hinweis in eigener Sache:
Der Autor hat alle Ereignisse, die in diesem Buch beschrieben sind, nach bestem Wissen und Gewissen wiedergegeben. Die sorgfältigen Recherchen beziehen sich auch auf Zeit- und Ortsangaben. Einige wenige Namen wurden zum Schutz der beteiligten Personen bzw. des Autors abgekürzt bzw. verändert.

Über Diospi Suyana ebenfalls lieferbar:

Ich habe Gott gesehen. Diospi Suyana – Hospital der Hoffnung.
ISBN Hörbuch: 978-3-7655-8717-7
ISBN Buch: 978-3-7655-1757-0; ISBN ebook: 978-3-7655-7053-7

Gott hat uns gesehen. Diospi Suyana – eine Geschichte geht um die Welt
ISBN Buch: 978-3-7655-0930-8; ISBN ebook: 978-3-7655-7349-1

4. Auflage 2024

www.brunnen-verlag.de
Lektorat: Peter Butenuth und Team
Umschlagabbildung: Eunice Espinoza
Umschlaggestaltung: Jonathan Maul
Fotos innen: privat
Satz: DTP Brunnen
Herstellung: GGP Media GmbH, Pößneck
ISBN Buch 978-3-7655-0746-5
ISBN ebook 978-3-7655-7575-4

Dieses Buch widme ich all jenen,
die an Gott zweifeln und sich fragen,
ob Glaube, Hoffnung und Liebe eine
reale Grundlage haben.

Inhalt

Vorwort

Ein paar Freunde und ich saßen im Café „Deli Huasi" von Curahuasi und verspeisten gerade einen leckeren Imbiss. Da löste sich aus einer Gruppe von Menschen am Eingang unvermittelt ein Mann, der wie ein Peruaner aussah, und ging schnurstracks auf mich zu. Ich kannte ihn nicht, kam ihm aber wohl vertraut vor. „Doktor John", sagte er, ohne die üblichen südamerikanischen Gefälligkeiten vorauszuschicken, „falls Sie wieder einmal ein Buch schreiben sollten, wählen Sie als Titel *Auf dem Wasser laufen.*"

Sprach's, drehte sich um und verschwand durch die Tür. Sein Tipp war goldrichtig. Sein Vorschlag, kurz und knackig vorgetragen, machte deutlich, dass er die wahre Tragweite unserer Arbeit bei Diospi Suyana verstanden hatte.

Vielleicht haben Sie schon die kleine Anekdote von den drei Geistlichen gehört, die einen Fluss überqueren mussten. „Jesus hat doch gesagt, dass wir auf dem Wasser gehen können", rief der katholische Amtsbruder, „also dann mal los!" Vorsichtig tastend schritt er an der Oberfläche auf die andere Seite. Der Applaus seiner Kollegen tönte bis zum jenseitigen Ufer. Nun war der Protestant an der Reihe. Er nahm Anlauf, spurtete los und landete mit einem großen Bauchklatscher im Wasser. Es blieb ihm nichts anderes übrig, als Schritt für Schritt auf dem Grund weiterzulaufen. Das Wasser reichte ihm bis zur Hüfte. Triefend nass stieg er schließlich aus den kalten Fluten. Als Letzter schulterte der orthodoxe Priester seinen Rucksack und ging schweigend ohne jegliches Gehabe über den Fluss. Für ihn war die Übung offensichtlich eine reine Routine.

Der Protestant wechselte im Gebüsch verschämt die Kleider und seine Kollegen hatten deshalb etwas Zeit für ein kurzes Schwätzchen. Der Katholik kicherte und flüsterte dem orthodoxen Christen ins Ohr: „Wir hätten ihm fairerweise sagen sollen, wo die Steine liegen!".

Antwortete der Orthodoxe: „Welche Steine?"

Wenn wir im Vertrauen auf Gott Dinge wagen, die nach unserem gesunden Menschenverstand unmöglich sind – also auf dem Wasser laufen –, wird sich zwangsläufig eines der drei beschriebenen Szenarien abspielen. Wir versuchen es mit einem Trick und verkaufen die Steine im Wasser als Gottes übernatürliches Eingreifen. In Wirklichkeit lässt sich das vermeintliche Wunder aber mit harter Arbeit, Beziehungen, psychologischen Kniffen und anderen Faktoren bestens erklären. Vielleicht gehen wir auch einfach baden, weil Gott nicht eingreift. Entweder es gibt ihn gar nicht oder er hält sich aus unseren Belangen lieber heraus. Ein Schnupfen lässt sich noch verkraften, aber wenn die Gewässer mit Haien verseucht sind, wird es lebensgefährlich.

Wie steht es nun um die dritte Variante? Können wir unter Umständen tatsächlich „auf dem Wasser laufen"? Sprich: Kann man um echte Wunder beten? – Viele Jahre meines Lebens war diese Frage für mich von existenzieller Bedeutung. Mir ging es nie um Sensationshascherei. Ich wollte vielmehr wissen, ob die Aussagen der Bibel bezüglich eines ewigen Wesens, allmächtig und persönlich zugleich, in meinem begrenzten Dasein verifiziert werden könnten. Ich war auf der Suche nach Sinn, Liebe und Hoffnung.

Diospi Suyana ist ein umfangreiches Experiment mit Gott, an dem sich seit zwei Jahrzehnten Menschen aus vielen Ländern beteiligt haben. Die folgenden Geschichten aus diesem Erfahrungsschatz sind gewissenhaft recherchiert und exakt dokumentiert. Das abschließende Urteil, ob wir – also Sie und ich – auf dem Wasser laufen können, liegt bei Ihnen.

Klaus-Dieter John

Der Schock am Morgen

„Lassen Sie mich bitte noch kurz ein Telefonat mit meinem Anwalt führen“, sagte der Chef der sozialdemokratischen APRA-Partei und ging die Treppe in den ersten Stock hinauf.

Die Polizisten nickten und nahmen auf den gediegenen Sesseln im Wohnzimmer Platz. Sie hatten von der Staatsanwaltschaft den Auftrag erhalten, den früheren Präsidenten Perus in Untersuchungshaft zu nehmen. Auf zehn Minuten mehr oder weniger kam es jetzt nicht an. Immerhin hatten sich die Ermittlungen gegen den zweimaligen Staatschef jahrelang in die Länge gezogen. Nun war Alan Garcia „schachmatt“, wie TV-Moderator Jaime Bayly es am Abend in seiner Sondersendung formulieren würde.

Der Korruptionsskandal um den Baukonzern Odebrecht forderte ein weiteres prominentes Opfer. Die engsten Vertrauten des gewieften Politikers hatten von der brasilianischen Firmengruppe 4 Millionen US-Dollar an Schmiergeldern erhalten. Und Alan Garcia hatte während seiner Amtszeit als Präsident dem Konsortium den Zuschlag erteilt. Der Bau einer elektrischen Bahn für die Hauptstadt Lima, ein Milliardengeschäft, war den Brasilianern damit sicher. Es würde für Garcia kaum möglich sein, vor Gericht seine Unschuld zu beteuern, zumindest nicht auf glaubwürdige Weise.

Kurz darauf hallte ein lauter Knall durch das vornehme Haus. Die Beamten sprangen auf die Beine und rannten die Stufen nach oben. Die Tür ins Schlafzimmer war verschlossen. Sekundenschnell brachen die Männer das Schloss auf und stürmten in den Raum. Doch das, was sie sahen, ließ sie augenblicklich erstarren: Alan Garcia saß auf einem Stuhl und stöhnte. Von seiner rechten Schläfe rann Blut. Auf dem Boden lag ein Revolver. Alan Garcia hatte den Winkel für die

Schussbahn mit Bedacht gewählt. Selbst eine sofortige Notoperation in einem nahen Krankenhaus würde sein Leben nicht retten können. Um kurz nach 10 Uhr am Mittwochmorgen des 17. April 2019 verbreiteten die Massenmedien die Nachricht seines Todes.

Dr. Jens Haßfeld war der Erste, der mir auf der Krankenstation unseres Missionsspitals die Hiobsbotschaft zurief. Ich eilte umgehend in mein Büro und öffnete die Webseite von RPP, dem wichtigsten Nachrichtenportal Perus. Aus den Beiträgen konnte ich gleich entnehmen, welche Schockwelle der Freitod des Ex-Präsidenten im ganzen Land ausgelöst hatte. Meine Gedanken wanderten unwillkürlich zurück zu einem Ereignis am 26. Februar 2008:

Meine Frau und ich warteten mit unserem Urologen Dr. David Brady und Dr. Chorrea, einem hochrangigen Mitglied von APRA, in einem feinen Sitzungssaal des Regierungspalastes. Die Tür öffnete sich und Präsident Alan Garcia trat in Begleitung seiner Gattin Pilar Nores in das helle Licht der Kronleuchter. Nach dem üblichen Austausch von Höflichkeiten führte ich meine aufmerksamen Zuhörer anhand einer Laptop-Präsentation durch die Geschichte von Diospi Suyana. Ich begann mit unserem Jugendtraum, ein Leben lang gemeinsam als Ärzte für Menschen in Not zu arbeiten. Meine Frau Tina und ich hatten 2002 unsere verwegene Vision auf 100 Seiten zu Papier gebracht – wir wollten ein Hightech-Krankenhaus für die Nachfahren der Inkas bauen. Hoch oben in den Anden Südperus sollte diese moderne Klinik auf Spendenbasis entstehen, ohne Kredite, ohne Hilfe der Regierung und ohne Bill Gates.

Deshalb hatten wir alle unsere Hoffnungen auf die Karte des Glaubens gesetzt. Nur mit Gottes Hilfe könnte dieses medizinische Zentrum jemals Wirklichkeit werden.

Der höchste Würdenträger Perus und die First Lady blickten gebannt auf den kleinen Bildschirm, als ich von den unzähligen Fügungen und Wundern sprach, die wir bereits erlebt hatten. Auf geheimnisvolle Weise waren wir von einer höheren Macht auf verschlungenen Wegen geleitet worden und dem großen Ziel Schritt für Schritt näher gekommen.

Ich erzählte, wie ein gewisser Bauingenieur namens Udo Klemenz und seine Frau Barbara in der Küche ihres Hauses Gott um einen Lebensauftrag baten. Und ich zeitgleich in meiner Heimatstadt Wiesbaden von einem Anwalt zum ersten Mal ihre Namen hörte und sie anrief. Das Klingeln meines Anrufs ertönte wenige Augenblicke nach dem Amen ihres Gebetes. So kam Udo Klemenz dazu, unser Riesenprojekt zu überwachen – auf ehrenamtlicher Basis.

Natürlich durfte ich Alan Garcia nicht verschweigen, warum wir zwei Jahre zuvor den Kontakt zu seiner Frau Pilar Nores gesucht hatten: Die staatliche Kulturagentur wollte unsere Baustelle damals stilllegen und von uns ein Bußgeld von 700.000 US-Dollar abkassieren. Eine fehlende Lizenz war den Bürokraten Anlass genug, unserem Vorhaben ein für alle Mal den Garaus zu machen. In unserer Panik hatten wir gehofft, irgendwie beim neu gewählten Präsidentenehepaar persönlich vorsprechen zu können. Alle, die wir fragten, hatten müde abgewunken. „Ihr Anliegen ist völlig chancenlos", hatte sogar der deutsche Botschafter etwas ärgerlich in den Telefonhörer gebrummt. Und doch, bis heute unerklärlich, hatte Pilar Nores uns drei Wochen später eine siebzigminütige Audienz in ihrem Büro gewährt. Und nach unserem Treffen sogar die Schirmherrschaft von Diospi Suyana übernommen.

„Wissen Sie, Herr Präsident", fuhr ich langsam fort und klickte auf die nächste Folie, „im Dezember 2005 konfiszierte der peruanische Zoll am Flughafen meinen Beamer, den ich bei meinen weltweiten Vortragsreisen einsetzte. Also brauchte ich dringend einen neuen. Als ich in einem Geschäft Limas ein Gerät ausprobierte und die Bilder meiner Präsentation über die Leinwand huschen ließ, stand ‚zufällig' – inkognito – der Chef des Telekommunikationsunternehmens Impsat hinter mir. Der spendete uns danach eine Satellitenschüssel für Internet und Telefon. Als seine Firma Impsat die Großspende in der Wochenzeitschrift *Somos* werbewirksam verbreitete, bezahlte ein Minenbesitzer den Stahl für unser Dach. Schließlich wurde Fernsehkanal 2 auf uns aufmerksam und drehte mehrere Reportagen über ‚das Krankenhaus des Glaubens'!"

Nach meinen Ausführungen bemächtigte sich eine kurze Stille des Sitzungssaals. Dann räusperte sich Alan Garcia, beugte sich etwas nach vorne und sagte: „Dr. John, Sie sind näher an Gott dran als ich!"

Das war eine gewagte Aussage, denn niemand von uns kann das Verhältnis eines anderen Menschen zu Gott beurteilen. In der Tiefe unseres Herzens spielen sich seelische Kämpfe ab, von denen ein Außenstehender nicht die leiseste Ahnung hat. Aber – ein „Senfkorn Glaube" reiche aus, um Berge zu versetzen, hatte Jesus einmal seinen Jüngern versichert. Er wusste, dass wir vergänglichen Geschöpfe stets zwischen Hoffen und Bangen, Glauben und Zweifel hin- und hergerissen werden. Aber trotz der bohrenden Ungewissheit tief drinnen genügt der Schrei zu Gott, um seine reale Kraft zu erfahren.

Zwischen unserer Begegnung mit Alan Garcia und seinem Selbstmord lagen ziemlich genau elf Jahre. In dieser Zeitspanne hatte sich Diospi Suyana von bescheidenen Anfängen zu einem Werk mit 270 Mitarbeitern entwickelt. Einfach war es nie. Wie oft gingen wir zwei Schritte nach vorne und einen zurück. Manchmal auch umgekehrt. Wir machten gewaltige Fortschritte und erlitten Rückschläge, wir feierten Siege und gingen durch das Tal der Tränen. Aber auf diesem

Weg häuften sich so viele Indizien für die Existenz Gottes, dass ich es als meinen Lebensauftrag ansehe, diese Erfahrungen weiterzugeben.

Wie gerne hätte ich deshalb vor dem talentierten Staatsmann noch ein zweites Mal ein Bekenntnis meines Glaubens abgelegt. Ich hätte ihn beschworen, dass wir in jeder Lebenssituation, selbst in den dunkelsten Stunden, den Schutz des Allerhöchsten erfahren dürfen.

Doch dazu sollte es leider nie kommen. Alan Garcia wurde am Karfreitag 2019 bestattet.

Wir kommen von ganz weit weg

Die Sonne warf ihre letzten Strahlen durch die trüben Fensterscheiben des kleinen Lehmhauses. Daniel Ticona blickte zu seinem Neffen auf der anderen Tischseite hinüber und ergriff das Wort: „Meine beiden Leistenbrüche tun so weh, und sie werden von Monat zu Monat größer.“ Der Aimara-Indianer machte eine kurze Pause und hustete leise, „Constantino, du hast doch gesagt, dass deine Mutter in diesem Missionskrankenhaus Diospi Suyana gut behandelt wurde. Vielleicht können mir die Ärzte dort auch helfen!“

Constantino wiegte mit dem Kopf hin und her. „Onkel, von unserem Dorf nach Curahuasi ist es eine lange Reise. Man muss mehrmals die Busse wechseln. Glaubst du, dass du die Strapazen wirklich aushalten könntest?“

„Natürlich schaffe ich das. Gott hat mir genug Kraft gegeben!“ In Daniels Augen lag eine tiefe Entschlossenheit. „Ich bin zwar über achtzig, aber eine Busfahrt ist für mich kein Problem!“

„Onkel, ich werde dich begleiten. Wenn du willst, können wir noch in dieser Woche aufbrechen!"

Daniels vom Wind und Wetter gegerbtes Gesicht schien sich etwas aufzuhellen: „Neffe, ich danke dir. Möge Gott uns auf der Reise beschützen!"

Der Alte schlug mit den faltigen Händen auf seine ausgeblichene Hose, als wolle er sich mit dieser Geste selbst etwas Zuversicht einflößen. Und Mut würde er noch brauchen. Er konnte nicht wissen, dass sich gerade politische Unruhen wie Gewitterwolken über dem Bundesstaat Cusco zusammenbrauten.

Manchmal ist es wohl besser, die Zukunft nicht zu kennen und sich ohne quälende Sorgen zur Ruhe zu betten. Denn Angst und Ungewissheit wirken lähmend. Sie können einem Menschen jede Lebenskraft rauben. Aber wenn der Körper schmerzt und die Geduld zerrinnt, hat ein Kranker im peruanischen Hochland irgendwann ohnehin gar keine andere Wahl, als sein Heil in der Ferne zu suchen. Auch in Puno gab es ein Regierungskrankenhaus. Doch dessen Ruf war schlecht. Die meisten Ärzte ließen im Umgang mit Indianern jegliche Freundlichkeit vermissen. Es dauerte Wochen, um überhaupt einen Arzttermin zu ergattern. Und gewöhnlich verstrichen weitere Monate, bis eine Operation anberaumt wurde. In den Privatkliniken ging es zwar schneller, aber deren Preise waren für die Campesinos, also Landbauern wie ihn, unerschwinglich hoch.

Es war ein Mittwochnachmittag im Februar mitten in der Regenzeit. Die beiden bestiegen in ihrem Dorf Ilave den Kleinbus, der sie über holprige Wege nach Puno, der Hauptstadt des gleichnamigen Bundesstaates bringen würde. Viel Gepäck hatten sie wahrlich nicht dabei: zwei kleine Taschen mit Wäsche zum Wechseln und etwas Proviant. Daniel klammerte sich an die Haltestange des Vordersitzes und versuchte mit seinen Armen den Oberkörper zu entlasten, wann immer das klapprige Gefährt durch eines der vielen Schlaglöcher holperte. Jede Erschütterung schmerzte. Mal drückte es in einer Leiste, mal in der anderen. Man hatte ihm einmal gesagt, die anstrengende Feldarbeit hätte wohl seine Brüche ausgelöst oder zumindest verschlimmert. Daniel schüttelte unmerklich mit dem Kopf. Von irgendetwas muss der Mensch doch leben. Seit Generationen hatten seine Vorväter auf dem Acker geschuftet und ihr täglich Brot dem harten Boden abgerungen. In der Höhe von fast 4.000 Metern wuchs nicht alles, aber die Erträge von Tomaten, Kartoffeln und Bohnen hatten für den Eigenbedarf und den bescheidenen Verkauf auf dem Markt ausgereicht.

Nach anderthalb Stunden erreichten Daniel und Constantino den zentralen Busbahnhof von Puno. An diesem Umschlagsplatz von Passagieren und Waren herrschte ein geschäftiges Treiben. Zu jeder Tages- und Nachtzeit kamen Busse an oder fuhren von hier in jede Himmelsrichtung davon. Nach Süden dauerte eine Fahrt um den Titicacasee nach La Paz sieben bis acht Stunden, vorausgesetzt, der Grenzübertritt zwischen Peru und Bolivien verlief ohne besondere Vorkommnisse und der Fahrer musste keine platten Reifen wechseln. In jungen Jahren war Daniel zweimal diese Strecke gefahren, um an einer Klinik dort behandelt zu werden. Einige Buslinien bedienten die Verbindungen nach Arequipa im Westen und Cusco im Norden. Sicherlich hatte er in seinem Leben Cusco, die alte Metropole der Inkas, gelegentlich besucht. Aber wie Constantino ihm erklärt hatte, lag das Hospital Diospi Suyana noch weiter entfernt, jenseits des Horizonts, irgendwo im Bundesstaat Apurimac.

Auf Daniel Ticona wirkte das ruhelose Treiben beängstigend: Menschentrauben, wohin man schaute. Aufgeregte

Rufe und hektische Schritte. Sein Blick suchte unwillkürlich nach Constantino. Ohne seinen Neffen wäre er an diesem Ort ziemlich hilflos gewesen. Alleine hätte er sich so eine lange Fahrt niemals zugetraut!

Bald standen die beiden in einer Schlange vor dem Fahrkartenschalter. Als sie an der Reihe waren, sagte Constantino zur Frau hinter der Glasscheibe: „Zweimal Cusco!“, und Sekunden später hielt er die Tickets in seiner Hand. Abfahrtszeit 22.30 Uhr.

Jede Reise birgt ihre Risiken und Gefahren, dachte er. Würde der Busfahrer nachts am Steuer wach bleiben und seine Fahrgäste sicher und verantwortungsvoll ans Ziel bringen? Tagtäglich berichteten die Nachrichten von schrecklichen Zusammenstößen auf den Fernstraßen. Und auch Überfälle auf Fahrzeuge waren keine Seltenheit. Im Schutze der Dunkelheit lagen die Maskierten im Hinterhalt auf der Lauer. Urplötzlich griffen sie an, schwer bewaffnet und zu allem entschlossen. Nach dem Raub verschwanden sie mit ihrer Beute in den Büschen am Wegrand.

Daniel Ticona sprach leise ein Gebet. Er war sich sicher, dass Gott ihn und Constantino begleiten würde. Auf der Reise nach Cusco und auf allen Fahrten danach. Und er selbst würde tapfer sein und Gott vertrauen.

Der Nachtbus benötigte für die 400 Kilometer auf der Panamericana 8 Stunden. Dem Himmel sei Dank, es kam zu keinen Zwischenfällen. Kurz nach Sonnenaufgang folgten noch eine Taxifahrt durch Cusco und danach eine 3-stündige Tour mit dem Minibus nach Curahuasi. Die letzten Kilometer im Ort legten sie in einem Mototaxi zurück, das im Schritttempo die Auffahrt zum Missionsspital hochkeuchte, vorbei an Gästehäusern und Restaurants.

Im Eingangsbereich des Krankenhauses war viel los. Mehrere Straßenhändler boten ihre Waren an. Auf den Ständen sah man Süßwaren, Sandwiches und sogar warme Gerichte für den großen und den kleinen Hunger.

Die begehrten Eintrittskarten, sogenannte Coupons für den Tag, waren längst vergeben. Die ganze Nacht hindurch hatten Hunderte von Menschen draußen ausgeharrt. Leider gehörten am Morgen nicht alle zu den glücklichen Gewinnern eines Losverfahrens. Nun standen viele unschlüssig auf der Straße herum und fragten sich, ob sie es am nächsten Tag auf einen weiteren Versuch ankommen lassen sollten.

Das Mototaxi hielt direkt am Wächterhäuschen und die beiden Indianer stiegen vorsichtig aus der kleinen Kabine. Auf einer weißen Wand stand geschrieben: Hospital Diospi Suyana – herzlich willkommen!

So einen Satz lasen sie gerne, doch Daniel und Constantino blickten besorgt auf den Vorplatz. Menschen in großer Zahl standen hier wie bestellt und nicht abgeholt. Offensichtlich war das Krankenhaus dem Massenansturm nicht gewachsen. Würde es ihnen nun genauso ergehen wie den Wartenden, denen die Enttäuschung ins Gesicht geschrieben stand?

„Wir haben für heute keine Tickets mehr!" Der schwarz gekleidete Wächter im Tor erklärte ihnen die traurige Wahrheit.

„Wir kommen aus Puno und waren fünfzehn Stunden unterwegs", rief Constantino, der sich nicht so schnell abwimmeln lassen wollte, „mein Onkel ist zweiundachtzig Jahre alt und hat starke Schmerzen!"

„Wenn das so ist", meinte der Mann vom Wachpersonal, „dann dürft ihr als Notfall ins Spital!"

Die beiden Reisenden atmeten auf. Eine weitere Hürde hatten sie genommen. Langsam gingen sie auf einem Zementweg die 150 Meter zum Haupteingang. Rechter Hand schaukelten und kletterten einige Kinder unbeschwert auf dem Spielplatz des Hospitals. Mit einer gewissen inneren Spannung betraten sie den Wartesaal. Er war groß und wie üblich überfüllt. Wohl 120 Patienten – überwiegend Quechua-Indianer – saßen auf den orangefarbenen Bänken. Einige belagerten die Information und hofften auf gute Nachrichten.

„Wir kommen von ganz weit weg", rief gerade ein Campesino und wandte sich bittend an die Sekretärin, „kann meine Mutter vielleicht am Nachmittag noch von einem Arzt untersucht werden?"

Die Dame an der Rezeption schüttelte mit dem Kopf: „Leider nein, aber vielleicht morgen."

Daniel und Constantino folgten einem Wegweiser und gelangten über einen Gang zwischen Apotheke und Labor zu einem kleinen Wartesaal, gingen dann durch eine Doppeltür in die Notaufnahme. Hinter einer Theke rechts saßen einige Krankenschwestern und begrüßten freundlich die Neuankömmlinge.

„Womit können wir Ihnen dienen?", fragte eine kleine Peruanerin, die sich mit dem Namen Maribel vorstellte.

Da sein Onkel nur gebrochenes Spanisch sprach, antwortete Constantino: „Wir sind die ganze Nacht gefahren. Mein Onkel hat Schmerzen, in den Leisten große Beulen und mit der Prostata hat er auch Probleme!"

„Dann sollte Ihr Verwandter gleich mal hier Platz nehmen. Wir werden zunächst einige Daten notieren und anschließend Puls und Blutdruck messen!"

Daniel schwieg, aber seine dankbaren Augen sagten umso mehr. Es tat gut, so fürsorglich versorgt zu werden, und das Schönste war das Lächeln einer Krankenschwester, die offensichtlich als Missionarin am Spital arbeitete. Ihr ausländischer Akzent war unüberhörbar. Einen halben Nachmittag, eine ganze Nacht und einen Vormittag hatte ihre Anreise gedauert. Aber ihre Mühen wurden in diesen Augenblicken belohnt.

Bald wies man Daniel eine fahrbare Trage hinter einer Faltwand zu. Constantino setzte sich auf den Stuhl daneben. „Ich bin so froh, dass wir jetzt drinnen sind", flüsterte Daniel, „wenn ich an all die Leute am Eingang denke, die in der Nacht vergeblich gewartet haben, gehören wir doch zu den Glücklichen!"

Sein Neffe nickte.

Es dauerte keine zehn Minuten, und eine junge Ärztin mit funkelnden schwarzen Augen trat an sie heran.

„Ich heiße Dr. Karla Aguilar, ich möchte Ihnen gerne helfen. Ich habe einige Fragen, danach werde ich Sie gründlich untersuchen!"

Daniel wunderte sich, wie ungewohnt schnell hier alles ging. Nach der Untersuchung nahm eine Schwester Blut- und Urinproben ab. Wenig später führte man ihn quer durch das Spital zu einem dunklen Raum, in dem ein Ausländer mit einer kleinen Keule aus Plastik auf den Bauch drückte. „Ich kann mit dieser Sonde mitten in Sie hineinsehen", sagte der Mann und lachte: „Ihre Prostata ist ganz schön groß, und außerdem haben Sie Leistenbrüche!"

Nach diesem Ausflug zum Ultraschallraum nahmen sie vor der Notaufnahme Platz.

Als Daniel und Constantino am Nachmittag wieder ins Freie traten, lagen alle Laborergebnisse vor. Die Diagnosen standen fein säuberlich in der Akte, und für den nächsten Vormittag hatte Daniel sogar einen Termin beim Urologen bekommen. Wie man munkelte, war dieser Arzt aus Österreich ein echter Meister seines Fachs. Bei ihm wäre er in den besten aller Hände. Auf der anderen Straßenseite fanden sie ein billiges Zimmer in einem der vielen Unterkünfte, die Tür an Tür auf Gäste wie ihresgleichen Ausschau hielten.

Nach einer geruhsamen Nacht, die besonders dem alten Daniel wohltat, betraten sie am Morgen erneut das Hospital und saßen bald im vollen Wartesaal vor den Sprechzimmern der Ärzte. Plötzlich um halb neun öffnete sich an der Stirnseite eine große Flügeltür. Daniel sah dahinter in einen geräumigen Kirchsaal mit weißen Wänden und bunten Glasfenstern. Vorne auf einem Podest spielten junge Leute moderne Musik. Wie auf ein Zeichen erhoben sich fast alle Patienten von den Bänken und strömten in die Krankenhauskirche. Daniel und Constantino folgten dem Sog der Menschen, ohne genau zu wissen, wie lange der Morgengottesdienst dauern würde. Daniel schaute kurz nach hinten. Gut 250 Besucher hatten sich auf zwei Ebenen in den Saal gedrängt. Über der Kanzel hing ein schlichtes Holzkreuz. Durch das Buntglas schienen warme Sonnenstrahlen und warfen Lichtreflexe in allen Farben auf die Keramikfliesen.

Nach zwei Liedern hielt ein Pastor um die siebzig eine Predigt. Er wechselte während seiner Kurzansprache mehrmals zwischen Spanisch und Quechua hin und her. Daniel spürte instinktiv, dass der Mann hinter der Kanzel keine Sprüche klopfte. Seine Verkündigung kam aus dem Herzen: Gott, der Schöpfer des Universums, liebte alle Menschen. Das galt für Alte und Junge, Gesunde und Kranke. Die Worte des Pfarrers waren wahrer Balsam für die besorgten Patienten, die mit physischen Schmerzen und seelischem Kummer hierher nach Curahuasi gekommen waren – getrieben von dem unbändigen Wunsch nach Linderung und Heilung. Interessanterweise bedeutet Curahuasi in der Sprache der Quechuas: Das Haus, wo man heilt. Und die wörtliche Übersetzung von Diospi Suyana beschreibt den Ort, wo man auf Gott vertraut.

Schon um halb elf rief der Urologe über die Lautsprecheranlage Daniel in sein Sprechzimmer. Dr. David Brady war schlank und hochgewachsen. Er überragte seinen Patienten um mindestens dreißig Zentimeter. Nachdem er in Ruhe die Akte studiert hatte, erhob er seinen eigenen körperlichen Befund.

„Die Sache ist klar, Sie brauchen wegen ihrer beiden Leistenbrüche eine Operation. Wollen Sie den Eingriff bei uns machen lassen?" Constantino übersetzte jeden Satz des Missionsarztes ins Aimara.

Daniel nickte und fragte: „Wann kann er mich denn operieren? Vielleicht noch vor der Trockenzeit im Mai?" Zu seiner Überraschung meinte Dr. Brady: „Am nächsten Dienstag könnte ich Sie auf den Operationsplan setzen. Das wäre der 12. Februar."

Nur noch wenige Tage! Am Nachmittag fuhren Daniel und Constantino nach Cusco, um Samstag und Sonntag bei Bekannten zu verbringen. Das letzte Wochenende mit Schmerzen in den Leisten!

Ein Operationstermin war kostbar, das wusste Daniel von seinen Verwandten und Nachbarn. Unter keinen Umständen wollte er diese Chance verpassen. Er würde sich am Montag pünktlich auf der Krankenstation melden. Koste es, was es wolle.

Wo ein Wille ist, da ist auch ein Weg

Es war Montag, der 11. Februar. In aller Frühe standen Daniel und Constantino morgens an der Haltestelle im Stadtteil Arcopata. Normalerweise fuhren hier im 20-Minuten-Takt die Kleinbusse nach Curahuasi ab.

Auffällig wenige Fahrgäste hatten sich eingefunden. Unsere beiden Freunde aus Puno schöpften keinen Verdacht. Niemand hatte sie über den Generalstreik der Landbauern informiert, der ausgerechnet für jenen Tag ausgerufen worden war. Die Campesinos wollten die Regierung in Lima wegen der miserablen Ernte zwingen, den allgemeinen Notstand zu verhängen und die Bauern zu entschädigen.

In so einer Woche, in der betrunkene Streikposten womöglich zu allem fähig wären, blieben die meisten Peruaner lieber zu Hause und warteten auf bessere Zeiten. Warum ein Risiko eingehen? Steine flogen schnell durch die Luft und zertrümmerten im Bruchteil einer Sekunde selbst die dickste Windschutzscheibe. An den Straßenblockaden könnte das übliche Palaver schnell in offene Aggression ausarten.

„Wir sind im Paro, Streik", würden die Campesinos an den Barrikaden rufen. „Wir lassen niemanden durch!"

Von all dem hatten Daniel und Constantino keinen Schimmer. Sie blickten durch die Seitenfenster nach draußen, als der Hyundai mit seinen neun Insassen die Anhöhe vor Cusco erklomm. Auf beiden Seiten reihten sich baufällige Adobehäuser aus Lehm und unverputzte Zementkonstruktionen aneinander. Die Stahlstangen auf den Dächern ließen erkennen, dass die Besitzer planten, in einer unbestimmten Zukunft eine weitere Etage auf ihre Gebäude zu bauen, vielleicht auch zwei oder drei, je nach Kassenlage der Familie. Auf den Bürgersteigen lagen unappetitliche Müllberge, in denen Straßenhunde nach Futter wühlten und sich gegenseitig die Brocken streitig machten.

Zwanzig Kilometer hatten sie wohl schon zurückgelegt und die Außenbezirke von Izcuchaca kamen in Sichtweite.

Der Fahrer bremste abrupt ab. Eine lange Kolonne von großen und kleinen Fahrzeugen versperrte ihnen den Weg. „Vorne ist Schluss", rief der Mann am Steuer, „durch diese Barrikade kommen wir nicht durch!"

Einige Fahrgäste begannen zu schimpfen. „Diese verdammten Streiks bringen überhaupt nichts und machen uns nur das Leben schwer", brummte ein gut gekleideter Herr auf dem Vordersitz.

„Was ist denn hier los?", fragte Constantino die Mitfahrer.

„Ja, hast du etwa nichts von dem Paro gehört?", antwortete eine Indianerin von hinten, erstaunt über seine Unwissenheit.

Normalerweise ist in der Hauptstadt der Provinz Anta um 9 Uhr viel los. Und man muss sich auf der belebten Hauptstraße in Acht nehmen. Quirlige Mototaxis kurven wie aus dem Nichts um die Ecken. Fußgänger überqueren im Schnellschritt die Straßen und dazwischen rennen die Hunde ziemlich kopflos durch den Verkehr. Aber an jenem Vormittag waren die meisten Läden geschlossen. Eine reine Vorsichtsmaßnahme der Besitzer. Niemand konnte vorhersagen, ob nicht die Truppen der Polizei die Öffnung der Straße erzwingen würden. Dann könnte sich die ohnehin gespannte Atmosphäre schnell in offener Gewalt entladen. Eine Straßenschlacht in Peru kennt keine Sieger und Verlierer, sondern nur Verletzte und Tote.

Mit den übrigen Fahrgästen bewegten sich Daniel und Constantino der Straßensperre entgegen. Vorbei an den wartenden Autos und hinein in eine völlig unberechenbare Situation.

Das lokale Streikkomitee hatte ganze Arbeit geleistet: Einige gefällte Bäume lagen quer über der Fahrbahn. Daneben türmte sich ein Wall aus Geröll und Steinen. Der Qualm brennender Autoreifen verpestete die Luft und reizte – je nach Windrichtung – die Augen. Eine große Gruppe von Campesinos lagerte am Straßenrand. Die Männer debattierten lautstark mit mehreren Autofahrern, die eine Durchfahrt auf dem Verhandlungswege erreichen wollten. Doch bei der gereizten Stimmung der Streikenden war Bedachtsamkeit geboten.

„Wir lassen niemanden durch“, brüllten die finsteren Gestalten an den Barrikaden. „Und wenn ihr es versucht, kriegt ihr eine in die Fresse!“

Constantino und Daniel wechselten besorgte Blicke und wichen unwillkürlich zurück. „Komm, wir warten dort hinten“, flüsterte Constantino und zog seinen Onkel an der Hand an einen Zaun an der Seite. Sie setzten sich auf den

Boden und aßen einige Kartoffeln mit Käse, die fliegende Straßenhändler anboten.

„Wir müssen nach Curahuasi, heute noch. Ich darf meinen OP-Termin nicht verpassen!“ Daniels Stimme zitterte leicht. Die Tumulte auf der Straße schlugen ihm sichtlich aufs Gemüt.

Die Stunden verstrichen ... und nichts hatte sich am Status quo geändert. Die dicke Luft war nach wie vor spürbar. Und der steigende Alkoholspiegel bei einigen Streikenden machte ihr Verhalten immer unberechenbarer.

Die beiden Männer machten sich zunehmend Sorgen. Sollten etwa alle ihre Mühen umsonst gewesen sein? Und nun taten sie etwas, was auf Außenstehende eher rätselhaft wirken musste: Die beiden gläubigen Christen schlossen die Augen, senkten ihre Köpfe und brachten ihre Not vor Gott. „Vater im Himmel, bitte hilf uns, nach Curahuasi zu kommen“, flehten sie inbrünstig, „Du kennst immer Mittel und Wege, selbst dort, wo wir keinen Ausweg sehen!“

„Hermano, Bruder“, fragte Constantino schließlich einen Einheimischen, der dem Treiben mit düsterer Miene zuschaute, „es sieht nicht danach aus, dass sie heute Autos durchlassen werden. Wie weit müssten wir denn laufen, um alle Straßensperren hinter uns zu lassen?“

„Ich denke, ihr würdet acht Stunden brauchen“, antwortete der Mann und sah mitfühlend auf den alten Daniel. „Bis Ancahuasi sind es um die dreißig Kilometer. Dort könntet ihr möglicherweise ein Taxi bekommen!“

Das waren keine guten Aussichten. Constantino und Daniel zogen es vor, weiter zu warten. Vielleicht hofften sie auch auf ein Wunder. Schließlich brach die Dämmerung an. Die beiden Männer begriffen allmählich, dass sie nur wertvolle Zeit verloren hatten. Jetzt oder nie!

Sie fassten sich ein Herz und griffen zu den Taschen, obwohl über Izcuchaca gerade ein Regenschauer niederging.

Ihre Jacken knöpften sie bis oben zu und zogen sich die Mützen etwas tiefer in die Stirn. Sie machten einen großen Bogen um die zahlreichen Sperren und marschierten los. Erstaunlich viele Peruaner hatten offenbar den gleichen Entschluss gefasst. Sie nahmen das Gesetz des Handelns in die Hand und bewegten sich schweigend die Straße entlang. Die Nacht brach herein.

Berglandindianer sind das Laufen gewöhnt. Aber in der Dunkelheit und im Regen wird ein Marsch für jeden Menschen zur Tortur. Es dauerte nicht lange, und sie waren bis auf die Haut durchnässt.

„Wir müssen jetzt in Bewegung bleiben, sonst holen wir uns eine Grippe!“, sagte Daniel und lief unbeirrt weiter.

Im Morgengrauen, etwa zehn Stunden später, schleppten sich zwei frierende Gestalten über den Marktplatz von Ancahuasi. Sie hatten zwar Unglaubliches geleistet, aber bis Curahuasi waren es immer noch achtzig Kilometer.

Leider fand sich im Ort kein Taxifahrer mit der Bereitschaft, sie nach Limatambo zu bringen. Die Zeiten waren zu gefährlich! Bis zur Mautstation in acht Kilometern Entfernung mochte es noch relativ sicher sein, doch danach führte die Überlandstraße über unzählige Serpentinen ins Tal hinab. Bei einem Paro warfen die Campesinos nicht selten Steine von den Hängen auf die vorbeifahrenden Autos. Eine Delle im Dach und kaputte Fenster galten als gerechte Strafe für Streikbrecher.

Waren die beiden also wieder auf sich selbst angewiesen? – Nein, ganz und gar nicht. Sie beteten erneut um eine Lösung. Und siehe da, sie nahte bald: in Gestalt eines Fahrrads.

Ohne Umschweife sprach Constantino den Mann auf dem Sattel an: „Señor, würden Sie uns Ihr Fahrrad verkaufen?“

„Wie viel wollt ihr bezahlen?“ Der Fremde zeigte sogleich einen überragenden Geschäftssinn. Und tatsächlich, nach einigen Minuten wurde man handelseinig, und der Drahtesel ging für 100 Soles in den Besitz von Constantino über.

„Onkel, setze dich hinten auf den Gepäckträger, ich trete in die Pedale!"

Hier waren nicht kleine Jungs dabei, sich die Zeit zu vertreiben, sondern zwei unterkühlte Männer wollten schlicht und ergreifend ihr Tempo verdreifachen. Zwar am Rande der Erschöpfung, aber mit einem eisernen Willen ausgestattet. Daniel kletterte etwas umständlich auf den harten Sitz und umklammerte mit beiden Armen seinen Vordermann.

Wahrscheinlich gibt es nicht viele Europäer oder US-Amerikaner, die mit zweiundachtzig Jahren zu so einer Leistung fähig wären. Es hat schon etwas Tollkühnes an sich, nach einem nächtlichen Fußmarsch noch siebenunddreißig Kilometer auf einem wackeligen Zweirad zu bewältigen. Im modernen Sprachgebrauch bezeichnen die Psychologen so ein Durchhaltevermögen mit dem Fachwort Resilienz. Sie ist Teil unserer Persönlichkeitsstruktur. Christen kennen zudem noch eine übernatürliche Kraftquelle, die der Prophet Jesaja schon vor 2.750 Jahren beschrieben hat: „Doch die, die ihre Hoffnung auf den Herrn setzen, gewinnen neue Kraft. Sie schwingen sich nach oben wie die Adler. Sie laufen schnell, ohne zu ermüden. Sie gehen und werden nicht matt!" Am Nachmittag um 14 Uhr rollten sie in den Ort Limatambo ein und entdeckten zu ihrer großen Freude ein Taxi rechter Hand auf einem Parkplatz.

Wer völlig ausgelaugt ist, weiß die Segnungen eines Autos zu schätzen. Jetzt dauerte es nur noch eine weitere Stunde, bis sie erschöpft, aber heilfroh die Schwelle des Hospitals Diospi Suyana überschritten. Sie hatten immerhin einen zweiunddreißigstündigen Marathon von 125 Kilometern erfolgreich überstanden!

Nach einer warmen Dusche und einer kräftigen Suppe kuschelte sich Daniel in sein trockenes Krankenhausbett. Sie hatten es geschafft! Zwar waren sie mit einem Tag Verspätung am Ziel angelangt – aber wer hätte es über das Herz gebracht, dem leidgeprüften Daniel seine Operation zu verweigern?

Dr. Brady wohl kaum. Er operierte die Leistenbrüche am nächsten Vormittag und entließ seinen Patienten am Freitag derselben Woche aus der stationären Behandlung. Und: Weder Daniel noch Constantino bekamen einen grippalen Infekt. Sie dankten Gott für die Bewahrung und machten sich fröhlich auf den Heimweg. Der verlief ohne Hindernisse oder sonstige Schwierigkeiten, denn der Streik hatte am Dienstagabend geendet.

Das, was der alte Daniel auf sich nahm, um unter allen Umständen im Hospital Diospi Suyana behandelt zu werden, ist bemerkenswert. Aber vier Fünftel unserer Patienten haben weite Anreisen hinter sich, bevor unsere Mitarbeiter die Krankengeschichte erheben. Sie lassen staatliche Krankenhäuser und Privatkliniken links liegen und stellen sich vor unserem Missionsspital in eine lange Schlange. Sie investieren Geld und Zeit, ohne zu wissen, ob sie tatsächlich eine der begehrten Eintrittskarten erhalten werden.

Der legendär gute Ruf von Diospi Suyana hat viele Gründe. In einem Land, in dem das Gesundheitssystem an Korruption und Inkompetenz leidet, haben über vierzig TV-Reportagen unser Krankenhaus als Erfolgsmodell gepriesen. Die Kombination aus Freundlichkeit, guten Behandlungsergebnissen und günstigen Preisen erklärt so einiges, aber nicht alles. Aus meiner Sicht ist ein ganz wesentlicher Aspekt unser Glaube. Jeder Besucher unseres Morgengottesdienstes versteht, dass Diospi Suyana nicht an Gewinnmaximierung interessiert ist. Wir Mitarbeiter wollen vielmehr unseren Glauben an den Gott der Bibel auf praktische und liebevolle Weise leben. Mit Sachverstand und Leidenschaft zugleich. So wie Jesus es einmal ausgedrückt hat: „Was ihr einem der geringsten meiner Brüder getan habt, das habt ihr mir getan!"

Drama, Blut und Tränen

Ich kann gut verstehen, warum die meisten Menschen Krankenhäuser am liebsten meiden. Sie erinnern uns an die eigene Vergänglichkeit und bringen uns zudem in Kontakt mit den Körperflüssigkeiten Blut, Urin und Tränen. Anders als bei Horrorfilmen, die man mit einem leichten Druck auf die Fernbedienung ausschalten kann, lässt sich der Klinikalltag nicht abstellen. Ekel und Grusel bleiben. Nicht nur der Laie erschaudert beim Anblick ausgemergelter Krebspatienten oder der schmutzig gelben Gesichtsfarbe eines Leberzirrhotikers. Auch der erfahrene Mediziner trägt die unangenehmen Eindrücke mit sich herum und nimmt sie am Abend mit ins Schlafzimmer.

Und doch sind wir alle froh, dass es Spitäler gibt. Hier wird Leid gelindert und Leben verlängert. Und wir ahnen, dass auch wir selbst früher oder später Pflege brauchen werden. Auf einer Krankenstation umgeben von anderen bedürftigen Patienten.

In den Bergen Perus haben die Quechuas nur einen sehr beschränkten Zugang zu einer guten medizinischen Betreuung. Deshalb ist es verständlich, warum Alte und Junge strapaziöse Reisen auf sich nehmen, um im Hospital Diospi Suyana behandelt zu werden. Daniel Ticona hatte überzeugende Gründe, als er die ganze Nacht durch den Regen lief, um unser Krankenhaus zu erreichen, Pablo Human hingegen war dazu nicht in der Lage.

Seine fünf erwachsenen Kinder mussten ihren 55 Jahre alten Vater über die Schwelle ins Hospital tragen. Der Indianer aus Südperu litt an einem Aorten-Aneurysma, einer gefährlichen Erweiterung der Hauptschlagader des Körpers. Solche Aneurysmen sind tickende Zeitbomben. Schlagartig können sie platzen und innerhalb von Minuten den Tod durch Verbluten herbeiführen. In Pablos Fall hatte sich die Aussackung der Aorta mit Blutgerinnsel gefüllt, die gelegentlich wie Torpedos dem Blutstrom folgend große und kleine Blutgefäße der Beine verstopften. Der rechte Oberschenkel war bereits kalt und der Fuß schwarz. Auf der linken Seite sah es etwas besser aus, allerdings zeigte die abgestorbene Großzehe, dass akuter Handlungsbedarf bestand. Zu allem Übel hatte sich das tote Gewebe infiziert und eine allgemeine Blutvergiftung, also eine Sepsis, eingesetzt. Ein Herzinfarkt in der Vorgeschichte machte aus Pablo alles andere als einen guten chirurgischen Kandidaten. Wegen dieser Kombination von Risikofaktoren hatte sich bisher kein Chirurg vorgedrängt, um dem Kranken zu helfen. Die Erfolgschancen waren einfach zu niedrig.

Als die Kinder ihren Vater vorsichtig im Sprechzimmer absetzten, schauten sie erwartungsvoll auf unseren Gefäßchirurgen Dr. Thomas Tielmann. „Doktor, bitte tun Sie etwas", flehten ihre Augen, „wir wollen nicht, dass unser Vater vor die Hunde geht!"

Dr. Tielmann erhob bei Pablo einen gründlichen körperlichen Befund und ordnete dann eine Reihe von Untersuchungen an. Schließlich teilte er der Familie seine Entscheidung mit: „Ich bin bereit, Ihren Vater zu operieren", erklärte er, „aber ob er überleben wird, weiß nur Gott!"

Aus einer spontanen Gefühlsregung heraus nahmen Pablos erwachsene Kinder den Missionsarzt in die Arme. Diese Geste drückte mehr aus als jedes Wort. Die Familienangehörigen schöpften wieder etwas Hoffnung und fühlten sich endlich verstanden und angenommen.

Wann haben Sie das letzte Mal Ihren Hausarzt vor Dankbarkeit an sich gedrückt? Das ist wahrscheinlich schon eine Weile her. Pablo weinte, als Dr. Tielmann ein Gebet sprach und die nächsten Tage bewusst Gott anvertraute. Sein Leben würde zwar wortwörtlich auf des Messers Schneide liegen, aber nicht das Damoklesschwert des Zufalls hätte das finale Sagen, sondern Gott, der unser Schicksal in seinen Händen hält.

Auch die Operation begann mit einem Gebet. Nach Eröffnung der Bauchwand unterbrach Dr. Tielmann mit einer großen Klemme, die er unterhalb des Abgangs der Nierenarterien ansetzte, den Blutfluss in der Aorta. Er schnitt mit umsichtigen Handgriffen das Aneurysma auf und nähte eine Rohrprothese aus Polyester ein. In einem zweiten Schritt entfernte er mit einem Ballonkatheter mehrere Thromben aus den Beckenarterien. Mit der verbesserten Durchblutung wurden die beiden Oberschenkel wieder warm. In der letzten Phase amputierte er den rechten Oberschenkel. Insgesamt dauerte dieser Hochrisikoeingriff vier Stunden. Er verlief erfolgreich und rettete ein Menschenleben. Langfristig ist daran gedacht, den Patienten mit einer Beinprothese zu mobilisieren. Gott sei Dank, dass es diese Möglichkeit gibt!

Übrigens bilden wir am Hospital Diospi Suyana Assistenzärzte aus und unterrichten junge Krankenschwestern. Für Medizinstudenten aus dem Ausland wird ihre Famulatur (Praktikum) an unserer Einrichtung meist zu einer eindrücklichen Lebenserfahrung. Sie sehen bei uns fortgeschrittene Krankheitsbilder, die sie in Europa oder in den USA so gut wie nie zu Gesicht bekommen würden.

Meine Frau Martina wirbelte in der ihr typischen Art durch die Notaufnahme. Alle sieben Krankentragen waren mit Patienten belegt und der Warteraum draußen quoll über. „Rebekka, schau dir mal die Schwangere dort hinten näher an und erhebe ihre Anamnese", Martina zeigte mit einer flüchtigen Handbewegung auf eine junge Frau mit einem enormen Bauchumfang.

Die Schweizer Medizinstudentin schnappte sich ihren Notizblock, trat an die Patientin heran und zog den Vorhang hinter sich zu. Keine fünf Minuten später erstattete die angehende Ärztin ihren Bericht. „Die Indianerin ist gar nicht schwanger", sagte sie zu Tinas Überraschung. „Sie hat einen Ultraschallbericht eines externen Arztes dabei, der besagt, dass es sich um einen großen Tumor handelt!"

Die 29-Jährige wurde umgehend unserem Gynäkologen Dr. Jens Haßfeld vorgestellt. Ein Kontroll-Ultraschall sowie ein Computertomogramm bestätigten die Verdachtsdiagnose einer riesengroßen Ovarialzyste. Bereits am nächsten Tag lag die Patientin auf dem OP-Tisch und Dr. Haßfeld entfernte mit viel Erfahrung einen Tumor von sage und schreibe 14 ½ Kilogramm.

Der Blutverlust hielt sich in Grenzen und Alicia Carbajal überstand die folgende Nacht ohne Komplikationen. Am Morgen lief sie glücklich und sichtlich erleichtert über die Krankenstation. Die feingewebliche Untersuchung ergab keinerlei Hinweise auf eine Krebserkrankung und die Mutter von zwei Kindern war durch diesen Eingriff geheilt. Was unsere Medizinstudentin angeht, wird sie den Fall wohl bis an ihr Lebensende nicht vergessen.

Generell gilt in Südamerika, dass man am Morgen nicht weiß, was der Abend bringen wird. Diese Aussage trifft besonders auf den Alltag eines Krankenhauses zu. Da ist selbst der nächste Augenblick nicht vorhersagbar. Am Hospital Diospi Suyana sind viele Positionen nur einmal besetzt. Das heißt, es gibt einen einzigen Traumatologen, einen Urologen und nur eine Allgemeinchirurgin. Wenn das Telefon klingelt und der Patient rollt in die Notaufnahme, ist der jeweilige Arzt gefordert. Dabei geht es nicht um Lust und Laune, sondern um Pflichterfüllung zu jeder Tages- und Nachtzeit.

Wie an jenem Freitagabend. Familie Boeker wollte das Wochenende gemütlich einläuten. Erst ein Stockbrot am Lagerfeuer rösten und danach mit den Kindern einen schönen Film anschauen. Doch dann erhielt unser Arzt Dr. Tim Boeker einen ominösen Anruf aus dem Krankenhaus, der auf der Stelle alle Planungen über den Haufen warf: „Kommen Sie sofort in die Notaufnahme. Ein junger Mann hat sich mit der Kreissäge seinen rechten Vorderarm verletzt!"

Unser Traumatologe fuhr sofort in das Missionsspital. Der Befund: Der rechte Vorderarm war fast vollständig „amputiert" und wurde nur noch an einer Seite durch einige Weichteile und den Ulnar-Knochen, die Elle, zusammengehalten. Die elektrische Säge hatte die Arterien, Venen, Nerven, Knochen und die meisten Sehnen durchtrennt. Nun bestanden zwei Möglichkeiten: Der Arzt hätte den Vorderarm ganz abschneiden, die Wunde zunähen und anschließend zu Hause das Heimkino genießen können. Oder er würde in einer Nachtschicht das Unmögliche versuchen, nämlich all die vielen Strukturen zu reparieren.

Dr. Tim Boeker entschied sich für die zweite Variante und wurde dabei maßgeblich durch Dr. David Brady unterstützt. Die Operation dauerte sechs Stunden. Die Durchblutung des Vorderarmes war danach zufriedenstellend, und nach und nach kehrte Gefühl in die Hautareale zurück. Wohl jeder von uns kann den Jubel des Patienten nachvollziehen, als er wieder in der Lage war, seine rechte Hand sinnvoll zu bewegen.

Während meiner Vortragsreisen werde ich regelmäßig gefragt, welche Rolle dem Gebet bei der Versorgung unserer Patienten zukomme. Unsere Ärzte sind hervorragend ausgebildet und praktizieren Schulmedizin auf hohem Niveau. Aber als Christen wissen wir um die besondere Bedeutung des Segen Gottes bei all unseren Bemühungen. Gott ist der Herr über Leben und Tod. Deshalb beten wir nicht nur im Morgengottesdienst, sondern auch am Krankenbett und im Operationssaal. Die Patienten nehmen dieses Angebot dankbar an. „Just do your best and let Him take care of the rest!“, sang der christliche Songwriter Keith Green in den 1980er-Jahren: „Gib dein Bestes und überlasse Gott alles Übrige!“ An diese Empfehlung halten wir uns gerne. Und gelegentlich erleben wir Überraschungen, die nach den Regeln der medizinischen Logik nicht erklärt werden können.

30. November. Es war ein langer Arbeitstag von zwölf Stunden im Spital gewesen. Müde stellten meine Frau und ich zu Hause unsere Taschen auf den Boden. Tina kämpfte mit einer schweren Erkältung. Sie war zum dreiundachtzigsten Geburtstag ihres Vaters in Deutschland gewesen. Eine anstrengende Stippvisite von sieben Tagen: Cusco – Lima – Madrid und Frankfurt, hin und zurück. Sofort nach ihrer Rückkehr hatte Tina sich wieder an die Behandlung der vielen Patienten gemacht. Aber der Jetlag, gepaart mit dem chronischen Schlafmangel, forderte seinen Tribut. Besonders ihr tiefer Husten gefiel mir nicht.

„Musst du heute Abend noch etwas Dringendes erledigen?“, fragte ich sie mit sorgenvollem Blick.

„Nein, eigentlich nicht!“, antwortete sie und ging in die Küche, um Apfelmus zu kochen. Während ich im Schlafzimmer ein Sudoku löste, vernahm ich plötzlich die Sirene eines Krankenwagens. Ganz leise. Dann etwas lauter. Als Nächstes hörte ich, wie unten jemand die Garagentür aufriss. Ein Motor sprang an.

„Ich komme mit!“, rief ich in den Hof hinunter. Doch zu

spät. Meine Frau war schon längst um die Straßenecke gebogen. Langsam schloss ich das Tor. Was war nur los?

Trotz der vorgerückten Stunde fand ich auf der Straße ein Mototaxi, das mich zum Spital brachte. Ich entdeckte Martina mit unserer Kollegin Dr. Ana Delgado und einigen Krankenschwestern in der Röntgenabteilung. Ihr kurzer Bericht beschrieb eine Tragödie, die wieder einmal zeigte, dass ein Unheil zu jeder Zeit wie aus dem Nichts zuschlagen kann.

Der kleine Pedro und sein zwölfjähriger Bruder Jose spielten im Gelände unweit des Apurimac-Flusses. Da passierte es. Jose stürzte kopfüber in ein tiefes, aber schmales Erdloch. Er versuchte sich mit wilden Bewegungen aus seiner Falle zu befreien. Doch umsonst. Von allen Seiten rieselte Sand auf den verzweifelten Jungen und begrub seinen Kopf. Und mit jedem panischen Atemzug drang schmutzige Erde in seine Lungen. Pedro zog an Joses Beinen, aber ihm fehlte die Kraft. Dann rannte er davon, um Hilfe zu holen. Es verging Zeit. Viel Zeit. Wenn jemand lebendig begraben ist, wird eine halbe Stunde zu einer Ewigkeit. Nach zehn Minuten sterben die ersten Zellen im Gehirn ab. Endlich gelang es einem Nachbarn, Jose herauszuziehen. Sein regungsloses Gesicht war mittlerweile tiefblau angelaufen. In diesem jämmerlichen Zustand brachte die Familie den Erstickten zum Hospital Diospi Suyana.

Sorgenvolle Mienen im Röntgenraum. Das zentrale Nervensystem von Jose war durch den langen Sauerstoffmangel massiv geschädigt. Die verletzten Zellen gaben unkoordinierte Salven ab und führten zu gewaltsamen Krampfanfällen des Jungen. Alle Mitarbeiter am Bett packten zu und hielten ihn fest. Über die Infusion liefen starke Anti-Krampfmittel in die Vene.

Nach dem Computertomogramm des Kopfes machten wir ein Röntgenbild der Lunge. Um 21 Uhr holte ich die Anästhesistin Dr. Leslie Ichocan vor ihrer Haustür ab. Wir brauchten Verstärkung. Dabei wusste niemand, ob die Gehirnfunktion des Kindes überhaupt noch zu retten wäre.

Höchste Konzentration auf der Intensivstation. Ein Versuch, den Vater und die Mutter auf das Schlimmste vorzubereiten. „Wir wissen nicht, ob Ihr Sohn jemals wieder aufwachen wird", sagte Tina einfühlsam den vor Schreck erstarrten Eltern. Dann das übliche Protokoll. Intubation der Luftröhre, Magensonde, Urinkatheter und ein arterieller Zugang. Der Junge, der noch am Nachmittag fröhlich gelacht hatte, hing nun an Schläuchen und Kabeln. Antibiotika für die Lunge. Medikamente gegen eine Hirnschwellung. Drama und Trauer. Warum hatte Gott das nur zugelassen?

Um 23 Uhr in der Nacht von Freitag auf Samstag verließen wir drei das Missionsspital und fielen müde ins Bett. Um 1 Uhr in der Nacht würden uns die nächsten Blutergebnisse telefonisch mitgeteilt werden.

Am Morgen war keine Besserung in Sicht. Das klinische Bild legte einen irreversiblen Hirnschaden nahe. Da betrat Gladys Illesca, die damalige Leiterin unserer Kinderklubs, die Intensivstation und kniete an Joses Bett nieder. „Gott, wenn dieser Junge auf eigenen Beinen das Krankenhaus verlässt", betete sie mit lauter Stimme, „dann werde ich seine nächste Geburtstagsfeier ausrichten!" Ein Schrei um Hilfe für einen Jungen, dem nach klinischer Erfahrung nicht mehr zu helfen war.

Montagmorgen wachte Jose aus seinem Koma wieder auf. Gegen 11 Uhr am Vormittag begrüßte er meine Frau mit den Worten „Gracias", vielen Dank. Er sprach und reagierte, als ob nichts gewesen wäre. Seine kognitiven Fähigkeiten ließen keinen Defekt erkennen, und er bewegte seine vier Gliedmaßen ohne jede Einschränkung. Für uns Ärzte ein unglaublicher Vorgang.

Acht Monate später am 25. August feierte Jose seinen dreizehnten Geburtstag im Kinderklubhaus unserer Mission. Gladys hatte – wie versprochen – die Party ausgerichtet. Jose ist völlig gesund geblieben und hat keine bleibenden Schäden davongetragen. Von uns Ärzten hatte damals wohl niemand den Glauben gehabt, um seine Heilung zu beten, aber Gladys hatte ihn. Medizinisch ist der Fall völlig unerklärlich, denn die neurologische Katastrophe hatte nachweislich stattgefunden.

Auf unserer Webseite schrieb ich einen Tag nach seinem Geburtstag: „Hoffentlich wird Jose nie vergessen, dass ihm ein zweites Leben geschenkt wurde!“

In diesem Kapitel habe ich vier Patienten mit ihren Leidensgeschichten vorgestellt. Mittlerweile behandeln wir am Tag bis zu 250 Hilfsbedürftige, das heißt 5.000 Patienten im Monat. Wir tun für sie das, was wir können. Oft sind wir mit unseren Therapien erfolgreich, aber nicht immer. Die meisten Kranken schätzen unseren Einsatz, aber nicht alle. Wir verrichten unseren Dienst aus Leidenschaft und nicht des Geldes wegen. Manchmal sind wir müde und erschöpft, aber wir zweifeln nie an der Sinnhaftigkeit unseres Handelns.

Die Diospi-Suyana-Schule mit Vorbildcharakter

Ein Fernsehteam drehte gerade einen Beitrag für das ZDF, und natürlich wollten unsere drei Reporter aus Deutschland außer dem Spital auch die Diospi-Suyana-Schule in Augenschein nehmen. Also wanderten wir gemeinsam durch die Klassen- und Fachräume. „Diese Schule ist schöner als meine damals in Berlin“, sagte der Teamleiter und nickte befriedigt mit dem Kopf.

Das Colegio-Diospi-Suyana ist keine Bildungsstätte für

Kinder der Münchner Schickeria oder für die Zöglinge reicher Diplomaten in Lima. Vielmehr formt unsere Einrichtung eine Generation, die oftmals im Umfeld der Trostlosigkeit aufwächst. Viele dieser Jungs und Mädchen stammen aus dysfunktionalen Quechua-Familien und leben unter Umständen extremer Vernachlässigung. Trotzdem verstehen es unsere Lehrer, die Kinder aus den unterschiedlichsten Milieus des Ortes sowie aus Missionarsfamilien zu integrieren. Aus dieser heterogenen Truppe entstehen Klassenverbände mit Wir-Gefühl und Solidarität. Die Schülerinnen und Schüler erhalten eine Ausbildung, die es im Bergland Perus kein zweites Mal geben dürfte.

Im Dezember 2019 endete das sechste Schuljahr seit Bestehen und 2020 hatten wir rund 400 Kinder im Kindergarten sowie in der Unter- und Oberstufe. Eine enorme Steigerung im Vergleich zu den 176 eingeschriebenen Schülern im März 2014. Christian und Verena Bigalke, deren Werdegang ich im zweiten Buch beschrieben habe, leiten die Schule gemeinsam mit dem Peruaner Señor Nicolas Sierra. Sie tun dies seit Beginn mit dem größten persönlichen Engagement. Am 19. Mai 2018 berichtete *Somos,* die wichtigste Wochenzeitschrift Perus, über diese „Educación de Altura“, Ausbildung in der Höhe. Der Titel spielte auf die Lage in den Bergen an, meinte aber auch eine Schule auf der Höhe ihrer Zeit.

Die Redakteurin Ana Núñez hatte mit einem Fotografen den schulischen Betrieb zwei Tage beobachtet. Sie schrieb: „Es ist schwierig, sich vorzustellen, dass in einem Dorf namens Curahuasi eine Schule wie diese steht, in einem Distrikt zwischen Cusco und Abancay und 980 Kilometer von der Hauptstadt Lima entfernt. … Alles, was sich in dieser zwischen den Bergen gelegenen Schule befindet, ist das Ergebnis von Spenden: das Geld für das Grundstück, der

Zement für die Wände, die Musikinstrumente und sogar die Materialien für die verschiedenen Labors!"

Vielleicht erläutern die drei folgenden Fallbeispiele besser als Zahlen und Presseartikel, was das Colegio Diospi Suyana im Minenfeld kaputter Familien bewirkt.

Die Mutter von Ana Maria (7. Klasse) und Fiorela (4. Klasse) litt an Depressionen und führte ein unordentliches Leben. Unter diesen Bedingungen blieb Fiorela sitzen und auch ihre Schwester Ana Maria war im Unterricht keine große Leuchte. Man kann es den Kindern kaum verübeln. In Absprache mit der Staatsanwaltschaft wurden die beiden Mädchen von unseren Sozialarbeiterinnen Carolin Klett und Debora Centner betreut. Sie schauten nicht nur zu Hause nach dem Rechten, sondern organisierten auch Hilfen von lokalen Kirchengemeinden. Heute geht die Mutter einer geregelten Arbeit nach und nimmt an den regelmäßigen Seminaren für Eltern teil. Dort lernt sie, wie familiäre Beziehungen sinnvoll gestaltet und bei Krisen geheilt werden können. Diese Veränderungen sind spürbar und messbar. Ana Maria und Fiorela verwandelten sich Schritt für Schritt in fleißige Schülerinnen, die nun einer positiven Zukunft entgegensehen.

Anyeli (5. Klasse) und Gino (1. Klasse) besuchen seit März 2019 unser Colegio. Die Familie hatte im Radio von unserer Schule gehört, und Anyeli hatte sogar heimlich gebetet, Gott möge ihr den Schulbesuch bei Diospi Suyana ermöglichen. Ihr Stiefvater steckte wegen seiner hohen Schulden in einer tiefen Depression. Das Klima zu Hause war kalt und lieblos. Es erstaunt kaum, dass die Eltern kurz vor einer Trennung standen. Auch die örtlichen Gegebenheiten machten es für die Familie schwer. Ihr einfaches Haus liegt im Dorf Trancapata, eine Dreiviertelstunde von der Kleinstadt Curahuasi entfernt.

Diese missliche Situation stellte unsere Mitarbeiter vor

eine große Herausforderung, die sie aber mutig annahmen. Die Schulgelder der Kinder und der tägliche Taxi-Shuttle zur Schule werden zum überwiegenden Teil von Paten beglichen. Debora Center organisierte Schulmaterialien und Pausenbrote. Unsere Schulpastoren, die Klassenlehrerin und Sozialarbeiterin Debora führten mit den Eltern ausführliche Beratungsgespräche. Diese gute Saat sollte aufgehen. Der Stiefvater ist inzwischen medikamentös eingestellt und verdient wieder Geld für die Familienkasse. Als Paar haben Mutter und Vater gelernt, ein vertrautes Familienleben zu entwickeln. Besonders die Elternseminare haben sie wieder zusammengeschweißt. Anyeli und Gino haben Freude am Lernen, und sie können im Förderprogramm am Nachmittag vieles nachholen, was sie bisher versäumt haben.

Doch nun möchte ich Ihnen die vierjährige Giselle Solange vorstellen. Sie besucht Woche für Woche den Diospi-Suyana-Kindergarten. Zu Hause verging kein Tag, an dem die Eltern sich nicht lautstark stritten. Nicht nur einmal führte die Aggression zu psychischer und physischer Gewalt. Der Vater arbeitete als Handlanger auf diversen Baustellen, doch ein Teil seines Verdienstes landete in der Kneipe an der Ecke. In dieser wie in ähnlichen Familien fehlte es an Aufsicht, Stimulation und Liebe. Und keiner kümmerte sich um die Sprachschwierigkeiten von Giselle. Wer sollte auch eine Sprachförderung bezahlen, wenn der kleine Laden der Mutter so gut wie nichts einbrachte? Das Verhältnis der Eltern wurde mehr und mehr zerrüttet, bis der Vater sich schließlich auf und davon machte.

In der westlichen Welt reagieren manche allergisch, wenn wir in solchen hoffnungslosen Situationen den Glauben an Gott ins Spiel bringen. Aber in dieser Familie waren es die Bibel, das Gebet und die Seelsorge, die einen erstaunlichen Neuanfang ermöglichten. Unsere Logopädin Nelli Klassen gab Giselle einen hervorragenden Sprachunterricht. Aber sie tat noch viel mehr. Sie begann mit der Mutter in der Bibel zu lesen. Es dauerte nicht lange und Giselles Mama besuchte eine lokale Kirchengemeinde. Als sie hörte, dass Gebete nicht in der Fantasie bekümmerter Seelen hängen bleiben, sondern zu Gott vordringen, fing sie an für eine Heilung ihrer Partnerschaft zu beten. Nach zwei Wochen kehrte der Mann tatsächlich nach Hause zurück. Mittlerweile ist der Vater in das Familienleben integriert. Er erhielt die Auflage, mit seiner Tochter Zeit zu verbringen. Und einmal wöchentlich schauen sich die beiden in unserer Schulbibliothek gemeinsam interessante Bücher an.

Natürlich verläuft diese Entwicklung nicht geradlinig nach oben, aber der Schulpastor hilft, dass die Eltern die Flinte niemals ins Korn werfen. Im Sommer 2019 sagte die Mutter zu Debora Centner: „Früher haben wir uns immer gegenseitig angebrüllt und verletzt. Und wir ließen unseren Emotionen freien Lauf. Jetzt gehe ich bei einem Streit erst einmal nach draußen. Und das, was vorher undenkbar erschien, ist eingetreten: Mein Mann kommt immer öfter zu mir und bittet mich um Verzeihung. Und dann setzen wir uns zusammen und suchen eine Lösung!" Diese Aussage der Mutter ist ein echtes Statement im Umfeld der südamerikanischen Machokultur.

Diese drei Familienschicksale stehen stellvertretend für hundert andere. In der Diospi-Suyana-Schule geht es nicht nur um die Anhäufung von Wissen, um irgendwelche Prüfungen zu bestehen. Vielmehr kehrt durch den ganzheitlichen Ansatz Hoffnung in die Familien ein. Unsere Lehrer, Psychologen und Sozialarbeiter dreschen keine frommen Phrasen, sondern ermuntern und trösten im Namen des Glaubens.

Junkies, Partyfreaks und Millionäre

Ein solides Elternhaus, eine gute Ausbildung und hervorragende Charaktereigenschaften – viele unserer Mitarbeiter passen in dieses Schema. Aber längst nicht alle. Und es sind gerade diese gescheiterten Existenzen, die sogenannten Versagertypen, die im großen Organigramm von Diospi Suyana wichtige Aufgaben erfüllen. Einer von ihnen ist ein kleiner Mann mit wuscheligen schwarzen Haaren.

Marco genoss das Leben in vollen Zügen. Er spielte Gitarre in einer Band und war so richtig locker drauf. Meist trieb er sich in den Straßen der Stadt Abancay herum. Eine regelmäßige Arbeit war nicht sein Ding. „Ich scheiß auf das Establishment!", sagte sich Marco, „ich brauche keine Karriere, und gesellschaftliche Anerkennung erst recht nicht!" Seine Freunde in der Gang interessierten ihn schon mehr. Das waren coole Leute. Gemeinsam mit seinen Kumpels hellte er seine Stimmung regelmäßig mit Kokain und Marihuana auf. Marco wusste, wie man die getrockneten Blätter der Hanfpflanze in wenigen Sekunden zwischen Daumen und Fingern zu einem Joint drehte. Gierig blickte er auf seine schmutzigen Hände. Einige tiefe Inhalationen, und er würde dieses stimulierende Gefühl wieder in seinem Körper spüren. Bis zur nächsten Dröhnung war es nie weit. Ein junger Mann unterwegs von Kick zu Kick und meist nicht ganz klar in der Birne.

Aber wie jeder Drogenabhänge benötigte Marco einen regelmäßigen Nachschub an Material, sprich Cannabis und Papier. Irgendwann im Jahr 2009 fand er auf einem Regalbrett im Haus seiner Eltern einen wahren Schatz. Marcos Augen flackerten. Das dicke Buch in seinen Händen hatte etwa 1.000 dünne Seiten, die perfekte Lösung also für Joints über viele Wochen. Er riss das letzte Blatt heraus und verteilte den Stoff sorgfältig auf dem gedruckten Papier. Einfach genial. Schon führte er die Zigarette an seinen Mund. Ein tiefer Zug. Das tat gut. Fünfeinhalb Seiten fanden so ihre gewünschte Verwendung. Doch beim sechsten Joint klappte er den Buchdeckel vorne auf und fing an zu lesen. „Am Anfang schuf Gott Himmel und Erde“, so stand es da in kleinen dunklen Buchstaben. Irgendwie interessant, dachte Marco und überflog die nächsten Zeilen.

„Plötzlich sprach das Buch zu mir“, so beschreibt Marco heute die Dynamik, die unvermittelt einsetzte. „Ich kam von dieser Lektüre nicht mehr los. Stundenlang saß ich auf den Wiesen vor Abancay und saugte den Inhalt Wort für Wort förmlich in mich auf!“ Jeder Satz brannte sich in seine Fantasie ein. Nach einigen Wochen war er am Ende des Wälzers angekommen. Marco verstand zum ersten Mal in seinem Leben, dass er Hilfe benötigte. Er sah sein Dasein in einem völlig neuen Licht. Wie hatte er nur so viele Jahre verschwenden können? Er brauchte Vergebung und eine innere Erfüllung, die mehr bot als ein kurzes High. „Gott, hilf mir. Mach mich frei!“ Der Schrei seines Herzens tönte in eine unsichtbare Welt. Er wurde rascher erhört, als sich Marco das je hätte vorstellen können.

Von einem Tag zum anderen verlor er seine Sucht. Er mochte das Zeug überhaupt nicht mehr anfassen. Im Neuen Testament hatte Marco die Worte Jesu gelesen. „Wen da dürstet, der komme zu mir und trinke! Wer an mich glaubt, wie die Schrift sagt, von dessen Leibe werden Ströme des lebendigen Wassers fließen!“

Die innere Veränderung war real und drang nach außen.

„Marco“, rief eine seiner Freundinnen, „deine Augen leuchten so, was ist mit dir geschehen?“

Es dauerte nicht lange und Marco schnitt sich als Zeichen seiner totalen Umkehr die zotteligen Haare ab und begann in Lima eine vierjährige theologische Ausbildung.

Sein Bruder war Alkoholiker und sein Vater ein durchgeknallter Extremist mit radikalen Ansichten. Der totale Wandel von Marco machte auf alle Familienmitglieder einen tiefen Eindruck. Einer nach dem anderen kam zum Glauben an Gott. In einer noch nie gekannten Einmütigkeit begann die Familie, an den Sonntagen die Gottesdienste einer evangelischen Kirchengemeinde zu besuchen.

Im August 2014 hörte Marco mit 200 weiteren Jugendlichen im Hörsaal einer Universität von Abancay einen Vortrag über Diospi Suyana. Unmittelbar nach meiner Präsentation stellte er sich mir vor. Und im Dezember des gleichen Jahres setzten der Ex-Junkie und ich unsere Unterschriften unter einen mehrseitigen Arbeitsvertrag. Seit jenem Tage ist er als unser Reisepastor im Süden Perus unterwegs und besucht ehemalige Patienten von Diospi Suyana. Sein Leben hat viel mit dem Vorbild seines Herrn zu tun. Er verkehrt mit Tausenden von Armen und Verachteten auf Augenhöhe. Die meisten seiner Gesprächspartner sind Quechua-Indianer und Mestizos der Anden.

Im Mai 2018 schickte er mir einige Fotos von seinem Besuch in einem Indianerdorf. Das Bild zeigte Marco mit seiner zerfledderten Bibel in der Hand neben einem einfachen braunen Holzsarg. Darinnen lag der Leichnam einer Frau, die noch in ihren Zwanzigern einer Krebserkrankung erlegen war. Ihre Nachbarn und Verwandten standen um den schlichten Kasten herum, während Marco seine Predigt hielt. Die meisten seiner Zuhörer waren keine überzeugten Christen und die wenigsten würde man sonntags in einer Kirche antreffen. Aber dort auf dem Campo Santo, dem heiligen Gottesacker, verweilten sie geduldig und lauschten. In der säkularen westlichen Welt ist das ganz ähnlich. Wenn die Trauerfeier eines Bekannten ruft, geht man hin. Aus Solidarität und dem Gefühl, nicht kneifen zu wollen.

Auf einem Friedhof drängen sich Gedanken auf, die wir sonst so gerne von uns wegschieben. „Mit welcher Hoffnung lebe ich und mit welcher Hoffnung werde ich einmal sterben?" Am offenen Grab werden selbst die lautesten Spötter seltsam schweigsam. „Hatte Jesus vielleicht doch recht, als er sagte, wir müssten einmal alle vor Gott Rechenschaft ablegen? Und könnte der Auferstandene wirklich unsere Sünden vergeben und uns ein ewiges Leben schenken?

Die Predigt von Marco wäre auf einem Friedhof in der westlichen Welt in gleicher Weise aktuell gewesen. Unsere Zuversicht basiert auf der Auferstehung Christi am dritten Tag. Es gibt nirgends sonst eine überzeugende Alternative zu dieser Nachricht.

Regelmäßig erhalte ich von Marco Berichte über seine Tätigkeit. Seine Protokolle lassen erahnen, welchen persönlichen Preis er bei seiner Reisetätigkeit zahlt.

„Nicht alles, was ich erlebe, ist rosarot. Für meine Arbeit benötige ich die Nähe und die Kraft Gottes. Ich mache Kälte und Hitze durch. Manchmal stehe ich mitten im Regen. Ich muss das essen, was man mir anbietet. Gelegentlich finde ich die Patienten nicht, die ich suche. Dann fühle ich mich niedergeschlagen, als ob ich nichts, aber auch gar nichts erreicht hätte. ... Nicht wenige Reisen sind gefährlich und die Wege eng. Und manche Fahrer rasen um die Kurven. Dann bete ich, dass Gott uns davor bewahrt, in die Tiefe zu stürzen. Ja, in der Tat, ich erlebe viele Schwierigkeiten in meiner Aufgabe als Evangelist. Aber es gibt nichts, was ich mit der Hilfe Gottes nicht überwinden könnte. Ich schaffe alles durch Jesus Christus, der mir die innere Stärke schenkt!"

Vom Hippie an der frischen Luft gehen wir nun in eine Diskothek. Der Mief ist zum Schneiden und aus den Boxen tönen heiße Rhythmen.

Matthias Rehder studierte in Hamburg Naturwissenschaften. Er war ein heller Kopf, ohne Frage. Vielleicht lag das an seiner Kinderstube. Sein Vater arbeitete an der Universität als Professor der Chemie. Beste Voraussetzungen. Intelligenz wird vererbt oder gelernt. Matthias war nicht nur schlau, sondern er sah auch gut aus. Der richtige Mix, um in einer westeuropäischen Gesellschaft erfolgreich zu sein. Zwei Jahre später würde er sein Staatsexamen mit Auszeichnung machen, und zwar in den Fächern Mathematik und Chemie.

Gott spielte in seinem Leben absolut keine Rolle. Seine Eltern hatten ihn nicht taufen lassen. Konfirmiert war er auch nicht. Warum auch? Matthias sah ein wenig auf Menschen herab, die eine „höhere Macht“ brauchten, um mit ihrem Leben klarzukommen. Was ihn betraf, war er mit sich und der Welt ganz zufrieden. Bei ihm ging es ohne eine „religiöse Krücke“. Jung und gesund. Allseits interessiert. Nach einem Film über den Dreißigjährigen Krieg griff Matthias zum Neuen Testament. Er wollte wissen, warum sich damals vor 350 Jahren so viele Leute die Köpfe eingeschlagen hatten. Bei seiner Lektüre wunderte er sich, dass die Geschichte von Jesus gleich vier Mal erzählt wurde. Die Lutherübersetzung war alt, die Schrift schwer lesbar. Doch Matthias las die 400 Seiten und tat damit wieder einmal etwas für seine Allgemeinbildung.

11.11.2011 – An jenem Tag begann die fünfte Jahreszeit. Der 27-Jährige saß zu später Stunde mit Freunden in einer Bar. Die Hamburger sind, was Karneval angeht, keine Kölner, aber ein Bier am Abend ist immer drin. Plötzlich traf er eine hübsche junge Dame. Sie hieß Jennifer Serec und präsentierte am Tisch ein ziemlich ungewöhnliches Gesprächsthema: Der Glaube an einen persönlichen Gott. So einer war Matthias noch nicht begegnet. Ein wenig später standen die beiden neben der Tanzfläche und unterhielten sich. Ihm fiel auf, dass die Studentin der Sozialpädagogik strahlte, wenn sie von ihren

Erfahrungen mit Gott berichtete. Eine Frau wie von einem anderen Stern und ein Gesprächsstoff, mit dem er beim Betreten der Bar wirklich nicht gerechnet hatte. Zwei Stunden verstrichen und Matthias wunderte sich zusehends, dass Jennifer anscheinend wirklich glaubte, was sie sagte. Als er spät in der Nacht ins Bett fiel, schüttelte er ungläubig den Kopf. Die Wissenschaft hatte doch unser Universum ausreichend erklärt. Wo war da noch Platz für einen Gott im Himmel?

Doch Matthias hatte angebissen. Jennifer war schon etwas ganz Besonderes, und für eine gute philosophische Diskussion war er ohnehin immer zu haben. Man verabredete sich gelegentlich, um der Sache weiter auf den Grund zu gehen. Was hatte es mit Jesus Christus wirklich auf sich? Und war er allen Ernstes von den Toten auferstanden? Bald fing Matthias an, christliche Bücher zu lesen. C. S. Lewis, der berühmte Oxford-Professor, war einer der Autoren. Bestsellerautor Timothy Keller aus den USA ein anderer. Nach und nach tauchte der Hamburger in eine ganz andere Welt ein. Schließlich wurde er in eine Gemeinde von überzeugten Christen eingeladen. Es gab außer Jennifer offensichtlich noch andere, die fest mit Gott rechneten.

Nach seinem Referendariat nahmen die beiden eine Auszeit und besuchten eine christliche Lebensgemeinschaft in Südindien. Hier ließ sich der ehemalige Agnostiker und Skeptiker am 25. Dezember 2013 im Indischen Ozean taufen. Im darauffolgenden Jahr heirateten Jennifer und er.

Das Leben des jungen Paares verlief in unkonventionellen Bahnen. Im Herbst 2017 traten sie an einer Schule in Nepal ihren Dienst als Missionslehrer an. Sie wollten eine Lücke füllen, bis irgendwann einmal ein Langzeitlehrer für diese Stelle gefunden würde. Kaum hatten sie ihre Tätigkeit begonnen, als ihnen eine Volontärin von Diospi Suyana erzählte. Mitten im Himalaya schauten sich die Rehders im Internet den

Film über das „Krankenhaus des Glaubens“ an. Wahnsinn! Matthias und Jennifer kriegten Diospi Suyana nicht mehr aus ihrem Kopf. Das erste Buch „Ich habe Gott gesehen“ besorgte sich Jennifer elektronisch. Das zweite Buch „Gott hat uns gesehen“ entdeckte Jennifer während eines Heimatbesuches bei ihrer sterbenden Mutter auf dem Nachttisch.

Als Nachfolger für die Schule in Nepal meldeten sich gleich drei Interessenten. Die Rehders hatten ihre Mission in Asien also erfüllt. Am 2. Januar 2019 landeten sie mit ihrem Sohn Janne Paul am Flughafen von Lima. Die beiden Pädagogen haben sich für die Diospi-Suyana-Schule viel vorgenommen. Zwei Menschen, die sich von Gott geführt wissen. Eine Reise, die neben einer Tanzfläche in einer Bar begann. Mit einer Frau, die plötzlich sagte: „Ich vertraue auf Gott!“

Gegen Ende dieses Kapitels reisen wir nach Süddeutschland und besuchen den nordöstlichen Zipfel des Landkreises Lörrach. Dort liegt unweit des Großen Feldbergs die Kleinstadt Todtnau. Obwohl schon 1025 von Kaiser Konrad II. urkundlich erwähnt, zählt der reizvolle Skiort trotz seiner tausendjährigen Geschichte nur knapp fünftausend Seelen. Todtnau ist die Heimat von Dr. Georg Steinfurth. Der Arzt ist ein wahrer Tausendsassa: Unternehmer, Macher, Philosoph und halber Wissenschaftler. In den letzten Jahrzehnten flossen große Geldbeträge durch seine Taschen. Deshalb können wir ihm getrost auch das Label eines Millionärs umhängen.

Georg war ein schlanker, gut aussehender Oberschüler. Der hochintelligente Gymnasiast hatte die Mädchen noch nicht entdeckt. Deshalb trieb er sich weder in den lokalen Diskos noch auf den üblichen Schulpartys herum. Seine große Liebe galt den Büchern. Lesen ist ein hervorragender Zeitvertreib. Es macht Spaß und bildet, es prägt unseren Charakter und formt unser Weltbild. Wir können aus Langeweile lesen oder gezwungenermaßen vor einer Prüfung. Bei Georg gewannen Bücher im Jahr 1979 eine enorme Bedeutung, als der Sechzehnjährige nämlich anfing, sich mit den letzten Fragen der Menschheit zu beschäftigen.

Die Nachricht vom Tod seines Freundes traf Georg hart. Hatte er nicht erst einige Tage zuvor mit dem cleveren Schachspieler am Brett mental gerungen? Jetzt war er von einem Moment zum anderen aus seinem Leben verschwunden. Einfach weg. Auf der Beerdigung hatten vier kräftige Männer seinen Sarg in die Erde hinabgelassen. Aber was lag da wirklich in diesem schwarzen Kasten? Markierten seine sterblichen Überreste den verfrühten Schlusspunkt nach einem ach so kurzen Leben? War die Identität von Edgar damit endgültig und unwiederbringlich ausgelöscht? Georg wusste es nicht und kam mehr und mehr ins Grübeln. Gab es vielleicht doch eine jenseitige Welt, irgendwo in der Ferne? Seit Jahrtausenden haben sich die klügsten Geister mit diesem Rätsel beschäftigt. Für einen Jugendlichen wie ihn war die Auseinandersetzung mit jenem Thema sicherlich keine leichte Aufgabe. Georg wollte sich zunächst in der Literatur schlau machen. Sobald er nach der Schule sein Mittagessen verschlungen hatte, verschwand er in seinem Zimmer und vergrub sich in der Welt des geschriebenen Wortes. Er nahm Fachbücher der Physik zur Hand und arbeitete sich durch das Tibetanische Totenbuch. Er studierte weite Teile des indischen Sanskrits und prüfte eine ganze Serie parapsychologischer Werke auf ihren Wahrheitsgehalt. Schließlich kaufte er sich aus dem Fischer-Verlag eine sechsbändige Abhandlung über die Geschichte der Philosophie. Zwei Jahre lang dauerte dieses intensive Privatstudium unter Zuhilfenahme von einschlägigen Sachbüchern.

Den 18. April 1981 wird Georg nie vergessen. Er lag auf seinem Bett und klappte wieder einmal einen hinteren Buchdeckel zu. Endlich hatte er verstanden. „Es gibt keine absolute Wahrheit“, murmelte er, „alles ist subjektiv und abhängig vom Blickwinkel des jeweiligen Betrachters!" Und mit dieser Erkenntnis war ihm auch klar geworden, dass sein verstorbener Freund in ein dunkles ungewisses Nichts eingetaucht war. Der Abiturient sinnierte düster vor sich hin und seufzte in einem Anflug von Melancholie. Da vernahm er unversehens eine klare Stimme: „Ich bin die Wahrheit!"

Georg war völlig perplex. „Nein", antwortete er, „unser Leben ist eine Wanderung ohne Sinn und Ziel!"

„Ich bin die Wahrheit!" – Der Satz ertönte zum zweiten Mal.

Georgs Gedanken flogen zurück zu seiner Zeit als Ministrant in der katholischen Kirche. Hatte nicht ein Priester damals diesen Satz aus der Bibel zitiert? Georg sprang auf und begann wie wild im Haus seiner Eltern nach einer Bibel zu suchen. Alle möglichen Werke aus den unterschiedlichsten Rubriken standen ordentlich aufgereiht auf den Regalbrettern, aber die Bibel, das Buch der Bücher, fehlte.

Am nächsten Tag trampte er nach Freiburg und holte sich in einer Buchhandlung eine Ausgabe des Neuen Testamentes. Auf dem Nachhauseweg war er schon mittendrin im Text. Er hatte sich längst erinnert, dass dieser Satz „Ich bin die Wahrheit" von Jesus Christus stammte. Und ihn überkam die leidenschaftliche Sehnsucht, den gesamten Kontext dieser ungeheuerlichen Aussage zu verstehen.

Etwa zwei Wochen später geschah etwas höchst Bemerkenswertes. Er sah nachts im Traum eine Schafherde auf sein Elternhaus zulaufen. Ein Mann im weißen Gewand ging voran. Er schaute Georg in die Augen und sprach: „Ich bin der gute Hirte. Folge mir nach!"

Georg spürte instinktiv, dass er in dieser Herde völlig deplatziert wäre. Die Nähe Jesu mochte etwas für gute Menschen mit edler Gesinnung sein, aber nicht für ihn. Im Traum rannte er weg, so schnell er konnte. Aber wie seltsam, die

Schafe dribbelten zwar im gleichen Tempo weiter, aber auf wundersame Weise umringten sie ihn bald von allen Seiten. Als Georg aus seiner nächtlichen Vision erwachte, traf er eine Entscheidung, die bis heute die Grundlage seines Lebens ist: Er würde dem guten Hirten nachfolgen, der als Einziger mit göttlicher Autorität von sich sagen konnte, die personifizierte Wahrheit zu sein.

Georg bat für jedes Fehlverhalten um Entschuldigung, das ihm in den Sinn kam. Er spendete sogar seine knappe Barschaft an arme Leute auf der Straße. Im Bewusstsein, dass die Wahrheit Christi die Lösung für das menschliche Dilemma ist, räumte er in allen Lebensbereichen kräftig auf. Man könnte diese Aktivitäten als eine etwas merkwürdige Vorbereitung auf ein Abitur bezeichnen. Seltsam sicherlich, aber auch erfolgreich. Am 23. Mai 1982 bestand Georg das Abitur als Jahrgangsbester, eine Leistung, die vom Gymnasium mit drei Preisen honoriert wurde.

Wie sollte die Reise weitergehen? Seine Eltern, nominell Katholiken, waren nicht gerade begeistert, dass ihr Sohnemann mit dem Beruf des Pfarrers liebäugelte. Oder sollte er vielleicht Lehrer werden? Aber die Zeitungen klagten damals über eine Lehrerschwemme und schlechte Aussichten für Pädagogen. Georg wandte sich an Gott und bat gezielt um einen Fingerzeig. Der gute Hirte hatte ihm im Traum doch angeboten, ihn zu leiten; nun wollte er diese Lebensführung gerne in Anspruch nehmen. Es dauerte nicht lange und Georg stieß in der Zeitschrift *Stern* auf einen Artikel über Mutter Teresa. Sie beschrieb darin die große medizinische Not in Kalkutta und warb eindringlich um Ärzte für die Versorgung der vielen Kranken und Sterbenden. Georg wertete diesen Bericht als ein klares Signal. Er würde Medizin studieren und sich um die Elenden, Verzweifelten und Todkranken kümmern. Aus Überzeugung und echter Anteilnahme.

Nicht wenige Studenten immatrikulieren sich im Fach Medizin mit romantischen Vorstellungen, die sie im Laufe des Studiums peu à peu über Bord werfen. Nicht so Georg. Er blieb seiner Berufung treu. Vierzehn Jahre lang widmete sich der Mediziner an der Universitätsklinik von Freiburg um Menschen auf der letzten Etappe ihres Lebens. In der onkologischen und intensivmedizinischen Abteilung sah er fast täglich dem Tod ins Auge. Er rackerte bis zu 400 Stunden im Monat um das Wohl der Kranken. Leider blieb bei diesem Arbeitspensum wenig Zeit für seine Frau Kerstin und ihre drei Kinder.

Nach einer Phase reiflicher Überlegungen kündigte sich 2003 ein Umbruch an. Georg und Kerstin würden nach Todtnau ziehen und eine christliche Hausarztpraxis gründen. Dort, wo sich die letzten Landärzte gerade verabschiedeten, wollten die beiden mit einem Team von Experten ein geniales Pilotprojekt hochziehen. Sie entwickelten die Idee einer modernen Praxis, die einen hohen medizinischen Standard mit Seelsorge und Psychotherapie verbinden würde. Dieses Konzept nannten sie „s'Doc-Hüsli", auf Hochdeutsch „Das Ärztehaus". Was gut ist, setzt sich durch, und der Erfolg beflügelt. Aus einer Praxis wurden zwei und schließlich vier. Die Mitarbeiterschaft wuchs beträchtlich und die Patientenzahlen kletterten steil nach oben. Im Laufe der Jahre wurde dieses ganzheitliche Modell von den Medien entdeckt. Berichte in der Presse und im Rundfunk steigerten den Bekanntheitsgrad weiter. Schließlich 2016 wurden Dr. Georg Steinfurth und seine Frau Kerstin, die unermüdliche Managerin der Praxis, nach Berlin eingeladen. In einer feierlichen Zeremonie erhielten sie den ersten Preis der „Springer Medizin". Die goldene Glühbirne, gewissermaßen der Oscar der Branche, wurde den beiden in Anerkennung für die innovativste deutsche Praxis überreicht. Diese hohe Auszeichnung brachte die beiden auf die Titelseite der *Ärzte-Zeitung* und damit in das Rampenlicht der deutschen Gesundheitspolitik.

Macht korrumpiert. Wer Einfluss hat, möchte diesen steigern, vielleicht sogar bis ins Uferlose. Beim Geld ist es ähnlich. Geld kann unersättlich machen. Wer sich nicht vorsieht, verfällt schnell dem Lockruf des Mammons. Thomas Middelhoff, der einstige Vorstandschef des Bertelsmann Konzerns, beschreibt diese moralische Spirale nach unten in seinem Aufsehen erregenden Bestseller „Schuldig".

Georg und Kerstin Steinfurth scheinen irgendwie anders gestrickt zu sein. 2016 vollzogen sie einen radikalen Neuanfang und verkauften ihre Praxen und zwei Wohnungen gleich noch dazu. Einen nicht unerheblichen Teil spendeten sie für die christliche Einrichtung „Joshua-Dienst in Srittmatt" und für kubanische Obdachlose, die ihr Hab und Gut im Wirbelsturm Irma verloren hatten. Am Ende lagen noch 300.000 Euro auf dem Konto und warteten auf ihre Verwendung. Bei einem Brainstorming diskutierten sie sowohl den möglichen Erwerb eines Hauses als auch die Übernahme eines Bauernguts. Aber obwohl die Steinfurths alle möglichen Optionen sorgfältig prüften, kamen sie auf keinen gemeinsamen Nenner. Was tun? Schließlich teilten sie diesen Betrag durch drei. Jeweils ein Drittel war für die Kinder, für Kerstin und für Georg selbst bestimmt.

Ausgerechnet in dieser Zeit schenkte ein treuer Freund Georg ein Jugendbuch über ein Missionsspital in Peru. Der Titel lautete „Der Doktor mit dem Draht zu Gott". Georg las mit wachsender Begeisterung, wie aus dem Nichts ein Krankenhaus für die Nachfahren der Inkas entstand, ohne jegliche staatliche Absicherung. Darüber wollten die Steinfurths mehr erfahren. Die Gelegenheit dazu bot sich am 10. Mai 2016. Eine Studentengruppe hatte mich zu einem Vortrag an die Universität von Karlsruhe eingeladen. Der Hauptinitiator

Christian van Reensen stand kurz vor seiner Ausreise nach Peru, um am Hospital Diospi Suyana als IT-Experte mitzuarbeiten. Getrieben von seiner Begeisterung hatte er ziemlich gewirbelt, um den Hörsaal zu füllen. Zu seiner Enttäuschung versammelten sich leider nur um die sechzig Zuhörer auf den Rängen, zwei von ihnen: Georg und Kerstin Steinfurth. Die Präsentation ging Georg unter die Haut, mitten ins Herz und drang sogar bis ins Gehirnareal vor, das für die Verwaltung von Geldern zuständig ist. Sechs Tage drauf ging eine Spende von 100.000 Euro auf dem Konto von Diospi Suyana ein.

Als Jugendlicher hatte Georg die vollkommene Wahrheit gesucht und in dem guten Hirten Jesus Christus gefunden. Als erfolgsverwöhnter Mediziner blieb er seinem Glauben treu. Bis heute bedeutet für ihn Geld nur ein anvertrautes Gut, welches er im Sinne des Hirten für die Belange des Himmels einsetzen möchte. Der Mann aus Todtnau zog die Abhängigkeit von Gott der vermeintlichen Sicherheit eines vollen Bankkontos vor. „Georg, deine konsequenten Entscheidungen für Gott imponieren mir gewaltig“, sagte ich während eines Telefongesprächs.

„Klaus, Gott hat mich dafür so gesegnet“, sprudelte es aus ihm heraus, und schon erzählte er mir voller Enthusiasmus, wie seine Lebensgeschichte weiterging. Immer unvorhersehbar und stets in den Fußstapfen des guten Hirten.

Mit der besten Botschaft über die Berge

Die Diospi-Suyana-Schule fördert nachhaltig die Entwicklung von mehreren Hundert Schülern. Im Krankenhaus Diospi Suyana behandeln wir im Jahr Zehntausende Patienten. Das sind stolze Zahlen. Aber um das Denken von Millionen von Menschen zu verändern, benötigen wir andere Zugangswege: die Medien.

Möglicherweise runzelt der eine oder andere von Ihnen jetzt seine Stirn und fragt sich, ob eine solche Einflussnahme auf die Gesellschaft überhaupt ihre Berechtigung hätte. Begriffe wie Werbung, Verführung und Manipulation kommen in den Sinn, und kritische Anfragen an ein derartiges Unterfangen erscheinen auf den ersten Blick angebracht.

Was mich betrifft, so bin ich ein leidenschaftlicher Verfechter dieser Idee. Ich möchte Ihnen den Grund mit einigen Zahlen verdeutlichen. Nach einem Bericht des *El Comercio*, der führenden Tageszeitung Perus, wurden 2018 über 63 Prozent der peruanischen Frauen zwischen 15 und 49 Jahren Opfer von psychischer, physischer oder sexueller Gewalt.

Die Situation der Jugendlichen sieht leider nicht besser aus. Nach einer Untersuchung aus dem Jahr 2015, die vom staatlichen Institut für Statistik (INEI) veröffentlicht wurde, hatten 65,6 Prozent der Heranwachsenden zwischen 12 und 17 Jahren zu Hause Brutalität zu ertragen. Das sind besorgniserregende Ergebnisse.

In den Bergdörfern der Anden ist häusliche Gewalt meist mit Alkoholmissbrauch verbunden. Zu diesen erschreckenden Missständen kommen noch Ignoranz und ein weitverbreiteter Aberglauben hinzu. Kann ein 24-stündiges Radioprogramm einer solchen Misere entgegenwirken? Selbstverständlich kann es das!

Aber ich möchte einen weiteren Punkt erwähnen, der mir unter den Nägeln brennt. Wir Mitarbeiter von Diospi Suyana sind überzeugte Christen. Und die beste Nachricht, die es gibt, ist für uns das Evangelium von Jesus Christus. Wenn der Oxforder Biologe und Atheist Richard Dawkins mit seinen Annahmen richti läge, dann wäre unser Universum unermesslich groß, ziemlich dunkel, eiskalt und völlig sinnlos. Damit entbehrte auch unser eigenes Leben eines tieferen Sinns. Eine deprimierende Weltsicht, wie ich meine. Die christliche Überzeugung steht dieser eben beschriebenen Auffassung diametral entgegen. Jesus Christus starb am Kreuz aus Liebe zu jedem Menschen. Der Wert meines Lebens ist – um es ganz plastisch zu sagen – das Blut Christi, ein Beweis der totalen Hinwendung Gottes.

Mancher mag nun einwenden, dass die Passion Christi vor 2.000 Jahren herzlich wenig mit unserem Alltag hier und heute zu tun hätte. Doch wer das denkt, irrt gewaltig. Als Kronzeugen möchte ich Matthew Parris zitieren. Er ist einer der bekanntesten Journalisten Englands, war viele Jahre im Britischen Unterhaus als Parlamentarier tätig und publiziert in vielen Zeitschriften, u. a. auch in der *Times*. Er ist überzeugter Atheist. Man kann ihn mit Fug und Recht als Afrika-Experten bezeichnen. Dort in Afrika stand auch seine Wiege. Unter der Überschrift „Als Atheist bin ich überzeugt, dass Afrika Gott braucht", schrieb er am 28. Dezember 2008 für die *Times Online* einen hochinteressanten Aufsatz. Einige Passagen möchte ich wiedergeben. Er beginnt seinen Artikel mit einer provozierenden Aussage: „Missionare und nicht Entwicklungshilfegelder sind die Lösung für das größte Problem Afrikas – nämlich die erdrückende Passivität in den Köpfen seiner Menschen!" Dann erläutert er seine Meinung wie folgt:

„Nun, ich bin zwar ein bekennender Atheist, aber ich bin mittlerweile vom enormen Beitrag der christlichen Evangelisation in Afrika überzeugt. Sie ist grundsätzlich anders als die Arbeit von säkularen Nichtregierungsorganisationen, Regierungsprojekten und internationaler Entwicklungshilfe. All diese Aktivitäten sind nicht genug. Ausbildung und Anleitung alleine sind ebenfalls nicht genug. In Afrika ist es das Christentum, das die Herzen der Menschen verändert. Es bewirkt eine geistige Transformation. Diese Neugeburt ist real und die Veränderung ist gut!"

Parris unterstreicht dies mit einer Beobachtung aus seiner Kindheit: „Gelegentlich übernachtete ich mit meinem kleinen Bruder in einem traditionellen afrikanischen Ort. In der Kleinstadt wohnten einige afrikanische Arbeiter, die zum Christentum übergetreten waren und einen starken Glauben besaßen. Die Christen waren tatsächlich anders. Der Glaube schien sie befreit und gelöst zu haben. Auf keinen Fall führte er zu ihrer Unterdrückung. Bei ihnen entdeckte ich eine innere Lebendigkeit, eine Neugier, ein Interesse an der Welt und eine Offenheit im Umgang mit anderen Menschen. Alles Eigenschaften, die ich gewöhnlich im üblichen afrikanischen Leben so sehr vermisste. Diese Christen standen aufrecht!" So weit Matthew Parris.

Die Liebe Gottes lässt uns leben und atmen. Unsere Altlasten aus der Vergangenheit sind vergeben, unsere Gegenwart füllt sich durch die Freundschaft Gottes mit Sinn und Geborgenheit. Und die Zukunft vibriert durch unsere Hoffnung auf ein ewiges Leben. Diese Botschaft ist auch für Radiohörer die beste Mitteilung, die ich mir vorstellen kann. Aus diesem Grund bin ich ein leidenschaftlicher Befürworter christlicher Programme in allen Formen moderner Netzwerke.

Während unserer Jahre in Ecuador hatten meine Frau und ich die Wirksamkeit lokaler Radiosender kennengelernt. Deshalb hegten wir im Stillen die Hoffnung, irgendwann einmal bei Diospi Suyana einen eigenen Kanal zu gründen. Zunächst dachten wir an eine begrenzte Medienarbeit im Umfeld von Curahuasi.

Im Herbst 2011 erhielt Diospi Suyana aus einer Erbschaft einen bedeutenden Geldbetrag. Die Zweckbindung sah ausdrücklich vor, diese Summe für den Bau einer Radiostation zu investieren. Zwei Jahre lang passierte gar nichts. Das Geld schlummerte auf einem Konto in Deutschland, und wir hatten ohnehin den Kopf voll mit anderen Dingen. Unser Bauteam um Udo Klemenz errichtete damals in der Ortsmitte von Curahuasi ein Gebäude für unsere Kinderklubs. Das war ein respektables Vorhaben. Im Anschluss an dieses Projekt steigerten wir unsere Anstrengungen sogar noch ganz beträchtlich. Wir machten uns an den Bau einer Schule für 600 Jungen und Mädchen. War das für unser Werk eine Herausforderung? Natürlich, und was für eine. Sechsunddreißig Monate voller Aktivitäten hielten uns alle auf Trab. Während Udo seine Baucrew antrieb, kümmerte ich mich um die Akquise von Geldern und die notwendige Ausrüstung. An jedem Donnerstag veröffentlichte ich den Baubericht, den Ingenieur Udo Klemenz für die Webseite verfasst hatte. Und das 150 Wochen in Folge. Keine Frage, die Medienidee musste erst einmal auf unbestimmte Zeit verschoben werden.

Doch vergessen hatte ich den Plan keineswegs. Heimlich schielte ich gelegentlich auf einen halbrunden Platz hinter den OP-Räumen. Dieser Viertelkreis, eingerahmt durch die Operationssäle linker Hand und einer Böschung rechts gegenüber, ließe sich sicherlich mit etwas Fantasie für eine zukünftige Radiostation nutzen. Mit Christian Oswald aus der IT-Abteilung zog ich eines Tages los, um mit einem langen Maßband das Gelände zu vermessen. Der Zettel mit den Daten lag in meinem Kalenderbuch. Wochenlang. Doch plötzlich war er unauffindbar verschwunden.

Im Juni 2013 wurde ich in Curahuasi bei der Notarin Dr. Nohemi Aparicio vorstellig, um die Statuten unseres peruanischen Vereins entsprechend zu erweitern. „Frau Aparicio", erläuterte ich präzise, „Diospi Suyana möchte sich nicht nur im medizinischen Sektor engagieren und etwas für die Erziehung der Kinder tun, sondern zudem einen eigenen

Radiokanal betreiben!" – Die Notarin antwortete ohne jede Umschweife: „Dann nehmen wir auch gleich einen Fernsehsender als Satzungsziel auf!"

Die liebe Dame hinter dem Schreibtisch hatte mich wohl nicht richtig verstanden. – „Nein, wir denken nur an eine Radiostation, das ist alles!" Ich habe zwar einen peruanischen Pass, aber meine deutsche Prägung gebietet mir förmlich, glasklare Aussagen zu treffen.

Aparicio verzog keine Miene. Im Brustton der Überzeugung wiederholte sie: „Also wir werden dann einen Radio- und einen TV-Kanal in die Statuten aufnehmen!"

Verblüfft sah ich der Notarin ins Gesicht. Vielleicht hatte sie ja recht. Alle unsere Projekte waren am Ende viel größer geworden, als wir vorher erträumt hatten. „Na gut", ich gab mich geschlagen, „wir berücksichtigen auch das Fernsehen!"

Nach der vermeintlich endgültigen Rückkehr der Klemenz' nach Deutschland baute Bauingenieur Johannes Bahr im Sommer 2014 noch an einigen Details der Schule. Johannes ist von Natur aus kein Quengelfritze, aber irgendwann fing er an zu drängeln: „Klaus, noch drei Monate, dann ist an der Schule alles fertig, ich könnte noch ein Jahr für Diospi Suyana arbeiten!" Und mit einem Gesichtsausdruck, als sei es höchste Eisenbahn, fragte er, „Wann geht es mit dem Medienzentrum endlich los?"

Ich gab meist ausweichende Antworten und vertröstete den Regensburger jeweils auf den nächsten Monat. Doch am 28. Oktober 2014 hatte er mich weichgekocht. Am Schreibtisch griff ich zu einem Blatt Papier und Stift und fing an zu zeichnen. Auf zwei Etagen sollte das Gebäude ein TV- und zwei Radiostudios beherbergen. Der Plan sah ein großzügiges Foyer am Eingang und einen Pressesaal im ersten Stock vor. Natürlich mussten auch Büros, ein Serverraum sowie eine Küche und sanitäre Anlagen im Zentrum untergebracht werden. Meine Skizze, in wenigen Minuten gezeichnet, sah gar nicht so übel aus.

„Johannes, hier habe ich den ersten Entwurf für unser Medienzentrum, was hältst du davon?" – Triumphierend wedelte ich mit meinem Zettelchen vor seiner Nase herum.

„Könnte so funktionieren", meinte der junge Ingenieur trocken, „ich werde deinen Plan mal ausmessen!"

Das Ergebnis unserer gemeinsamen Bemühungen schickte ich an drei Medienexperten in Edinburgh, Ascuncion und Elkhart, USA. Es dauerte nicht lange und die Profis aus Übersee schrieben mir ihre geschätzte Meinung: „Daumen hoch, sieht gut aus. Packt's an!"

Die E-Mail aus Sydney

Ich bin in einer Bäckerfamilie aufgewachsen, und was die Medienangelegenheit betraf, gedachte ich nur kleine Brötchen zu backen. Das sollte sich bald ändern, als nämlich am 27. März 2015 während meiner Vortragsreise durch England eine überraschende E-Mail in meinem Computer eintrudelte. Sie kam aus Sydney und weckte sofort meine Aufmerksamkeit.

Ein gewisser Chris Welch äußerte Interesse, sich in unserem geplanten Medienzentrum einzubringen. Im angehängten Lebenslauf las ich Erstaunliches. Er schrieb: „Ich arbeite bei TX Australia als Ingenieur und bin für Radio- und Fernsehübertragung in allen fünf Hauptstädten Australiens verantwortlich. Meine Auftraggeber sind die drei kommerziellen TV-Kanäle Sieben, Neun und Zehn. Meine Erfahrungen auf diesem Gebiet erstrecken sich auf über 25 Jahre."

Ich muss gestehen, dass mir sein beruflicher Hintergrund ziemlich imponierte. Doch der nächste Satz seines Resümees sollte alle unsere Absichten bezüglich der Gründung einer eigenen Mediengruppe auf ungeahnte Höhen katapultieren. Chris Welch erwähnte nämlich ein überaus wichtiges Detail: „Des Weiteren habe ich praktische Erfahrungen mit großen Satellitennetzwerken in weiten Teilen der Regionen Asien und Pazifik!"

Ich saß nachdenklich auf einem Schreibtischstuhl in meinem Hotelzimmer und studierte abermals seine E-Mail. War dieser Spezialist für Satellitenübertragung nicht einige Nummern zu groß für uns? Noch war von einem Medienzentrum nichts zu sehen. Auf dem hinteren Gelände grasten friedlich unsere vier Alpakas. Von Mauern, Fundamenten oder wenigstens einem Bauzaun keine Spur. Ich hatte nicht den Mut, dem Australier gleich zu antworten. Aber natürlich nahm ich seine Anfrage in Gedanken mit ins Bett. Als ich die Nachttischlampe ausknipste, grübelte ich unter der warmen Decke noch lange über jenen Unbekannten nach. Ob ich ihn jemals persönlich kennenlernen würde, diesen Mann vom grünen Kontinent auf der anderen Seite unseres Planeten?

Es war der 13. Januar 1996. Wie gewöhnlich flutete die warme Sonne über die Ostküste Australiens nieder. Ein unvergesslicher Tag für Chris und Sandi, denn der groß gewachsene Satellitentechniker und die zierliche Hörakustikerin gaben sich das Ja-Wort fürs Leben. Gesund, leistungsstark und gut aussehend. Das Gehalt von Chris war üppig, die Zukunft rosig und zur Freude der ganzen Verwandtschaft stellte sich bald der Kindersegen ein.

2001 zogen die Welchs nach Wahroonga, einen wohlsituierten Vorort Sydneys. Sie kauften ein Anwesen mit Pool und Garten. Natürlich hatte diese lukrative Immobilie ihren Preis. Aber bei dem hohen Einkommen der Familie zeigte sich die

Bank großzügig und stellte den entsprechenden Kredit aus. Die Welchs hatten ihren Platz in der Gesellschaft anscheinend gefunden.

Es ist ein Merkmal des Menschen vorwärtszustreben. Wir wollen mehr. Wir suchen die Erfüllung durch „schneller, höher, weiter". Ein Auto reicht bald nicht. Wir ersetzen die Wohnung durch ein Reihenhaus und hoffen schon beim Einzug auf die Villa als nächste Adresse. Vielleicht zeigt sich in diesem Drang nach oben unsere Sehnsucht, ein Vakuum im Herzen zu füllen. In seinem Welthit „Feel" beschreibt Robbie Williams diese Ruhelosigkeit: „Ich möchte nur wahre Liebe spüren und ein beständiges Leben führen. Aber da ist ein Loch in meiner Seele und du kannst das an meinem Gesicht ablesen!"

Es kam das Jahr 2009. Die Welchs verkauften ihren herrschaftlichen Bungalow in der Leuna Avenue 26 und zogen in das kleine Haus nebenan, Leuna Avenue 28. Wahrscheinlich standen viele ihrer Nachbarn neugierig hinter den Gardinen, als die Möbelpacker den gesamten Hausstand der Welchs über die kurze Distanz von 15 Metern von A nach B beförderten. Wohl mancher, der die Familie flüchtig kannte, wird sich gefragt haben, ob bei dem jungen Ehepaar im Oberstübchen noch alles in Ordnung sei. Wer ahnte schon, dass Chris und Sandi bei diesem seltsamen Umzug aus tiefster Überzeugung handelten.

Die gläubigen Christen wollten jederzeit bereit sein. „Bereit sein für was?", wollen Sie sicherlich wissen. Nun, die Welchs dachten, sollte Gott sie jemals zu einem besonderen Auftrag berufen, würden ihr Kredit, all diese hohen Schulden, nur wie ein Klotz am Bein hängen. Ihre innere Freiheit bestand also nicht aus „mehr", sondern aus „weniger". Solche Leute mit dieser Geisteshaltung sind selten. Man muss sie mit der Lupe suchen. Sei es in der 5-Millionen-Metropole Sydney oder in den sibirischen Weiten Russlands.

Über Ostern 2014 nahmen Chris und sein ältester Sohn Jake an einem humanitären Kurzeinsatz in Kambodscha teil. Die Reise wurde von der amerikanischen Missionsgesellschaft *Samaritan's Purse* organisiert, die in Europa durch die Aktion „Weihnachten im Schuhkarton" eine gewisse Bekanntheit erlangt hat. Mit großen Augen sahen die beiden Australier menschliches Elend aus nächster Nähe.

Flüchtige Fernsehbilder von Not und Verzweiflung lassen sich auf der heimischen Couch gut verkraften. Man kann jederzeit mit der Fernbedienung umschalten und die quälenden Eindrücke verdrängen. Aber in der Hitze Südostasiens sind unsere Sinne ungemein sensibel für unappetitliche Gerüche. Die vielen beklagenswerten Gestalten, die auf den Straßen ihr Dasein fristen, bringen uns ungewollt in direkte Tuchfühlung mit Krankheit, Alter und Tod. Die Szenen vor ihren Augen sollten bei Chris und Jake tiefe Spuren hinterlassen. Aber die beiden lernten auch, dass Not kein unentrinnbares Schicksal sein muss. Sie waren erstaunt, wie effizient und liebevoll Missionare gegen das unbeschreibliche Leid ankämpften. Nach diesem Exkurs in die sogenannte Dritte Welt fassten die Welchs einen festen Entschluss: „Wir wollen es nicht beim Reden belassen, sondern wir wollen etwas tun!"

Also bewarben sie sich bei den verschiedensten Missionsgesellschaften. Sie verschickten Briefe und führten Telefongespräche. Sie schrieben lange E-Mails und wurden sogar persönlich vorstellig. Egal, wo sie anklopften, es gab für sie immer nur Absagen. Der Grund lag auf der Hand: Ihre Kinderschar hatte sich im Laufe der Jahre auf sieben erhöht. Die Unterstützung einer solchen Missionarsfamilie würde Unsummen verschlingen. Deshalb kamen sie für keine der kontaktierten Agenturen infrage.

Im Sommer 2014 publizierte der YWAM-Verlag aus Seattle, USA, ein Buch über meine Frau und mich. Unter der Überschrift „Hope in the Andes“ schrieben die Neuseeländer Janet und Geoff Benge eine Biografie, die besonders eine jugendliche Leserschaft ansprechen sollte. Der englische Band gelangte auf die Bücherregale von Tausenden von Familien in Nordamerika, Australien und Großbritannien.

Anfang 2015 erhielt Sandi von ihrer Freundin Lilli Wilkinson genau dieses Jugendbuch geschenkt. „Sandi, diese Geschichte musst du einfach lesen“, hatte Lilli sie ermuntert, „der Inhalt ist genau das Richtige für euch!“

Die meisten von uns sind durchaus für einen guten Schmöker zu haben. Aber sind wir mal ganz ehrlich, viele der Wälzer, die wir an Festtagen erhalten, verschwinden ordentlich im Regal, ohne jemals aufgeschlagen zu werden. Wir finden einfach nicht die Zeit, all die Literatur zu verinnerlichen, die wohlmeinende Leute uns empfehlen. Und Sandi, Mutter einer halben Fußballmannschaft, machte da wahrlich keine Ausnahme.

Mitte März meldete sich Lilli telefonisch gleich zweimal bei Sandi mit einer Mischung aus Ungeduld und Euphorie: „Hast du das Buch endlich gelesen?“

„Bis jetzt noch nicht“, klang es etwas verschämt aus dem Hörer. Die Freundin wiederholte ihre Aufforderung: „Sandi, höre auf mich. Lies endlich dieses Buch!“

Ein günstiger Umstand spielte Lilli plötzlich einige Tage später in die Hände: Sandis eingewachsener Zehennagel. Der tat so weh, dass ein Chirurg sich bald ans Werk machte. Nach dem erfolgreichen Eingriff am 23. März lag Sandi völlig abgemeldet im Wohnzimmer auf der Couch. Die täglichen Pflichten der vielköpfigen Familie mussten die Kinder, ihr lieber Ehemann oder sonst jemand erledigen. Auf jeden Fall nicht sie. Mit Lilli im Nacken griff die Australierin nun zu „Hope in the Andes“ und überflog die erste Seite.

Die drei Tage Ruhepause auf weichen Polstern reichten aus. Mit wachsendem Interesse verschlang Sandi die Geschichte, die von Gebetserhörungen und Fügungen im fernen Peru handelte. Und so richtig spannend wurde es auf Seite 214. Die Autorin Janet hatte mich über die nächsten Projekte bei Diospi Suyana befragt. Und ohne lange zu überlegen, hatte ich mich über die enormen Vorteile einer zukünftigen Radiostation ausgelassen.

„Chris", rief Sandi, als ihr Mann am Abend nach Hause kam. „Das musst du dir mal genauer anschauen. In Peru wird demnächst ein christlicher Familiensender entstehen. Die suchen Leute wie dich!"

Kaum hatte Chris Welch das Buch diagonal gescreent, schickte er mir seine oben erwähnte E-Mail. Und die Dinge gerieten in Bewegung. Bedingt durch meinen engmaschigen Terminkalender in Großbritannien, ließ ich es bei einer kurzen Erwiderung bewenden. Ich würde mich zu gegebener Zeit noch einmal melden. Ich hatte keine Eile, da das Medienzentrum noch gar nicht existierte.

Im Jahr 2014 ließ die australische Regierung alle Sendemasten, Satellitenverbindungen und Transmitter überprüfen. Der Zweck dieser umfangreichen Maßnahme war die verbesserte Qualität der Radio- und Fernsehübermittlung auf einem ganzen Kontinent. All diese Kalibrierungen dienten der Perfektion. Um dieses sinnvolle Ziel auch zu erreichen, erwarb das Kommunikationsministerium 29 Sets von Messgeräten, die jeweils einen Wert von 250.000 Australischen Dollar aufwiesen. Als ein Heer von Technikern das Projekt zu einem guten Ende gebracht hatte, wollte der Staat die Ausrüstung durch eine Online-Versteigerung wieder veräußern. Zwei Runden waren vorgesehen.

Chris und Sandi wurden unruhig. Falls sie jemals bei Diospi Suyana mitarbeiten sollten, wäre diese Ausstattung ungemein hilfreich. Aber die beiden hatten bislang von mir nur eine kurze Bestätigung ihrer E-Mail erhalten. Mehr nicht.

Als die Sonne am 31. März 2015 aufging, trafen die Welchs eine Entscheidung, die rational von niemandem erklärt werden kann. Sie würden – volles Risiko voraus – im zweiten Durchgang mitbieten, und zwar mit ihrem eigenen Geld. Dabei ging es nicht um ihr Kleingeld aus der Portokasse, sondern ans Eingemachte. In einem Anflug von wilder Entschlossenheit boten sie kräftig mit und tippten schließlich ihr letztes Angebot auf die entsprechende Webseite des Ministeriums. Es lag bei 25.865 Australischen Dollar. Einige Sekunden später waren sie stolze Besitzer von dreizehn Kästen voller Hightech. Wie soll man so eine Entscheidung deuten? Der berühmte Sprung des Glaubens, den Chris und Sandi gewagt hatten, würde doch fast unweigerlich im Abgrund des Schwachsinns enden. Es war höchst unwahrscheinlich, dass nach all den Absagen durch andere Missionsgesellschaften ausgerechnet Diospi Suyana in Begeisterungsstürme ausbrechen und rufen würde: „Auf eine Familie mit sieben Kindern haben wir schon lange gewartet. Endlich seid ihr da!"

Ich denke, wir sind uns einig, dass, unabhängig von weltanschaulichen Gesichtspunkten, die meisten Menschen die eben beschriebene Tat der Welchs als eine große Dummheit bezeichnen würden. Aber wenn Christen im Vertrauen auf Gott alles in eine Waagschale werfen, geraten sie in das Epizentrum des Heiligen Geistes. Gott kennt unsere Motive, er prüft die Lauterkeit unserer Absichten, und wenn wir wirklich offen für den Willen Gottes sind, lenkt er mitunter unsere Gedanken und Pläne auf höchst unkonventionelle Art.

Am Dienstag, den 7. April, konnte Chris die ersteigerten Geräte in einem Lager in Sydney abholen. Sandi und die älteren Kinder halfen zu Hause alle Kisten ins Wohnzimmer zu tragen. Das, was sich auf dem Teppich stapelte, war wirklich ganz außerordentlich, aber leider hatte dieser Haufen Elektronik das Bankkonto der Welchs auch um über 25.000 Australische Dollar erleichtert.

Jetzt war der Augenblick gekommen, um in Ruhe über die eigene „Unvernunft“ zu meditieren. Chris ging in die Küche und holte zwei Tassen Tee. Eine für Sandi, die andere für sich selbst. Er wollte gerade auf dem Sofa Platz nehmen, als das Telefon klingelte. Es war ziemlich genau 10 Uhr. Chris griff zum Handy und meldete sich. In der Leitung hörte er eine fremde Stimme mit einem seltsamen Akzent.

Von meiner Europareise war ich längst nach Peru zurückgekehrt. Ich versuchte schnell alles abzuarbeiten, was sich während meiner Abwesenheit angesammelt hatte. Montagabend, der 6. April. Eigentlich wollte ich endlich nach Hause, da schoss mir ein Gedanke durch den Kopf. Vielleicht sollte ich jenen Satellitentechniker in Sydney einfach mal anrufen, lag doch seine E-Mail mittlerweile zehn Tage zurück. Bei Google gab ich schnell die Worte „Sydney“ und „time“ ein. Aha, es war im Osten Australiens also gerade 10 Uhr am Dienstagvormittag. Eigentlich eine gute Zeit für ein Gespräch.

„Hier ist Chris Welch am Apparat. Mit wem habe ich das Vergnügen?“ Es dauerte keine dreißig Sekunden und wir waren auf der gleichen Wellenlänge. Unser Telefonat verlief freundlich, ausführlich und positiv. Ich merkte sofort, dass jener Techniker unsere Radiopläne auf ein Niveau anheben könnte, das alle unsere Träume radikal sprengte. Nicht nur 30.000 Curahuasinos würden eines Tages unser Programm empfangen, sondern Hunderttausende, möglicherweise sogar Millionen von Peruanern.

Chris legte sein Telefon auf den Tisch und schaute zu Sandi hinüber. Beide verstanden, ohne viel zu reden, was soeben vorgefallen war. Gott hatte ihre selbstlose Entscheidung bestätigt. Wie es schien, würden sie in naher Zukunft ihren Wohnsitz nach Südamerika verlegen.

Australien

Seit diesem seltsamen Anruf wurde unser Kontakt über E-Mails und Telefongespräche immer enger. Wer solche Sachen macht wie die Welchs, passt wunderbar in das Team von Diospi Suyana. Auf dem Globus schaute ich mir Australien genauer an. Ganz weit weg, aber wahnsinnig verführerisch.

Der englische Verlag Lion Hudson veröffentlichte Anfang 2015 mein Buch „I have seen God“, und wie ich bald hörte, verkaufte die australische Buchkette „Koorong bookstore“ davon eine ganze Menge. Da würde sich doch eine Vortragsreise auf dem fünften Kontinent geradezu anbieten. Ich rief einen Abteilungsleiter von Koorong an und fragte: „Sagen Sie mal, wann gibt es in Australien gute Wetterbedingungen für eine Rundreise?“ Damit hatte ich mich natürlich als Ignoranten entlarvt. „Wir haben hier immer schönes Wetter“, versicherte mir der freundliche Mann lachend, „Sie können kommen, wann Sie wollen!“

Am 21. Oktober 2015 flog ich mit der Singapore Airlines von Frankfurt über Singapur nach Sydney. Ich war gespannt, die Welchs nun endlich persönlich kennenzulernen. Dankenswerterweise hatten sie die meisten Vorbereitungen meiner Rundreise getroffen, eine Kompakt-Tour mit sechsunddreißig Präsentationen und Interviews. Am Abend des nächsten Tages fuhr ich mit dem Mietwagen vom Flughafen zu den Welchs nach Hause. Natürlich extrem vorsichtig auf der linken Seite, wie es das Gesetz vorschreibt.

„Welcome“, riefen die Welchs und baten mich über ihre Türschwelle. Und schon war ich mittendrin im organisierten Chaos einer Großfamilie. Sandi war mit dem achten Kind schwanger, was man ihr aber nicht ansah. Ich ließ meinen Blick nach allen Seiten schweifen. Ihr Heim war einfach und zweckmäßig. Es strahlte die warme Herzlichkeit einer intakten Familie aus. Sieben Kinder, eines goldiger als das andere, beäugten mich neugierig. Ich war also der Deutsche aus Peru, der in ihr Heimatland gekommen war, um ihr Leben gehörig durcheinanderzuwirbeln. Nach dem erstmaligen Genuss australischer Gastfreundschaft verschwand ich spät am Abend in meinem Hotelbett.

Auf meinen Flügen um die Welt versuche ich Jetlags einfach zu ignorieren. Ich stelle mich sofort auf die jeweilige Ortszeit um und fange an zu arbeiten. Ich wüsste ohnehin nicht, um wie viel Uhr ein Europäer nach Ankunft in Australien müde werden sollte. Zeit ist einfach zu kostbar, um lange in Hotelzimmern vor sich hin zu dösen. Für den nächsten Tag hatte Chris gleich mehrere Termine für mich vorbreitet, darunter ein Radiointerview in einem Studio in Sydney und zwei weitere telefonisch mit Sendern in Brisbane und Melbourne. Da er und Sandi meine Reiseroute maßgeblich koordiniert hatten, begleitete mich Chris zu einigen meiner Vorträge. Während der Fahrten im Auto ging uns der Gesprächsstoff nie aus. Besonders das, was Chris mir über seinen familiären Hintergrund erzählte, hatte es in sich.

Mit sechzehn Jahren machte sich sein Vater in England auf und davon. Heimlich und allein, ohne einen Abschiedsgruß an seine Freunde und ohne einen letzten Kuss für seine Eltern. In einem englischen Hafen ging er an Bord und erreichte zwei Monate später die Küste Australiens. Als kurz darauf der zweite Weltkrieg ausbrach, fälschte der Jugendliche sein Lebensalter und meldete sich als Freiwilliger zum Kriegseinsatz in Palästina. Die schrecklichen Szenen der Kampfhandlungen im Nahen Osten hinterließen natürlich in der Psyche des jungen Mannes ihre Spuren. Im Sommer 1945 kehrte der Soldat völlig traumatisiert in seine neue Wahlheimat zurück. – Als ich diese Familienchronik in vielen Einzelheiten hörte, fragte ich mich, ob Chris wohl aus dem gleichen Holz geschnitzt wäre wie sein Vater. Nicht nur einmal musterte ich den schlaksigen Techniker von oben bis unten. Eigentlich machte er auf mich eher einen gemütlichen Eindruck. Ein Draufgänger schien er nicht zu sein. Aber der Mut zum Risiko lag wohl in seinen Genen.

Die drei Wochen meines Aufenthaltes auf der größten Insel der Erde führten mich durch die Ballungszentren der Ostküste. Ich sprach in Kirchen, Firmen und Altenheimen über unsere Erfahrungen bei Diospi Suyana. Das Interesse der Zuhörer war groß, und meist verrieten die Gesichter ihre totale Aufmerksamkeit. Nach meiner Präsentation im „Plains Retirement Centre“, einem Altenheim in der Gegend von Brisbane, sprach mich unvermittelt ein gewisser Neville Tayler an.

„Dr. John, Ihre Geschichte ist etwas ganz Besonderes“, bemerkte der Neunzigjährige aufgeräumt, „sie ist ein weiteres Beispiel für die alte Lebensweisheit, dass die Wahrheit seltsamer ist als die Fiktion!“ Ich nickte, der Rentner am Stock hatte den Nagel auf den Kopf getroffen. Gottes Wege sind manchmal völlig unglaublich, so außergewöhnlich, dass es scheint, jemand habe sich für ein Buch einen unrealistischen Handlungsstrang ausgedacht. Doch am Ende sprechen die Fakten für sich.

Es sind Begegnungen wie diese, die mir während meiner langen Reisen Mut machen. Als Kilometerfresser weiß ich, dass man um Mitternacht auf der Autobahn einen Durchhänger kriegt und die Einsamkeit in fremden Städten mitunter kaum zu ertragen ist. Belohnt werde ich aber immer wieder mit Erlebnissen, die so inspirierend sind, dass sie sich unauslöschlich in meine Erinnerung einprägen. In diese Kategorie fällt zweifelsohne mein Treffen mit Familie Berry.

Gary und Jane Berry leben mit ihren beiden Kindern Sara und Josh in Melbourne. Einige Monate vor meiner Reise nach Australien hatten sie ihren Kindern das Kinderbuch „Hoffnung in den Anden“ vorgelesen. Es verging keine Woche, in der Josh seiner Mutter nicht verkündete, dass er einmal unbedingt das Hospital Diospi Suyana sehen wolle.

Wie das Leben so spielt: Am 23. Oktober hörten die Berrys eines meiner Interviews im Radio. „Moment mal, ist das nicht der Arzt aus dem Buch?!“ Jane klemmte sich an den Computer und fing an zu surfen. Falls ich mich gerade in Sydney aufhalten sollte, dann würden die Berrys mit den Kindern halt nach Sydney aufbrechen, um mich zu treffen. Hin und zurück schlappe 1.800 Kilometer. Das kann man seinen Kindern zuliebe schon einmal machen. Sie merken, Jane und ihr Mann Gary sind hartnäckige Leute. Nach einer gründlichen Internetrecherche brachten die beiden dann aber in Erfahrung, dass ich am folgenden Sonntagmorgen in der German Lutheran Church von Melbourne einen Vortrag halten würde. Also sozusagen direkt vor ihrer Haustür.

Es war eine Sache von drei Tagen, und die Berrys hatten für den Sonntagnachmittag selbst eine Präsentation in Melbourne organisiert mit mir als Referenten. Über Facebook luden sie ein und dreißig Interessierte folgten ihrem Aufruf. Ein schöner Nachmittag – und am Ende ein Gruppenbild mit der ganzen Familie. So weit, so gut, doch danach hörte ich vom Vorhaben ihres Sohnes, das mir bis heute gewaltig imponiert.

Josh war, als ich ihn traf, gerade mal neun Jahre alt und gehörte zu einer Altersgruppe, die sich normalerweise für Fernsehen, Playstation und Handys interessiert. Aber er hatte gehört, dass es in Melbourne 23.000 Obdachlose gab. Und denen wollte er helfen. So nahm er sich vor, dass jeder ohne Dach über dem Kopf von ihm zwei Paar Socken erhalten sollte. Der Junge wollte also planmäßig und langfristig rund 50.000 Paar Socken auftreiben und an die Bedürftigen seiner

Heimatstadt weitergeben. Der Neunjährige bastelte an seiner eigenen Webseite www.2pairseach.com.au und machte sich ans Werk. Im Sommer 2015 legte er los. Bis zum Oktober 2023 hat er bereits über 42.000 Paar Socken gesammelt.

Wie kommt ein Junge auf eine solch ausgefallene Idee? Nun, seine Eltern sind Christen, die ihren Kindern nicht nur einmal das Gleichnis vom „barmherzigen Samariter" erzählt haben. Auf Josh wirkten die Worte Jesu glaubwürdig. Nicht weil ein weiser Rabbi vor zweitausend Jahren solche revolutionären Gedanken zum Besten gegeben hatte, sondern weil seine eigenen Eltern diese Überzeugung Tag für Tag vorlebten. Im Hause der Berrys war jedem Mitglied der Familie sonnenklar: Der Glaube an Gott ist „Aktion oder Hohn, er reicht anderen das Brot, oder er ist tot."

Leider gerät dieser Aspekt des Glaubens in den Medien oft in Vergessenheit. Wer das heutige Christentum auf die Missbrauchsskandale der katholischen Kirche reduziert, verkennt das enorme Potenzial der Christen, die Gesellschaft positiv zu verändern. Im Mittelalter pflegten Christen trotz aller persönlicher Risiken die Pestkranken, sie kümmerten sich um Witwen und Waisen. Und bis heute engagieren sich Menschen im Namen Christi in der Gefangenenseelsorge und Flüchtlingshilfe sowie in vielen anderen Bereichen.

In der harten Geschäftswelt halten viele den Glauben an Gott für eine traumtänzerische Anwandlung von Weltfremden. So war es erst auch bei der Firma RFS in Melbourne.

Montag, der 9. September. Radio-Techniker Chris Welch und ich präsentierten vor einem rein säkularen Publikum die Vision von Diospi Suyana. RFS stellt Komponenten für Radiostationen her. Alle Mitarbeiter des Unternehmens kannten Chris seit zwei Jahrzehnten als Geschäftspartner. Natürlich hatten sie gehört, dass der Vater von sieben Kindern für einige Jahre nach Peru auswandern wollte, um an irgendeinem Missionsprojekt mitzuwirken. War so ein Unsinn zum Lachen oder zum Weinen? Die Frauen und Männer vor uns auf den Stühlen hatten verständlicherweise eine gewisse Neugier in den Konferenzraum mitgebracht.

Mein Vortrag begann wie immer. Offen, ehrlich, direkt. „Wir haben gedacht, dass mit Gottes Hilfe alles möglich ist", sagte ich, „aber ich gebe zu, es ist sehr schwer, nach dieser Überzeugung zu leben!" Die Augen meiner Zuhörer durchbohrten mich. Wann hatte ich jemals so ein Maß an Konzentration erlebt? Es knisterte im Saal. In all den Jahren zuvor hatte in diesem Raum wohl noch niemand von Gott gesprochen, als ob es ihn wirklich gäbe. Gott in einer Welt, die von Aktienkursen bestimmt und von Profitstreben dominiert wird.

Noch viele Tage später war Diospi Suyana in der Belegschaft ein Gesprächsthema. Einer der Mitarbeiter, der vorher immer recht aggressiv über die Frommen hergezogen hatte, war plötzlich wie verwandelt. Er äußerte sich mit dem größten Respekt zur Arbeit, die wir als Christen unter den Quechua-Indianern der Anden tun.

Australien ist ein teures Pflaster. Die Lebenshaltungskosten sind so hoch, dass es einem fast die Schuhe auszieht. Natürlich lebte ich sparsam, aber ein Brötchen am Morgen und ein Joghurt am Mittag sind für den Stoffwechsel einfach wichtig. Und um Kraft für die nächsten 300 Kilometer hinter dem Steuer zu tanken, bedarf es hin und wieder eines kleinen Schokoriegels. Natürlich, jeder kann das nachempfinden. Diese notwendigen Snacks sind in Australien allerdings so teuer, dass einem schnell der Appetit vergeht. Egal wie knauserig ich meine Essensauswahl traf, mit 50 Australischen Dollar, etwa 30 Euro, war ich am Tag dabei.

Flüge und Hotelrechnungen werden vom Verein Diospi Suyana beglichen. Die Kollekten und Spenden, die bei den Reisen eingehen, übertreffen gewöhnlich diese Ausgaben um das Zehnfache. Aber mein Essen bezahle ich immer selbst. Normalerweise habe ich damit keine Probleme. Doch meine Ausgaben in Australien ärgerten mich gewaltig. „Da reibe ich mich für Diospi Suyana auf“, sagte ich mir, „ich bin wochenlang von meiner Frau Tina getrennt und obendrein zahle ich ganz privat die Zeche!“

Nach dem damaligen Umtauschkurs hatte ich in drei Wochen für meine Mahlzeiten um die 600 Euro ausgegeben. Und das wurmte mich.

Montag, der 16. November 2015. Den Mietwagen hatte ich am Flughafen in Sydney bereits abgegeben. Ich stand nun in der langen Schlange an der Sicherheitskontrolle und war froh, dass meine erste Reise durch Australien erfolgreich hinter mir lag. Da summte mein Handy. Die SMS-Nachricht stammte von einer leitenden Mitarbeiterin der „Life Source Church“, in der ich am Wochenende zwei Vorträge gehalten hatte. „Wir wollen für Sie eine Spende tätigen“, las ich auf dem Display, „welches Bankkonto haben Sie?“

Ich rief die Dame an und verwies auf das Faltblatt von Diospi Suyana. „Überweisen Sie das Geld an die angegebene Bankverbindung“, sagte ich, „dann kommt der Betrag sicher zu Diospi Suyana nach Peru!“

„Nein, wir wollen diesmal nicht Diospi Suyana unterstützen“, hörte ich die herzliche Stimme im Lautsprecher, „sondern Sie persönlich!“

Es dauerte nicht lange und die Überweisung traf auf meinem deutschen Konto ein. Die 1.000 Australischen Dollar entsprachen ziemlich genau der Höhe meiner Essensausgaben in Australien. Mit niemandem hatte ich über meine eigenen Finanzen gesprochen. Aber Gott kannte meinen Missmut und entschied, „meine“ Hamburger, Müslis und Säfte aus „seiner“ Tasche zu bezahlen. Auf Heller und Cent.

Eine Familie riskiert alles

Am Dienstag, den 17. November 2015, kam ich nach 26 Stunden Reisezeit in Frankfurt an. Zurück im kalten und dunklen Europa um 6.20 Uhr am Morgen. Am nächsten Tag hielt ich in Tübingen vor 230 Studenten einen Vortrag über „das Krankenhaus des Glaubens". In der Nacht fuhr ich nach Wiesbaden, um wieder meine Koffer zu packen. Denn am Samstag in aller Frühe würde ich in Frankfurt erneut ins Flugzeug steigen – mit dem Ziel Timişoara. Innerhalb von acht Tagen hatte der rumänische Verlag Casa Cartíí generalstabsmäßig 20 Vorträge und Interviews für mich geplant. Ein Fahrer und ein Übersetzer würden mich auf dieser intensiven Tour durch das Land am Schwarzen Meer begleiten.

In der Retrospektive wirkt dieser Zeitplan auf mich fast unmenschlich. Die körperlichen Anstrengungen gingen absolut an das Limit. Der Sprung von einer Erdhälfte auf die andere, der extreme Schlafmangel und die langen beschwerlichen Fahrten hätten mir leicht einen K.-o.-Schlag verpassen können. Aber nichts dergleichen passierte. Gott gab mir irgendwie die Kraft. Und bei jedem Vortrag spürte ich den Segen Gottes, der mich und die Zuhörer erfasste. Ich war nicht in eigener Regie unterwegs, sondern im Auftrag des Allerhöchsten.

Dieses Pensum war für mich nur mit Müdigkeit und gelegentlich dem Gefühl von Erschöpfung verbunden. Das, was die Welchs 15.000 Kilometer von mir entfernt durchmachten, war ungleich schwerer.

Bei ihnen stand eine Entscheidung an, deren Tragweite wir eigentlich nur erahnen können. Sollten sie ernsthaft ihre Existenz zu Hause aufgeben und mit acht Kindern – eines war ja unterwegs – einen mehrjährigen Einsatz in Peru wagen? Ohne ein garantiertes Gehalt, ohne die Zusicherung – von wem auch immer –, dass weder ihnen noch ihren Kindern in den Anden etwas zustoßen würde? Und wäre es ihnen überhaupt möglich, in ihrem Alter noch eine fremde Sprache zu erlernen? Fragen über Fragen. Und wo würden sie für zehn Personen ein halbwegs gemütliches Zuhause finden?

Es ist so leicht, auf einer Gartenparty von Zukunftsträumen zu fantasieren, wenn man tief im Herzen weiß, dass niemand einen jemals auf die Umsetzung seiner kühnen Visionen verpflichten wird. Solche Gesprächsthemen sind ziemlich unterhaltsam. Für einen Abend schwebt man unbefangen durch eine irreale Welt voller Chancen und Optionen. „Na klar, irgendwann werde ich einmal mit einem Team den K2 besteigen oder im Kanu den weißen Nil hochrudern. Und sobald mein Ruhestand anbricht, gehe ich auch nach Afrika und helfe den Armen." Spaß beiseite, Sie glauben nicht, wie oft ich genau diesen Satz in den letzten Jahren gehört habe. Diese eben beschriebenen Märchen bieten für unterhaltsame Stunden am Kamin den schönsten Gesprächsstoff.

Doch nicht so bei den Welchs. Sandi und Chris hatten sich jahrelang auf diesen Augenblick der Entscheidung vorbereitet. Ihr Umzug vom großen in ein kleines Haus, die Tilgung der Schulden, die Reise nach Kambodscha und die unzähligen Gebete hatten sie seelisch präpariert. Und sie sagten gemeinsam: „Ja, wir gehen!"

Jesus hat einmal behauptet, wer seine Hand an den Pflug lege und zurückschaue, sei nicht geschickt für das Reich Gottes. Er meinte damit, dass wir mutig nach vorne blicken sollen, ohne unsere Wünsche und Ambitionen an der Vergangenheit kleben zu lassen. Auf die meisten Menschen wirkt so eine Art von Glauben zu extrem. Ich fürchte aber, dass keiner, der die Realität Gottes erfahren möchte, um diese Radikalität christlicher Nachfolge herumkommen wird. Christsein darf sich nicht mit dem Besuch eines Weihnachtsgottesdienstes und einer karitativen Spende erschöpfen. Mir versicherte einmal eine Frau in den Fünfzigern, sie sei durchaus religiös. Wenn sie im Urlaub als Touristin eine Kirche betrete, würde sie gerne eine Kerze anzünden. – Aber ist das ein Glaube, der trägt?

Nachfolge Christi bedeutet etwas völlig anderes. Gottes Wille steht über meinen Wünschen nach Komfort, Absicherung und Luxus. Ich möchte vielmehr ein Werkzeug in „Seiner" Hand sein, damit er durch mich diese Welt zum Besseren verändern kann. Und weil so ein Weg nicht leicht ist, sind die wenigsten bereit, ihn einzuschlagen. Schweiß und Tränen bleiben ihnen nicht erspart, aber auf der Habenseite beobachten sie plötzlich, dass Gott durch sie handelt. Sie werden Dinge erleben, die weder sie noch ihre Freunde für möglich gehalten haben. Sie beginnen im übertragenen Sinne auf dem Wasser zu laufen. Aber natürlich – selbst ein Atheist wird mir hier beipflichten –, wenn sie auf dem Wasser gehen wollen, müssen sie das Boot verlassen. Und nun kommen ganz schnell die Zweifel. Wird Gott sie wirklich an der Oberfläche halten, oder werden sie im Scheinwerferlicht ihrer Bekannten elendig absaufen und für den Rest des Lebens als religiöser Spinner gebrandmarkt sein? Ich möchte keineswegs falsch verstanden werden. Lassen Sie sich nur dann auf riskante Unternehmungen ein, wenn Sie sich ganz sicher sind, dass Gott solche Schritte von Ihnen fordert. Lautet die Antwort „Ja", dann ist jedoch Ihr Gehorsam Gott gegenüber gefragt.

Um es kurz zu machen: Genau dazu waren die Welchs bereit.

Es kam der 28. November. An jenem Samstag veranstalteten die Welchs bei sich im Garten hinter dem Haus einen privaten Ausverkauf. Flohmärkte sind lustig, solange man die Dinge los wird, die nutzlos in der Ecke stehen. Endlich wieder auf dem Speicher oder im Keller etwas Platz schaffen! Und die Freude ist groß, wenn der Ramsch sich tatsächlich in bare Münze versilbern lässt.

Das Event auf dem Grundstück der Welchs war allerdings völlig anderer Natur. Die Familie bot ihre Küchengeräte zum Verkauf an. Die Gartenutensilien wechselten innerhalb von Minuten ihre Besitzer. Ganze Berge von Wäsche und Kleidern gingen über die Tische. Und die Kinder veräußerten viele ihrer Spielsachen. Kein angenehmer Gedanke.

Die Adrenalinspiegel bei Chris und Sandi kletterten in den roten Bereich. Die innere Anspannung verfolgte sie in den Schlaf und schweren Herzens sahen sie an jenem Mittag, wie wildfremde Leute mit einem zufriedenen Gesichtsausdruck ihren Hausstand davontrugen. Hatten sie es mit ihrem Aberwitz vielleicht doch übertrieben und sich zum Gespött der ganzen Nachbarschaft gemacht?

Da fiel der Blick von Chris auf die Toreinfahrt seines Hauses. Ein Wagen fuhr gerade vor, aus dem sogleich ein Mann mit Glatze zum Vorschein kam. Der Fremde schien die sechzig schon überschritten zu haben. Ohne die Tische mit den Schnäppchen eines Blickes zu würdigen, ging er geradewegs auf Chris zu. Chris merkte instinktiv, dass sich etwas Ungewöhnliches anbahnte, und schaute dem Mann erwartungsvoll ins Gesicht.

Der Unbekannte war offensichtlich mit einer besonderen Absicht aus dem Nichts aufgetaucht. Sein Gesichtsausdruck blieb ernst und es fiel ihm nicht leicht, die passenden Worte zu finden.

„Mr Welch, ich habe von Ihren Plänen in Peru gehört“, kam es langsam über seine Lippen. „Ich bin hergekommen, um Ihnen etwas zu sagen!“

Der Mann atmete tief durch und gab sich einen inneren Ruck. „Vor dreißig Jahren hat Gott mich nach Ruanda in die Mission berufen, aber ich bin nie gegangen. Ich blieb einfach zu Hause!“ Seine Augen füllten sich mit Tränen und er schluckte. „Ich will Ihnen Mut machen. Machen Sie das, was

Sie sich vorgenommen haben. Verlieren Sie nicht die Zuversicht. Gott ist mit Ihnen!"

Mit diesen Worten drehte sich der Fremde auf dem Absatz um und ging zu seinem Auto zurück. Chris war sprachlos. Was für eine Ermutigung aus heiterem Himmel. Ohne jeden Zweifel hatte Gott durch diesen Menschen zu ihm gesprochen, aus dem Munde eines anonymen Bürgers der Stadt Sydney.

Unbekanntes Land Rumänien

Leute, die hartnäckig auf ein Ziel hinarbeiten, nötigen mir Respekt ab. Der Niederländer John Lentink ist ein wahres Paradebeispiel für einen Menschen mit einem langen Atem. Während eines karitativen Einsatzes in Rumänien lernte er die Biologin Viola kennen, die große Liebe seines Lebens. Als sich die Lentinks 2011 unserem Team anschlossen, dauerte es nicht lange und John klopfte an meine Bürotür.

„Klaus, ich finde, das Buch über Diospi Suyana muss in die rumänische Sprache übersetzt werden, und du solltest dort im Land Vorträge halten!"

Ob diese Idee nun wirklich so gut war oder nicht, konnte ich nicht beurteilen. Auf jeden Fall machte ich keinen Finger krumm. John allerdings ließ nicht locker und aktivierte über Telefon und E-Mail alte Kontakte. Schließlich hatte unser Ultraschallexperte sein Ziel erreicht. Ein Verlag in Cluj übersetzte mein erstes Buch, druckte mehrere Tausend Exemplare und organisierte für mich eine kleine „Tournee" durch den Nordwesten des Landes.

Hätten sie mich vor Jahren über meine Assoziationen bezüglich Rumäniens befragt, wäre mir nichts Schmeichelhaftes eingefallen. Dort lebte doch irgendwo auf seiner Burg in Transsylvanien der blutrünstige Graf Dracula. Und kamen aus jener Gegend nicht die berüchtigten rumänischen Banden, die in Deutschland, Österreich und der Schweiz ganze Häuserzeilen ausraubten? Wenn sich in meiner Jugendzeit das Gespräch um den Fußball drehte, lautete die gängige Meinung, dass die Rumänen foul spielen. Und natürlich erinnern wir uns alle an den Diktator Nicolae Ceauşescu, der das Land mit eiserner Faust vierundzwanzig Jahre lang regierte. Während er und seine Frau Elena den Wohlstand in vollen Zügen genossen, fristeten Tausende von Jungen und Mädchen in den Kinderheimen ein menschenunwürdiges Dasein. Nach dem Fall des Eisernen Vorhangs flimmerten regelmäßig entsetzliche Fernsehbilder aus diesen Einrichtungen in deutsche Wohnzimmer.

Also, fassen wir diese Beschreibung einmal zusammen. Rumänien: Armut, Gewalt, Korruption und Trostlosigkeit. Wollen Sie dort Ihren Urlaub verbringen? Nein, danke! Genau mit diesen Vorurteilen beladen stieg ich an einem Samstagnachmittag bei trübem Novemberwetter aus dem Flugzeug und ging etwas zögerlich in die kleine Empfangshalle des Flughafens von Timişoara. Zwei Rumänen, die etwas Englisch sprachen, holten mich ab. Kurz nach meiner Ankunft setzte die Dunkelheit ein. Am nächsten Morgen sollte mein erster öffentlicher Vortrag in Rumänien stattfinden. Und zwar in einer evangelischen Kirche namens „Biserica Poarta Cerului“, was übersetzt bedeutet: Am Tor des Himmels.

Um 9 Uhr hatten sich im großen Kirchsaal vorwiegend junge Menschen eingefunden. Von den 660 Sitzplätzen blieben nur in der ersten Reihe und im Chor einige Stühle frei. Das Vorprogramm dauerte zwei Stunden. Gebete und Lieder wechselten sich ab. Ich saß mit drei Pastoren hinter der Kanzel und hatte Gelegenheit, das äußere Erscheinungsbild der

Anwesenden zu studieren. Die Besucher waren Männer und Frauen aus allen Schichten der Bevölkerung. Ihre Gesichter zeigten eine große Ernsthaftigkeit. Gottesdienst nicht als Pflichtübung, Kulturgut oder Routine. Vielmehr saugten die Menschen alle Lied- und Wortbeiträge in sich auf wie ein durstiger Mensch, der nach Wasser lechzt.

Kurz nach 11 Uhr war ich an der Reihe. Pastor Laurentiu Pascuti übersetzte mich Satz für Satz. Fünfundvierzig Minuten lang blieb es still im Saal. Während ich mich durch 150 Folien klickte, fragte ich mich, ob meine Worte überhaupt in die Herzen drangen.

Nach meiner Präsentation stand Nelu Filip, der Pastor der Gemeinde, am Mikrofon. Er sagte: „Eigentlich war keine Kollekte für Diospi Suyana vorgesehen. Aber während des Vortrags wurde mir ein Zettel aus dem Publikum hochgereicht, mit der Bitte, spontan eine Sammlung anzusetzen!"

Zehn Minuten später gab er das Ergebnis der Spenden bekannt. Seine Stimme vibrierte aus innerer Bewegung und er rang nach Fassung. Die jungen Leute in der Kirche, deren Gehälter bei nur einem Bruchteil der Löhne in Westeuropa liegen, hatten soeben rund 2.700 Euro für die Arbeit von Diospi Suyana zusammengelegt! Das entsprach damals etwa zehn rumänischen Arztgehältern.

Nach drei Stunden näherte sich der Gottesdienst seinem Ende. Nun durfte ich in leuchtende Augen blicken und viele Hände schütteln. An jenem Tag erlebte ich so hautnah wie noch nie, was wirkliche Großmut ist. Die 550 rumänischen Christen gingen in eine neue Woche voller Probleme. Einen Monat zuvor war ihre Regierung in Bukarest gestürzt worden. Die Zukunft blieb ungewiss. Aber trotz ihrer eigenen Bedürftigkeit hatten diese Frauen und Männer ihre Geldbeutel geöffnet, um Menschen in einem fernen Peru zu helfen. Warum taten sie das? Am Tor des Himmels hatten sie und ich die heilige Gegenwart Gottes gespürt. Schade, dass die Zeit in der Kirche so schnell vorüber war.

Fünf Tage später veröffentlichte ich in der Nacht den folgenden Text auf unserer Webseite:

Von Bistrita fahren wir durch die schneebedeckten Karpaten nach Botosani an der Grenze zu Moldawien. Am Abend erzähle ich von unseren Erfahrungen bei Diospi Suyana in einer Kirchengemeinde. 150 Rumänen haben sich eingefunden. Ich sehe es an ihren Augen, dass sie voll dabei sind. Nach den Abschlussworten des Pastors stehen sie alle auf und stimmen eine Hymne an. Schon nach wenigen Takten merke ich, dass das Lied ans Gemüt geht. Aus tiefsten Herzen singen sie: „Existã Dumnezeu!"

„Hey Lucian", flüstere ich meinem Übersetzer zu, „bedeutet ‚Existã Dumnezeu' Gott existiert?" Lucian nickt und antwortet: „Der Verfasser saß wegen seines Glaubens an Gott unter den Kommunisten im Gefängnis. Ich weiß noch, wie es mir als Kind eiskalt den Rücken runterlief, wenn wir dieses Lied sangen!"

In der zweiten Strophe heißt es: „Nein, wir sind keine Tiere im Schatten, von einer Peitsche angetrieben. Weil wir einen Geist haben, sind wir frei. Und wir haben ein Herz, das für den Himmel schlägt. Gott existiert, Gott existiert wirklich!"

In einer Kirchengemeinde von Dunbraveni sollte der zweite Sonntagsgottesdienst um 17 Uhr beginnen. Aber schon um 16 Uhr füllten 800 Menschen das große Gebäude.

„Wenn ihr alle einverstanden seid", sagte der Pastor am Mikro, „dann fangen wir einfach etwas früher an!" Die Lieder des Chores waren dazu angetan, selbst dem härtesten Grobian Tränen in die Augen zu treiben. Die Rumänen sangen mit einer Ergriffenheit, wie ich sie weder in europäischen noch in amerikanischen Gemeinden jemals erlebt habe.

„Pastor", fragte ich einen alten Gemeindeleiter in der Stadt

Vicovu de Sus, „warum singen die rumänischen Chöre mit dieser unbeschreiblichen Tiefe und Hingabe?“

„Ja, das ist so, Klaus“, antwortete mir der Pfarrer mit einer einzigartigen Autorität, „singen kann eigentlich jeder. Aber um so zu singen wie die Sänger im Chor, muss man ein geheiligtes Leben führen!“

Vielleicht ist vielen meiner Leser der Ausdruck „geheiligtes Leben“ völlig fremd. Er bedeutet, dass wir Gott lieben von ganzem Herzen und von ganzer Seele. Und deshalb in allen Lebensbereichen, sei es Geld, Zeit oder Sexualität, einen Lebensstil pflegen, der Gott gefällt.

Seit 2004 bin ich in vielen Ländern gewesen und habe vor Menschen jeder Hautfarbe über Diospi Suyana gesprochen. Ich legte über 450.000 Kilometer im Auto zurück. Und nach vorsichtigen Schätzungen saß ich mindestens 1,5 Millionen Kilometer auf engen Sitzen in Flugzeugen jeden Typs und jeder Größe. Keine dieser Reisen hat mich innerlich so aufgerüttelt wie meine ersten acht Tage in Rumänien. Denke ich heute an dieses schöne Land in Südosteuropa, fallen mir ganz andere Begriffe ein als die, welche ich am Anfang dieses Kapitels genannt habe, nämlich Dankbarkeit, Liebe und Respekt.

Das unsichtbare Projekt

Seit seiner Einweihung im Jahr 2007 ist das Hospital Diospi Suyana von außen wunderschön anzusehen. Sogar aus dem Flugzeug in zehntausend Metern Höhe existieren gestochen scharfe Bilder, die das gesamte Ausmaß der Anlage zeigen. Und für die Liebhaber von Google Earth sei erwähnt, dass man das Gelände mit den großen Bauten unserer Einrichtung auf den entsprechenden Karten mit Leichtigkeit findet. Man muss den Finger nur ein wenig von Machu Picchu über die Bergkette nach links bewegen und stößt unweigerlich auf die roten Dächer unseres Krankenhauses.

Doch kaum jemand wusste, dass es um den Brandschutz des Spitals schlecht bestellt war. Der gesamte Bereich zwischen den schrägen Dachplatten und den abgehängten Decken einige Meter darunter bestand aus einem offenen Raum. In Windeseile könnte ein Feuer im Labor und in der Röntgenabteilung auf die benachbarten Bauabschnitte übergreifen. 2.000 Quadratmeter an abgehängten Decken verbargen die traurige Tatsache, dass der immense Hohlraum unter dem Dach ein echtes Sicherheitsrisiko darstellte. Ich bat Experten, sich die Situation genauer anzuschauen. Wir gingen dann vorsichtig auf den mit Brettern beplankten Gängen und suchten gemeinsam nach einer Lösung. Doch niemand dieser Damen und Herren hatte einen zündenden Geistesblitz. Gott sei es gedankt, blieben wir von einer Katastrophe verschont.

Am 6. April 2015 führte ich erneut einen Fachmann durch diese weiten Sphären voller Dunkelheit, Staub und potenzieller Gefahren. Jürgen Waltersbacher leitete ein Gutachterbüro in Hambühren. Er hatte mir im Dezember 2014 geschrieben, er könne mich bezüglich des Themas Brandschutz gut beraten. Aber welche Maßnahmen ihm genau vorschwebten, hatte er mir in seiner E-Mail nicht verraten. Nun schlich er unter den Dächern entlang und prüfte kritisch jede Nische. Dort, wo sonst kein menschliches Auge hinsah, schaute er gleich dreimal nach.

„Wir sollten hier Paneele verlegen!“, teilte er mir am Ende unserer Exkursion das Ergebnis seiner Analyse mit.

„Paneele“, ich wiederholte bedächtig dieses Wort, „Herr Waltersbacher, was ist das eigentlich?“ Wenn man ein gewisses Alter erreicht hat wie ich, darf man seine Unwissenheit ohne Beklemmung zugeben.

„Das sind Platten aus Steinwolle, gewissermaßen ein Naturprodukt!“ Jürgen Waltersbacher erklärte mir geduldig den Sachverhalt und wartete mit einer zusätzlichen Erkenntnis auf. „Diese Paneele werden dem Krankenhaus in fünffacher Weise helfen. Sie bieten Schutz gegen Brand, Feuchtigkeit, Hitze und Lärm. Und obendrein können sie beladen werden im Sinne einer Lagermöglichkeit!“

Lösungen, die es gestatten, fünf Fliegen mit einer Klappe zu schlagen, stimulieren meine Konzentration wie Adrenalin in hoher Dosis. „Und was kostet der Spaß?“ Ich befürchtete, dass genau bei diesem Punkt der unangenehme Haken stecken würde.

„Ich werde die Fläche ausmessen und die Anzahl der benötigten Paneele berechnen, danach schicke ich Ihnen eine E-Mail mit den zu erwartenden Kosten!“ Waltersbacher war kein Mann vorschneller Schlüsse, das hatte ich gleich gemerkt. Aber seine Bereitschaft, uns zu helfen, war groß, schließlich absolvierte sein Sohn Jonas in jenem Jahr an unserer Schule ein Praktisches Jahr. Und die ganze Familie Waltersbacher pflegte für Diospi Suyana große Sympathien.

In den nächsten Monaten schrieb mir der fleißige Norddeutsche nicht nur eine E-Mail, sondern neununddreißig. Er verbrachte lange Stunden, um den Bedarf an Stahl für die Unterkonstruktion und das Material für die Verlegung der Platten zu ermitteln. Und gleichzeitig sondierte er aufmerksam den Markt nach günstigen Angeboten von Paneelen. Seine Bemühungen wurden belohnt. Er fand bei einer Firma in Traun, Österreich, ein hervorragendes Produkt zu einem astreinen Preis.

Sieben 40-Fuß-Container würden knapp ausreichen, um 63,7 Tonnen an Stahl und Steinwolle von Hamburg nach Lima zu verschiffen. Die Baustoffe würden 50.000 Euro kosten, der Seetransport 10.000 Euro und der Inlandstransport auf sieben Sattelschleppern weitere 20.000 Euro. Umgerechnet in Dollar hatte das Projekt unter den Dächern ein Volumen von rund 100.000 Dollar, Arbeitslöhne inklusive. Für ein Missionsspital wie Diospi Suyana ist so eine Summe mehr als eine Kleinigkeit. An diesem Betrag galt es gezielt zu feilen. Sie verstehen, was ich damit meine.

Die erste gute Nachricht kam aus dem Büro Waltersbacher. Der Ingenieur stellte eine fünfstellige Finanzspritze in Aussicht. Und ein mächtiger Anstieg unseres Kontostands bestätigte einige Wochen später, dass Waltersbacher ein Mann der Tat war. Er bot außerdem an, für zwei Wochen nach Curahuasi zu kommen, um die erste Etappe des Einbaus selbst zu überwachen. Um seine Flüge würde er sich natürlich selbst kümmern. Na, das war doch der denkbar beste Start in dieses gewaltige Unterfangen.

Ich fragte im DHL-Logistik-Zentrum Hamburg nach, ob vielleicht eine Reederei bereit wäre, uns bei der Verschiffung zu helfen. Immerhin stand Weihnachten vor der Tür, und die Großzügigkeit der Firmen nimmt bekanntlich proportional in dem Maße zu, wie die Schokolade im Adventskalender abnimmt.

Eine Benachrichtigung von einem gewissen Lukas Zurawski aus dem DHL-Büro veranlasste mich zu einem echten Luftsprung. Am Ende einer E-Mail schrieb er beiläufig: „Ich kann Ihnen bestätigen, dass der Reeder (CMA) uns den Seetransport spendiert!“ Mit dieser generösen Entscheidung einiger französischer Manager sparte Diospi Suyana einen Betrag mit einer Eins und vier Nullen dahinter.

Ende November fuhr Jürgen Waltersbacher nach Hamburg, um im Lager höchstpersönlich das Packen der sieben Container zu überwachen. Er schickte mir imposante Bilder, die ich auf unserer Webseite veröffentlichte. Anfang Dezember stach die Dublin Express in See, und falls alles nach Plan gehen sollte, würde der Ozeanriese mit unserer wertvollen Fracht in der ersten Januarwoche im Hafen Callao vor Anker gehen. Vorausgesetzt, kein Orkan würde die Container in einer stürmischen Nacht über Bord fegen.

Die Adventszeit brach an. Sie hat in Peru natürlich bei über zwanzig Grad im Schatten einen anderen Charakter als im kalten Europa. Trotzdem tauschen unsere Missionarsfamilien ihre besten Plätzchenrezepte aus und schmücken in der letzten Woche vor dem Fest ein Gewächs, das mit etwas Fantasie an einen Tannenbaum erinnert.

In mir machte sich eine innere Unruhe bemerkbar. Die peruanische Firma Neptunia hatte in den Anfangsjahren unsere Container immer kostenlos von Lima nach Curahuasi befördert. Doch irgendwann war Generaldirektor Carlos Vargas steil nach oben befördert worden. Unser ehemaliger Gönner saß nun im Chefsessel des Andino-Konzerns und verlor Diospi Suyana aus den Augen. Als dann das Tochterunternehmen Neptunia verkauft wurde, fand die Großzügigkeit definitiv ihr Ende. Für uns eine bittere Pille, belaufen sich doch die Transportgebühren für jeden Sattelschlepper, der seine Ladung 1.000 Kilometer durch die Berge trägt und dann die gleiche Strecke wieder zurückkeucht, auf rund 3.500 Dollar.

In diesem Fall ging es um sieben Container. Eine Stange Geld, die einem regelrecht Angst einjagen konnte. Ich musste etwas unternehmen.

Es war ein Versuch aller Wahrscheinlichkeit zum Trotz. Obwohl ich erst am 18. Dezember mit meiner Frau Tina aus Lima nach Curahuasi zurückgereist war, flog ich am Montag, den 21. Dezember, abermals in die Hauptstadt. Mich trieb die vage Hoffnung, Generaldirektor Carlos Vargas wäre im Lande und hätte sogar die Güte, mich zu empfangen. Ich hatte eine kurze Bitte um einen Gesprächstermin an eine seiner früheren E-Mail-Adressen verschickt. Ob er meine Nachricht überhaupt lesen, und wenn ja, positiv reagieren würde, war mehr als fraglich. Doch in Cusco, kurz vor dem Einsteigen ins Flugzeug, erhielt ich zu meiner Freude eine Antwort. Sie war knapp an Worten, sachlich im Ton, aber überaus hoffnungsvoll: „Treffen am morgigen Dienstag um 15 Uhr!"

Da meine Frau und ich die peruanische Staatsbürgerschaft besitzen, müssen wir es eigentlich mit der Pünktlichkeit nicht mehr so genau nehmen. Allerdings halten wir es lieber mit unseren deutschen Wurzeln, besonders dann, wenn viel Geld auf dem Spiel steht.

Geschniegelt und gebügelt saß ich am Dienstagnachmittag im Wartesaal des Unternehmens. Eine Sekretärin informierte mich, dass Carlos Vargas mit dem Direktorium des Konzerns tagte und deshalb leider nicht zur Verfügung stehe. Aber ich könnte ihr mein Anliegen gerne mitteilen. Sie würde es dann Señor Vargas ausrichten. Mein Körper sank unmerklich in sich zusammen. Das durfte doch nicht wahr sein.

„Liebe Señorita", sagte ich etwas entmutigt, „ich bin extra aus Apurimac angereist. Ich warte gerne, bis die Sitzung zu Ende ist!" Die Dame am Empfang musterte mich eindringlich und bat mich, wieder Platz zu nehmen.

Hinter einer großen Wand aus Milchglas lag der Konferenzraum. Mehrere Personen unterhielten sich angeregt und einige Wortfetzen drangen sogar nach außen. Wäre es nicht genial, wenn ich gleich mehreren Direktoren der Unternehmensgruppe die einzigartige Geschichte von Diospi Suyana erzählen könnte? Ich betete im Stillen um Gottes besonderen Segen.

„Herr John, leider werden sich die Verhandlungen einige Stunden in die Länge ziehen!" Eine adrett gekleidete Dame stand plötzlich vor mir. Wie ich hörte, arbeitete sie als Assistentin des Generaldirektors. „Sagen Sie mir ruhig, was Sie auf dem Herzen haben!" – Ich schüttelte mit dem Kopf.

„Señor Vargas hat mir selbst geschrieben und den Termin bestätigt. Ich habe Zeit, wenn es sein muss bis in die späten Abendstunden!"

Die Assistentin hielt mich sicher für einen sturen Bock und verschwand durch eine Tür im Sitzungssaal. Diese kleine Gesprächspause nutzte ich, um mein leises Gebet zu intensivieren.

Da war sie wieder.

„Herr John, also gut", sagte sie immer noch freundlich, „wenn Sie um 18 Uhr wiederkommen, wird der Direktor persönlich mit Ihnen reden!"

Ich versuchte mein inneres Hochgefühl zu verbergen, bedankte mich höflich und verließ die Räumlichkeiten.

In einem nahe gelegenen Restaurant packte ich meinen Laptop-Computer aus, um letzte Details an meinem Vortrag zu ändern. Ein inneres Bauchgefühl sagte mir, dass das Treffen am Abend von extremer Bedeutung sein würde. Also blieb ich bei meiner Devise. Ora et labora. Bete und arbeite.

„Komm herein!" Carlos Vargas blieb beim Du wie in alten Zeiten. Zu meiner Freude saßen noch zwei weitere Herren neben ihm. Wie ich gleich erfuhr, bot sich mir die seltene Gelegenheit, zu drei Generaldirektoren sprechen zu dürfen. Carlos Vargas, Chef von *Andino*, sein Bruder Luis Vargas, Generaldirektor von *Triton*, und Enrique Vargas, Leiter des Unternehmens *Cosmos*. Ich steckte das VGA-Kabel in meinen Laptop und begann meine Präsentation mit der Leidenschaft eines Mannes, der auf gut Glück nach Lima gereist war und einen ganzen Nachmittag voller Hoffnungen in einem Lokal ausgeharrt hatte. Ein Foto zeigte ich mit einer gewissen Genugtuung. Nur fünf Tage zuvor, am 17. Dezember, hatte Premier Minister Pedro Cateriano meiner Frau und mir den Verdienstorden Perus überreicht. Während einer feierlichen Zeremonie im Palast der Republik. Sicherlich würden sich meine drei Zuhörer mächtig über diese Nachricht freuen.

Meine Ausführungen beendete ich mit meinem aktuellen Anliegen. „Sieben Container mit Materialien für unser Spital werden in wenigen Tagen im Hafen abgeladen“, bemerkte ich fast schon beiläufig. „Wir benötigen sieben Sattelschlepper für den Transport!“

„Klaus, mach dir keine Sorgen“, die Stimme von Carlos klang beruhigend. „Die sieben Lastwagen kriegst du!“ Seine Brüder nickten zustimmend. In diesem Sitzungssaal herrschte mit einem Mal Wohlwollen pur und ein Höchstmaß an korporativer Opferbereitschaft.

Die Zeit reichte noch für ein schnelles Foto, das ich vor dem Schlafengehen unter der Überschrift „Eilmeldung in der Nacht: *Grupo Andino* sponsert sieben Container!“ unseren Freunden in aller Welt mitteilte.

Als meine Frau und ich am 24. Dezember zu Hause die Lichter am Weihnachtsbaum entzündeten, nun ja, wir steckten in Wahrheit die elektrische Lichterkette in die Steckdose, legte ich in Gedanken 22.000 US-Dollar unter die grünen Zweige. Gott hatte wieder einmal meine Bemühungen um Diospi Suyana gesegnet. Nun galt es, ihm zu danken.

Am 3. März 2016 begann die Verlegung der schweren Paneele. Da jedes Teil um die 300 Kilo wog, baute Werkstattmeister Oebele de Haan einen futuristischen Kran, der diese Gewichte in die Höhe hievte. Über ein Loch im Dach zogen kräftige Hände mit starken Seilen die Paneele vor den Blicken der staunenden Beobachter ins Innere.

Dieses „unsichtbare Projekt“ ist eines meiner liebsten, an dem ich während der vergangenen fünfzehn Jahre beteiligt war. Es wurde zu einem Kraft- und Festakt der besonderen Art. Die Solidarität reichte von einem Gutachter namens Jürgen Waltersbacher über eine französische Reederei bis in den

Sitzungssaal des Andino-Konzerns von Lima. Ich habe keine Zweifel daran, dass Gott selbst die einzelnen Phasen des Projektes steuerte. Die 2.000 Quadratmeter große Fläche dient uns seit Sommer 2016 als zusätzlicher Lagerraum, den wir auch dringend brauchen. Und der Brandgefahr konnte wirkungsvoll und nachhaltig begegnet werden.

Familie Welch: Absprung ohne Fallschirm

Im März 2015 war es endlich so weit. Bauingenieur Johannes Bahr verlegte sein Büro von der Schule in das hintere Pförtnerhäuschen des Krankenhausgeländes. Die Arbeiter markierten mit roten Bändern ihr zukünftiges Aktionsfeld. Und danach tönte wieder der Baulärm über das Gelände, wie schon so oft in der Geschichte unserer Mission. In der guten Tradition eines Udo Klemenz ließ der junge Ingenieur ein aufgeschlossenes Web-Publikum an den Fortgängen teilhaben. Diese wöchentlichen Protokolle dienten unseren Spendern als Beweis, dass es tatsächlich – dank ihrer Zuwendungen – schnell und gut auf der Baustelle voranging. Der Bautrupp schuf rasch Tatsachen, und zum Jahresende setzte ein Subunternehmer das Dach auf den ersten Stock.

Auch die Welchs in Australien verfolgten engmaschig die Fortschritte am Medienzentrum. Motiviert von den guten Nachrichten aus Peru gingen sie selbst entschieden zur Sache. Obwohl Chris beruflich mehr als genug zu tun hatte und Sandi mit sieben Kindern im Haus und eines im Bauch am Rande der Belastbarkeit agierte, trieben sie ihre Pläne tatkräftig voran. Die Life Source Church in Sydney würde sie als Missionarsfamilie aussenden und zu ihrer Versorgung einen gewissen finanziellen Beitrag leisten. Privatpersonen aus dem Freundes- und Bekanntenkreis der Welchs schlossen sich an. Sie ließen die Großfamilie wissen, dass sie nach deren Ausreise nach Peru ihre Spenden monatlich überweisen würden. Ende Februar 2016 belief sich die Höhe der zugesagten Unterstützung genau auf 5 Prozent der erforderlichen Summe. Und traurigerweise hatte sich während der vergangenen drei Monate an dieser Marke nichts geändert. Zum Weihnachtsfest 2015 lag der Pegel bei 5 Prozent, am 31. Januar 2016 war es nicht anders, und wie bereits erwähnt, sollte sich an dieser Bilanz auch im Februar nichts ändern.

Wenn jemand gedenkt, für mehrere Jahre von Spenden zu leben und kurz vor seiner Abreise steht, ist so ein Trend besorgniserregend. Sie können lange davon faseln, dass Gott Ihre Bedürfnisse kennt und sich um Ihre Finanzen kümmern wird. Am Ende müssen Sie die Gelder auf dem Konto haben, und zwar in harter Währung.

Die Welchs hielten sich fest an die Devise, niemanden um Spenden zu bitten. So eine Haltung erfordert Disziplin, besonders dann, wenn keine Zuwendungen eintrudeln. Stattdessen verlegten sich die Welchs aufs Gebet.

„Hilf dir selbst, so hilft dir Gott", sagt das Sprichwort. „Entweder du wirst selbst aktiv und kümmerst dich, oder du wirst deine Ziele nie erreichen." „Gott gehört mehr in den nebulösen Raum von Gefühl und Glaube." „Reden wir aber über Realitäten und präzise Zahlen, dann ist ‚der alte Mann mit dem Bart' außen vor" – dass Atheisten so argumentieren, ist kaum verwunderlich. Aber auch viele, die von sich behaupten, sie seien Christen, denken ähnlich.

Anfang Januar 2016 reichte Chris bei seinem Arbeitgeber die Kündigung ein, und am 26. Februar, einem Freitag, verließ er zum letzten Mal sein Büro. Chris Welch war nun das, was niemand von uns sein will: arbeitslos.

Ein Mann über fünfzig ohne Job, zu Hause sieben hungrige Kinder, die eigene Frau mit dem achten schwanger und Spendenzusagen, die bei nur 5 Prozent des erforderlichen Niveaus liegen.

Was meinen Sie, ist das Gottvertrauen oder Wahnsinn?

Es liegt schon mehrere Jahrzehnte zurück, da standen meine Frau und ich vor einer möglichen Trennung von unserem Arbeitgeber. Über einen Zeitraum von zwei Wochen blieb völlig offen, in welche Richtung sich die Dinge entwickeln würden. Ich erinnere mich, dass meine eigene Anspannung so hoch war, dass ich mehrmals am Tag meine Hemden wechseln musste. Stress, Angst, Unsicherheit und Schlafstörungen sind passende Vokabeln, um jene Situation zu beschreiben.

Wie werden sich die Welchs gefühlt haben, als sie sich am Sonntag, den 28. Februar, auf den Weg zum Gottesdienst machten? Was sollten sie sagen, wenn die Leute in der Kirche die ewig gleichen Fragen stellen würden? – Hast du wirklich gekündigt? Und wie viel Unterstützung habt ihr jetzt zusammen? Der Morgen hatte also durchaus das Potenzial, äußerst unangenehm zu werden.

In der Life Source Church herrschte noch ein emsiges Kommen und Gehen. Der erste Gottesdienst war vorbei und der zweite hatte noch nicht begonnen.

Sandi brachte die Kleinsten gerade in den Kindergottesdienst. Im Foyer hörte Chris plötzlich eine bekannte Stimme: „Chris, ich muss dich dringend sprechen. Lass uns mal in eine ruhige Ecke gehen!“ Pastor John Luliano tat geheimnisvoll.

Chris rückte näher an den Pastor heran und machte seine Ohren weit auf. „Wir haben heute von zwei Mitgliedern unserer Gemeinde die größten Spenden erhalten, die wir jemals bekommen haben", John Luliano strahlte, „das Geld wurde uns anvertraut zweckbestimmt für euch. Es handelt sich um 98.000 Australische Dollar!". Das entsprach 75.000 US-Dollar.

Chris' Augen sahen durch den Pastor hindurch in eine nicht näher definierbare Weite. Wenn es noch eines Beweises bedurft hätte, dass Gott im Himmel ihn und seine Familie mit Liebe und Treue auf ihrem Weg begleiten würde, dann war er soeben erbracht worden.

Als Sandi von ihrem Mann die unglaubliche Neuigkeit erfuhr, fing sie an zu weinen. Es waren Tränen der Freude. Gott war mit ihnen. Er würde sie nie im Stich lassen, schon gar nicht in Peru!

Der Zeitpunkt einer Ausreise zu einem mehrjährigen Missionseinsatz will gut gewählt sein. Der Haushalt muss zuvor aufgelöst werden. Über Telefon und E-Mail werden wichtige Vorbereitungen für die ersten Wochen im Gastland getroffen. Man will genau wissen, wo man wohnen wird und wann der Unterricht in der Sprachschule beginnt. Erst nachdem tausend und eine Frage beantwortet sind, können die Flüge gebucht werden. Im Fall der Familie Welch wurden genau zehn Tickets benötigt.

Chris erkundigte sich bei vielen Fluggesellschaften über die möglichen Preise. Bei *Quantas,* der größten australischen Airline, würde das zweifelhafte Flugvergnügen für die Eltern und die acht Kinder 23.000 Australische Dollar verschlingen. So eine Zahl schmerzt, besonders wenn vor einem Missionseinsatz jeder Dollar in der Tasche zählt.

„Wann willst du uns in Peru haben?", hatte Chris mich schon während meiner Tour durch Australien im Herbst 2015 gefragt. – „Am besten wäre es, wenn ihr im Mai 2016 ausreisen würdet", hatte ich mich klipp und klar geäußert.

„Denn im Mai ist unser Medienzentrum sicherlich fertig gebaut!“

Was dann im Mai geschah, entzieht sich bis heute jeglicher menschlichen Logik. Aus schier unerfindlichen Gründen machte das Unternehmen *Quantas* für Perureisende ein einmaliges Angebot. Der Rabatt lag bei 55 Prozent. Die Manager von *Quantas* hatten mit Sicherheit noch nie von der 10-köpfigen Familie gehört, die in Sydney auf heißen Kohlen, sprich gepackten Koffern saß. Sie wollten schlicht und ergreifend für Australier einen „Ausflug nach Machu Picchu“ attraktiv und bezahlbar machen.

Die Welchs bestiegen am 31. Mai das halb besetzte Großraumflugzeug und flogen über den endlosen Pazifik nach Osten. Unterwegs überquerten sie die Zeitgrenze und gewannen – wie man landläufig sagt – einen Extratag hinzu. Sie konnten sich entspannt auf ihren Sitzen ausstrecken in dem Wissen, 13.000 Dollar gespart zu haben. Nach einer Zwischenlandung in Santiago kamen sie am Abend des gleichen Tages in Lima an.

Carabayllo

Das Wochenende stand vor der Tür. Es war Freitagnachmittag am 31. Juli 2015 und ich freute mich schon auf die bevorstehenden zwei Ruhetage. Wie gewöhnlich musste ich ein wenig gegen meine Müdigkeit ankämpfen, während ich am Computer eine Reihe von E-Mails beantwortete. Da klopfte es an der Tür. Ich stand auf und öffnete. Ein Peruaner und seine Freundin wollten mir Hallo sagen. Ich kannte die beiden überhaupt nicht und mir war wirklich nicht nach Small Talk zumute. Deshalb versuchte ich gleich, das Gespräch mehr oder weniger höflich zu beenden. Nach zwanzig Minuten Geplauder kriegten wir endlich die Kurve und ich wünschte meinen Überraschungsgästen eine angenehme Weiterreise.

„Übrigens handele ich in Lima mit Grundstücken!“, äußerte der Mann plötzlich völlig zusammenhangslos. Was hatte er da soeben gesagt? Mit einem Mal war ich hellwach. Seit Jahren sprachen wir in Diospi-Suyana-Kreisen über die vielen Vorteile, die ein eigenes Gästehaus in Lima bieten würde. War vielleicht jetzt der Zeitpunkt gekommen, um so eine Basisstation in der Hauptstadt zu bauen?

„In welchen Distrikten von Lima gibt es denn günstige Bauplätze?“, fragte ich interessiert. „In Carabayllo“, lautete seine Antwort. Ich bedankte mich für seine Information und drückte den beiden zum Abschied die Hände.

Kaum war meine Tür wieder verschlossen, da saß ich schon am PC und machte mich schlau. „Carabayllo“ – ich hatte das Wort noch nie gehört. Eigentlich seltsam in Anbetracht der Tatsache, dass ich seit 2003 schon über 300-mal nach Lima geflogen war, um Erledigungen jedweder Art für Diospi Suyana zu machen. Auf der virtuellen Landkarte von Lima tauchte es weit im Norden auf. Außerhalb der Stadt und, wie ich vermutete, schon jenseits des Slumgürtels, der Lima umzieht. Die Lage kam für uns eigentlich nicht infrage. Aber mit dem Begriff „Carabayllo“ verband ich von nun an unser zukünftiges Gästehaus.

In der folgenden Woche musste ich wieder nach Lima reisen. Am 4. August, es war ein Dienstag, stand ich um die Mittagszeit an einer Straßenecke im Stadtteil Miraflores und überlegte mir meine nächsten Schritte für den Tag. Eigentlich habe ich in der „Hauptstadt der Könige“, wie sich Lima stolz nennt, immer ein volles Programm und schaffe kaum mein Pensum. Aber wie ich in jenem Augenblick feststellte, hatte sich eine Lücke von neunzig Minuten aufgetan. Wie könnte ich dieses Zeitfenster sinnvoll nutzen? Ich weiß auch nicht recht, was über mich kam, aber ich sprach leise ein ganz bewusstes Gebet und bat um einen Fingerzeig von oben. Genau in diesem Moment fuhr ein Bus an mir vorüber. Auf dem Schild über der Windschutzscheibe stand in großen Buchstaben „Carabayllo". Sofort fiel mir das Gespräch mit jenem Makler ein. Was für ein merkwürdiger „Zufall". Ich bete morgens und abends und vor dem Essen, aber normalerweise nicht an belebten Straßenecken Limas. Und so einen Bus mit der Endhaltestelle in Carabayllo hatte ich in all den Jahren noch nie gesehen.

Ich wertete diese prompte Gebetserhörung als klares Zeichen von Gott, die Suche nach einem Gästehaus aktiv zu verfolgen.

Eine halbe Stunde später saß ich bei Guido del Castillo im Büro. Ich freute mich, dass der Minenbesitzer zugegen war. Was hatte dieser Mann mit seinen über achtzig Jahren nicht schon alles für Diospi Suyana bewegt? Seine Geldspenden zugunsten unserer Mission lagen längst im sechsstelligen Bereich. Und immer wieder hatte er mir in der Vergangenheit mit wertvollen Presse- und Firmenkontakten geholfen.

Ich schüttelte artig seine rechte Hand und kam ohne jede Umschweife auf den Grund meines Besuchs zu sprechen: „Wir suchen für Diospi Suyana ein Gästehaus in Lima" verkündigte ich vollmundig, „wir wissen nur noch nicht genau, wo!"

Sein zerfurchtes Gesicht hellte sich auf. „Eine Superidee", meinte Guido, und an seine Angestellten gewandt rief er: „Kommt mal alle her, Dr. John sucht ein Gästehaus, darüber müssen wir mal reden!"

In wenigen Sekunden entstand ein Kompetenzausschuss erster Güte. Um einen runden Tisch versammelten sich Guido del Castillo, einige seiner Angestellten und ich, um uns gründlich zu beratschlagen. Die dreißig Minuten wurden zu einem Brainstorming. Wir diskutierten über mögliche Standorte, übliche Preise und über seriöse Maklerfirmen. Als ich mich verabschiedete, war ich deutlich schlauer als vorher.

Am Mittwoch der folgenden Woche klingelte ich brav an der Tür eines feinen Bungalows im Stadtteil Molina. Die Schwestern Maureen und Aileen Moncur betrieben eine Makleragentur, und ihre Adresse hatte ich natürlich von Guidos Leuten erhalten. Wir nahmen im Wohnzimmer Platz, und ich erzählte den beiden erst einmal, was sich hinter dem seltsamen Ausdruck Diospi Suyana verbarg. Zum einen wollte ich die Maklerinnen für unsere Mission begeistern und zum anderen hoffte ich im Stillen, dass sie ihre Gebühren für die „gute Sache" kräftig senken würden.

Die sympathischen Damen erinnerten sich gleich an Reportagen über unser Spital, die sie irgendwann gesehen bzw. gelesen hatten. „Wir werden Ihnen helfen, ein wirklich schönes Haus zu finden!", versicherte mir Maureen. „Übrigens ist die Zeit extrem günstig", fuhr sie fort, „vor Kurzem ist in Lima eine Immobilienblase geplatzt und die Preise haben sich überall deutlich nach unten bewegt!" – Von diesen Wirtschaftsdaten hatte ich natürlich vorher keine Kenntnis gehabt. Gott allerdings schon. Das Timing stimmte wieder einmal perfekt. Offensichtlich hielt ich mich zum richtigen Zeitpunkt am richtigen Ort auf. Mein Stimmungsbarometer kletterte unaufhaltsam nach oben.

Zwei Monate sollte die Suche dauern. Vier Maklerfirmen waren beteiligt und insgesamt inspizierte ich sechsundvierzig Häuser in sieben Stadtteilen. Udo Klemenz reiste aus Deutschland an, um mir mit seiner großen Erfahrung beizustehen. Wir beide gingen fast schon wissenschaftlich ans Werk. Einmal fuhren wir in der Mittagszeit die Route aus dem tiefsten Süden Limas zum Flughafen. Hin und zurück, eine Strecke von fünfzig Kilometern. Natürlich mit der Stoppuhr in der Hand. Den Taxifahrer hatten wir vorher auf ein normales Tempo eingeschworen.

Die Schwestern Moncur erwiesen sich als überaus fähige und engagierte Berater. Als wir drauf und dran waren, ein Haus an einem Hang zu erwerben, rieten uns die beiden aus mehreren Gründen strikt davon ab. Eigentlich hätten sie an der Transaktion verdient, aber mittlerweile identifizierten sich die Maklerinnen aus tiefstem Herzen mit unserem Anliegen. Wir waren längst per Du und redeten nicht nur über Immobilien, sondern mehr und mehr auch über ganz persönliche Dinge.

Eines Tages fuhr ich mit Maureen im Pick-up, um ein weiteres Haus zu besichtigen. Da wir gerade über Gott sprachen, erzählte sie mir von ihren eigenen Erfahrungen.

„Klaus, ich war immer eine Skeptikerin und hatte mit Gott nichts zu tun“, bemerkte sie, „doch dann geriet unsere Familie in eine tiefe Krise. Der Mann meiner Schwester Aileen machte sich aus dem Staub und versuchte gerichtlich zu erzwingen, dass das Kind der beiden ihm zugesprochen würde. Wir waren alle in Panik und wussten uns nicht mehr zu helfen!“

Ich blickte zu Maureen hinüber. Ihre Erregung von damals stand ihr sogar jetzt noch ins Gesicht geschrieben. „Ich war so verzweifelt“, redete sie weiter, „eines Tages saß ich hinter meinem Steuer und weinte. In meiner Not schrie ich in die Leere meines Autos: ‚Gott, wenn es dich gibt, dann hilf meiner Schwester jetzt!‘ – In diesem Moment klingelte mein Handy und Aileen meldete sich. ‚Maureen, stell dir vor‘, sagte sie voller Freude, ‚eben kam in der Post ein Brief vom Gericht. Der Richter hat entschieden, dass mein Junge bei mir bleiben darf!‘“

Ende September begleitete mich meine Frau Martina nach

Lima. Sie hatte selbst eine Menge zu erledigen, wollte sich aber am nächsten Tag in die Haussuche mit einschalten. Als wir am 24. September über die Schwelle eines attraktiven Eckhauses im Stadtteil Surco schritten, überkam uns beiden die große Erleuchtung: Das ist es!

Die Anwaltskanzlei Olaechea begleitete den Verkauf, der sich über mehrere Wochen hinzog. Drei Anwältinnen machten Termine, formulierten Schriftstücke und halfen uns bei den Verhandlungen im Notariat. Sie taten das zum Nulltarif, um Diospi Suyana zu unterstützen. Ich war tief beeindruckt, als ich den detaillierten Kaufvertrag in Händen hielt. Die Juristinnen hatten fünfunddreißig Seiten lang Satz für Satz für uns aufgesetzt, um die Abwicklung des Geschäfts so sicher wie möglich zu gestalten.

Noch vor Weihnachten 2015 schritten mehrere Handwerker zur Tat. Johannes Bahr überwachte sie, was maßgeblich zur Qualität der Renovierung beitrug. Außen- und Innenwände erhielten einen neuen Farbanstrich. Das Holzwerk glänzte bald wie in alten Tagen, und sechs Bäder wurden generalüberholt beziehungsweise neu eingebaut. Der Bauingenieur verrichtete seine Arbeit kostenlos. Wochenlang schlief er auf einer Matratze am Boden eines Zimmers und zeichnete Pläne beim trüben Licht einer Schreibtischlampe. Das Ergebnis hat bisher jeden Besucher überzeugt. Im März 2016 nahm unser Gästehaus offiziell seinen Betrieb auf.

Während der ersten vier Jahre stiegen rund 3.200 Übernachtungsgäste in der Hausnummer 343 des „Jirón Enrique Salzar Barreto“ ab. Unsere Besucher loben das Ambiente in höchsten Tönen. Und ich fühle mich jedes Mal, wenn ich durch die Haustür in den Flur trete, fast wie zu Hause.

Die Liste der Vorteile, die unser Haus bietet, ist erstaunlich lang. Die Adresse liegt in einer guten Wohngegend im Süden Limas. Die Polizei fährt mehrmals in der Nacht durch unsere

Straße Streife. Ein wichtiger Gesichtspunkt in einer südamerikanischen Großstadt. In wenigen Minuten erreicht man die elektrische Stadtbahn, mit der man günstig und schnell die Innenstadt erreichen kann. Die Aufteilung der Räume ist ideal. Mit fünfzehn Betten insgesamt können sogar drei Familien gleichzeitig einen Unterschlupf finden. Holzdecken und Böden tragen zur Gemütlichkeit der Immobilie bei. Mehrere Parks im Wohnbezirk laden zum Ausruhen ein. Und was mir besonders gefällt, ist die Tatsache, dass das Haus von außen klein und bescheiden wirkt, aber innen 420 Quadratmeter Wohnfläche aufweist.

Ein peruanisches Ehepaar bewirtschaftet das Haus und macht Tag für Tag wichtige Besorgungen für unsere Mission. Unsere Basisstation in der Hauptstadt ist ein Geschenk des Himmels und eine weitere besondere Episode in der Chronik von Diospi Suyana. – Alles begann mit einem unfreiwilligen Gespräch in meinem Büro und einem Gebet an einer belebten Straßenecke in Miraflores, zu einem Zeitpunkt, als sich die Häuserpreise auf niedrigem Niveau befanden. Gott ist gut.

Endlich auf Sendung

10. Februar 2015. Die Zeiger der Uhr standen auf kurz nach zwei Uhr mittags. Wir saßen in erlauchter Runde in meinem Büro und beratschlagten. Tim Zook, ein Radiotechniker aus den USA, Bauingenieur Johannes Bahr, Logistik-Chef Agustin Landeras und ich. Wenn die Antenne unseres zukünftigen Radios auf dem Gelände des Spitals stehen sollte, müsste man erst einen Radiotest durchführen. Denn natürlich dürfte es keinesfalls zu Interferenzen mit den medizinischen Geräten kommen. Radiotest gut, aber wie?

Gegen 15 Uhr nahm Agustin zum Besitzer einer lokalen Radiostation Kontakt auf. „Kommen Sie bitte zu uns ins Spital“, sagte er geheimnisvoll, „wir hätten da ein besonderes Anliegen!“

Gut, dass Agustin die Katze noch nicht aus dem Sack gelassen hatte. Wir hatten die verwegene Hoffnung, Ugartes Transmisor mal auf die Schnelle ausleihen zu dürfen. Es war extrem unwahrscheinlich, dass er oder irgendjemand sonst auf so ein Ansinnen eingehen würde. Reihum sprachen wir ein Gebet. Jetzt hieß es warten.

16.30 Uhr – Rosell Ugarte trat durch die Tür und nahm am Tisch Platz. „Können wir Teile Ihrer Sendeanlage heute Abend bei uns aufbauen?“, fragte Agustin Landers. „Wir würden gerne einen Testlauf machen.“

So ein Ansinnen hatte der Besitzer des Radios noch nie gehört. Er schüttelte entgeistert den Kopf und murmelte: „Nein, das geht nicht!“

Wer konnte es ihm verübeln. Doch dann zog sich das Gespräch in die Länge, und aus unerfindlichen Gründen schwenkte Rosell plötzlich um. Über Handy bestellte er einen Antennenfachmann aus Cusco. Jener Techniker sprang sofort in ein Express-Taxi und machte sich auf die zweieinhalbstündige Fahrt durch die Berge nach Curahuasi.

18.40 Uhr – Der Spezialist aus Cusco traf ein und machte sich gleich an die Arbeit. Die Anlage von Señor Ugarte befand sich auf freiem Feld, gut 300 Meter vom Stadtfriedhof entfernt. Über Curahuasi lag längst die Dunkelheit, als der Techniker in schwindelerregender Höhe die notwendigen Komponenten losschraubte und nach unten holte. Keine Stunde später gruppierten wir uns auf dem hinteren Gelände des Spitals und blickten aufmerksam zu einem Lichtmast. Im Zwielicht und Nieselregen hing eine dünne Gestalt am Pfosten und installierte die Sendevorrichtung.

„Es ist alles angeschlossen“, rief er von oben, „ihr könnt einschalten!“

19.40 Uhr – Das nächtliche Aufgebot war enorm. Dr. Susen Dreßler schrieb im Operationssaal ein EKG und fuhr das Beatmungsgerät hoch. Dr. Marlen Luckow testete ihr Instrumentarium in der Zahnklinik und Dr. Ursula Buck überprüfte die Funktion eines Laser- und Ultraschallgeräts in der Augenklinik. In der Röntgenabteilung machte MTA Dorle Breitenbücher ein Computertomogramm – von einer Wasserflasche. Alle Geräte funktionierten einwandfrei, während der Radiosender mit etwa 300 Watt in Nähe unseres Amphitheaters Musik in den Nachthimmel unseres Distrikts ausstrahlte.

19.44 Uhr – Wir machten ein Gruppenfoto vor dem Lichtpfosten, der vor wenigen Minuten noch als Antennenmast gedient hatte. Alle beteiligten Personen waren sich sicher, dass in jenen Augenblicken das Radio Diospi Suyana gegründet worden war.

Nun ja, der Jubel im nächtlichen Sprühregen war sicherlich etwas verfrüht, denn eine Lizenz hatten wir noch gar nicht. Und ohne gültige Lizenz bringt Sie eine Radiostation eher in den Knast als auf die Skala der beliebtesten Anbieter.

In Curahuasi waren alle Frequenzen leider längst vergeben. Ich streckte meine Fühler aus, um vielleicht so eine Berechtigung von privat an privat zu kaufen. Noch heute denke ich mit einer gewissen Beklemmung an dieses mühselige Unterfangen. Einer meiner frustranen Versuche führte mich nach Abancay zur Mediengruppe *Solar*. Der Inhaber Hernán Farfán hatte irgendwann mal eine Frequenz für unseren Distrikt erworben, die er aber gar nicht nutzte. Nach meinem üblichen Vortrag über Diospi Suyana schlug er mir einen Deal vor. Wir sollten zunächst alle Geräte auf unsere Kosten installieren. Die Programmzeit würden wir dann teilen. Das hätte geheißen, für einige Stunden ein christlicher Familiensender mit niveauvollen Inhalten und dann der abrupte Übergang in einen kommerziell ausgerichteten Mischmasch mit Bierwerbung und anzüglicher Sprache. Mutlos verließ ich sein Büro und fuhr traurig nach Curahuasi zurück.

In Curahuasi bot mir eine zweifelhafte Seele eine Frequenz zur Miete an. 25.000 US-Dollar müsste Diospi Suyana Jahr für Jahr überweisen, um am munteren Wettbewerb der Hörfunkbetreiber mitzumischen. Eine teure Angelegenheit, und obendrein könnte uns der Vermieter die Frequenz nach Ablauf des Vertrags wieder entziehen. Auch diese Option musste ich dankend ablehnen. In dieser verfahrenen Situation bat ich Gott um sein Eingreifen. Und er griff ein. Sogar bald.

Am 29. März 2016 saß Hugo Orosco neben meinem Schreibtisch. Der freundliche Peruaner hatte von unserer Notlage gehört und wollte uns helfen. Nicht ganz uneigennützig, wie sich bald herausstellte. Er war Händler von Beruf. Während die einen mit Holz und Autos handeln und andere Gemüse feilbieten, verstand sich mein unerwarteter Gast auf das Geschäft mit Frequenzen. Von den Gewinnen dieser Transaktionen lebte er.

„Señor Orosco, bevor wir über das Geschäftliche reden“, sagte ich bedacht, „will ich Ihnen erst einmal mit einigen Bildern zeigen, wer wir sind und was wir machen!“ Fünfundvierzig Minuten flogen vorbei und mein Zuhörer war gerührt. Die Leidenschaft und Opferbereitschaft, die bei Diospi Suyana sichtbar werden, hatten es ihm offenkundig angetan.

Hugo Orosco nahm mich in den Arm und bedankte sich mit vielen Worten für das, was wir für die Menschen Perus auf den Gebieten der Gesundheit und Erziehung auf die Beine gestellt hatten.

„Also, ich könnte Ihnen die Frequenz für 20.000 Dollar verkaufen!“ Sein Angebot klang wirklich attraktiv. Ich musste im Stillen an den angebotenen Mietpreis der Konkurrenz denken, der um einiges höher ausgefallen war. „Na gut“, erwiderte ich, „diese Summe kriegen Sie von uns!“ Während ich ihm die Hand reichte, fiel ein schwerer Stein von meinem Herzen.

Nun brauchten wir noch gute Leute fürs Programm. In den Monaten zuvor hatte ich mich in Lima wiederholt mit Doris Manco getroffen. Die energiegeladene Dame hatte zehn Jahre in der Direktion der christlichen Mediengruppe *Pacifico* mitgewirkt. Diospi Suyana kannte sie von ihrem Besuch 2007. Damals drehte sie eine vierzigminütige TV-Reportage über die Einweihung unseres Missionsspitals. Viel hatten wir ihr nicht zu bieten: Unsere ehrenamtlichen Mitarbeiter aus dem Ausland kriegen gar kein Gehalt und die peruanischen Kollegen werden unter den üblichen Tarifen am Markt beschäftigt. So leisten alle einen persönlichen Beitrag zu einem Spendenwerk, das trotz der begrenzten Mittel einen unglaublichen Produktivitätsgrad aufweist. Als Doris endlich zusagte, atmete ich auf.

Jesus Hurtado war der Nächste, der sich dem neuen Team anschloss. Er verfügte über eine 15-jährige Erfahrung als Radio- und TV-Produzent. Interessanterweise sprach er fließend Deutsch, da er in Deutschland Raumakustik studiert hatte.

Doris kannte viele Leute in der Branche und telefonierte fleißig durch ihre Kontaktadressen. Carlos Aymituma hatte fast 20 Jahre als TV-Produzent und Kameramann gearbeitet. Aber der Familienvater zögerte, sich auf einen Umzug in die Berge bei deutlich geringerem Gehalt einzulassen.

„Brauchst du diesen Mann für die Medienarbeit von Diospi Suyana?“, fragte eines Tages eine Bekannte in ihrer Kirchengemeinde. „Unbedingt“, antwortete Doris, „aber die Kosten des Wohnungswechsels sind für Carlos wohl zu hoch!“

„Mach dir da mal keine Sorgen", meinte ihre Freundin beschwichtigend. „Ich bezahle die fünf Flugtickets für Carlos, seine Frau und ihre drei Kinder!" Die Peruanerin hielt Wort. Sie überwies den Betrag für eine Familie, die sie selbst nicht näher kannte. Ihre Großzügigkeit überzeugte die Aymitumas und katapultierte sie vom Meeresspiegel der Hauptstadt nach Curahuasi auf 2.650 Meter Höhe. Aus Nordperu reiste Jose Sáenz an. Er hatte kurz zuvor sein Studium der Kommunikation und Medien abgeschlossen und fieberte darauf, sein gelerntes Wissen in die Praxis umzusetzen. Ab dem 31. Mai gehörte auch Satellitenexperte Chris Welch zu unserem Team dazu. Als das Radio Diospi Suyana am 19. Juli 2016 in Curahuasi auf Sendung ging, funktionierte zwar noch nicht alles in Perfektion, aber ein weiterer Meilenstein war gesetzt.

Ende August, am neunten Jahrestag des Spitals, feierten wir auf dem Rasen vor dem Medienzentrum die Einweihung unseres Radio- und Fernsehkanals. Blauer Himmel und Sonnenschein. In Anwesenheit von Perus langjähriger First Lady Pilar Nores genossen wir eine Zeremonie, die mit Grußworten angereichert und durch musikalische Beiträge aufgelockert wurde. Vor 400 Gästen dankte ich Ingenieur Johannes Bahr für die ausgezeichnete Durchführung des Bauvorhabens. Es sei das langfristige Ziel, die Programme von Diospi Suyana über Satellit auch in den letzten Winkel des Landes auszustrahlen. Gegen 18 Uhr schnitt Pilar Nores das rote Band durch. Das Ende des Festes war der offizielle Anfang unserer Mediengruppe. Zwar zählte unser Team nur fünf Mitarbeiter, aber wir hatten Pläne, die ziemlich weit reichten.

Mächtig in der Bredouille in Poltocsa

Jede Reise durch die Berge dauerte neun Stunden. Hin und zurück 460 Kilometer. Eine Kurve jagte die andere bis zum Brechreiz. Fünfmal fuhren wir von Curahuasi nach Andahuaylas, um ein Grundstück für unsere Antenne zu finden. Und schließlich schien es so, als hätten wir wirklich den passenden Standort entdeckt. Er lag inmitten eines großen Hügels oberhalb der Stadt. Noch nie zuvor hatte Familie Carreño ein Grundstück auf ihrem Berg verkauft, sondern immer nur vermietet. Doch nach meinem Vortrag in ihrem Hause und der Lektüre des Buchs „Ich habe Gott gesehen" machten die Carreños eine große Ausnahme. Eigentlich traf Senor Carreño die einsame Entscheidung selbst. Der 91 Jahre alte Ex-Priester war von der Geschichte total ergriffen. „Wir müssen diesem Werk helfen", beschwor der fromme Katholik seinen Clan, „Gott steht den Leuten von Diospi Suyana bei!" Folgerichtig griff der Patriarch zum Kugelschreiber und unterschrieb beim Notar den Kaufvertrag.

Alle die Mühen bisher hatten wir irgendwie verkraftet. Die Immobile ging in unseren Besitz über und wir planten schon den Aufbau des Sendeturms. Doch dann trafen wir völlig unerwartet auf den massiven Widerstand aus Poltocsa. Die Dorfgemeinschaft umfasste um die 350 Lehmhäuser, die meisten von ihnen befanden sich einen Kilometer vom Antennenberg entfernt. Rund 700 Erwachsene und vielleicht 2.3000 Kinder wohnten in den ärmlichen Behausungen. Sechs Antennen standen seit Jahren auf dem Berg. Und die Bevölkerung wollte angeblich keine weitere. Warum eigentlich?

„Die Radioantennen ändern das Klima", sagten die einen. „Unsere Kinder werden missgebildet zur Welt kommen", meinten die anderen. „Nachts rauscht es auf dem Berg. Uns wird unheimlich!" Die Quechuas sind abergläubisch, sie haben Angst vor dunklen Mächten und vor dem Apu, einer unfreundlichen Gottheit im Berg. „Was wird die Mutter Erde, Pacha Mama, zu einer siebten Antenne sagen? Warum hat es neulich in Poltocsa gehagelt? Das müssen wohl die Antennen gewesen sein!" Wer unter den Nachfahren der Inkas lebt, hat es ganz schnell mit diesem abstrusen Denken zu tun. Unsere Geduld wurde auf das Äußerste strapaziert.

Vier weitere Male reisten Doris Manco und ich nach Poltocsa. Es war eine ziemliche Herausforderung, unter den Quechuas Überzeugungsarbeit zu leisten. Mit zwei Vorträgen im Rathaus versuchten wir die Bedenken der Menschen zu zerstreuen. Leider kam kaum jemand zu diesen Veranstaltungen. Wir sammelten Unterschriften wie die Wilden. Samstagabend, bis spät in die Nacht, klopften wir an Türen und sprachen mit einsamen Wanderern auf den Wegen. Gegen 22 Uhr hatten wir 268 Unterschriften gesammelt. Ob das reichen würde? Schweren Herzens kippten wir in unsere Hotelbetten.

Sonntag, der 17. Februar. Um 7 Uhr am Morgen begann die „Asamblea general", die Dorfgemeinschaftsstunde. Ich möchte nicht in einen militärischen Sprachjargon abdriften, aber dieser finale Schlagabtausch würde die Entscheidung bringen. Um es vorweg zu sagen, die Zeichen standen gegen uns. 175 Familienväter bzw. ihre Frauen mussten anwesend sein. Danach sah es bis 8 Uhr aber nicht aus. Der Beschluss müsste wohl wieder vertagt werden. Der Bürgermeister hatte es mir leider nicht erlaubt, Diospi Suyana mit einer Powerpoint-Präsentation vorzustellen. Nun standen wir alle auf dem Schulhof herum. Im Auditorium der Schule hätten wir in aller Ruhe über unsere Arbeit und die Vorteile unseres Radios reden können.

Einer nach dem anderen ergriff das Wort und sprach sich gegen unser Radio aus. Doris, Jose und ich hatten keine andere Wahl, als diese feindselige Stimmung zu ertragen. Der

Bürgermeister machte aus seiner Aversion gegen uns kein Geheimnis. Er leitete die Sitzung auf eine Art und Weise, die den für uns negativen Ausgang geschickt vorbereitete. Es wurde immer deutlicher, dass all unser Schweiß umsonst gewesen war. Die vielen Stunden Fahrt in langen Nächten hätten wir uns schenken können.

Weitere Quechuas trafen ein. Mit 180 Dorfbewohnern lag plötzlich die Beschlussfähigkeit vor. Wenn die Abstimmung anstünde, würde sich niemand auf unsere Seite stellen. Die Leute hatten Angst vor ihren eigenen Politikern. Sie befürchteten, man würde ihnen das Wasser für die Felder abdrehen, wenn sie für Diospi Suyana einträten. So oder ähnlich hatten sich in der Woche zuvor viele uns gegenüber geäußert.

Die Zunge klebte mir längst am Gaumen. Waren unsere vielen Gebete um Gottes Eingreifen vergebene Liebesmüh gewesen? Am Morgen hatte ich noch eine SOS-Mail nach Curahuasi an die Missionarsgemeinschaft geschickt: „Bitte betet, wir sind unter großem Druck!“ Wo waren die Christen der Ortschaft, die uns ihre Hilfe versprochen hatten? Bei den Wortmeldungen gab es nur von ganz wenigen Rednern zaghafte Unterstützung für unser Anliegen.

Endlich erteilte mir der Alcalde, der Bürgermeister, das Wort. Was sollte ich sagen?

„Doris, während ich rede, betest du!“ Die Leiterin unseres Medienzentrums nickte. Meiner Aufforderung hätte es gar nicht bedurft. Natürlich betete sie im Stillen schon ununterbrochen.

Viel Zeit wurde mir für meine Kurzansprache nicht eingeräumt. Also sprach ich von meiner Kindheit, von meinem Traum, ein Leben lang als Missionsarzt den Armen beizustehen. Ich erwähnte meine Frau Martina, die zumindest einige meiner Zuhörer persönlich als Ärztin kannten.

„Wir sind hier, um Ihnen zu helfen“, rief ich in die große

Runde ohne Mikro. „Es gibt keine Gewinnabsichten. Wir Missionare wollen lindern und heilen!" Ich sprach vom Leid der Menschen in den vielen Häusern, die wir betreten hatten. „Über das Radio könnten wir Ihnen jeweils mitteilen, welchen Service das Spital anbietet und welche Ärzte verfügbar sind!"

Es folgten noch zahlreiche Beiträge. Die meisten richteten sich vehement gegen Diospi Suyana. Kurz vor der Abstimmung durfte ich mich noch ein letztes Mal an die Dorfversammlung wenden.

„Liebe Bewohner von Poltocsa, die Entscheidung liegt ganz bei Ihnen. Ich bitte Sie eindringlich, hören Sie auf die Stimme Ihres Herzens und nicht auf das, was irgendwelche Führer Ihnen hier einreden!"

Der Bürgermeister erklärte den Modus der Abstimmung. Links sollten sich all jene aufstellen, die das Antennenprojekt von Diospi Suyana ablehnten. Auf der rechten Seite die Befürworter. Aber bei der feindseligen Drohkulisse gegen uns war der Ausgang eigentlich längst entschieden. Man würde uns gleich bescheinigen, dass wir in dieser Ortschaft unerwünscht wären. Und traurig und niedergeschlagen müssten wir dann abziehen. Aber besser ein Ende mit Schrecken als ein Schrecken ohne Ende.

Kaum hob der oberste Würdenträger seine Hand, strömten die Menschen in Scharen und schnellen Schrittes auf die rechte Seite. Die Schlange reichte über den ganzen Schulhof bis an die gegenüberliegende Wand. Das Bild war gewaltig. Das Votum unübersehbar. Einige konnten kaum glauben, was sie sahen. Nicht ein einziger stand links. Noch nicht einmal die vielen Redner, die noch vor Minuten wortgewaltig Diospi Suyana kritisiert hatten, bekannten Farbe. 108 Stimmen für Diospi Suyana bei 72 Enthaltungen und keiner einzigen Gegenstimme.

Ein überwältigender Sieg der Vernunft gegen Angst und

Aberglaube, gegen Opposition und Einschüchterung. Mir fiel ein Stein vom Herzen. Doris, Jose und ich rieben uns die Augen. Die vielen Gebete unterwegs waren also nicht umsonst gewesen.

Nach einer vierstündigen Sitzung unter der prallen Sonne durften und mussten die 180 Teilnehmer das Protokoll unterschreiben. Als einer der letzten stellte ich mich in die Reihe. Meine liebste Unterschrift und das schönste Dokument seit Jahren!

Später im Hotel verfasste ich einen Blitzbericht für unsere Webseite, und schon waren wir drei auf der Rückreise nach Curahuasi. Vier anstrengende Stunden durch die Berge, aber im Hochgefühl des Triumphes.

Bewegung tut gut. Holt die Rentner von der Couch!

Am 14. März 2014 wurden Barbara und Udo Klemenz auf der Bühne der Sporthalle verabschiedet. 800 Gäste erhoben sich von ihren Plätzen, um den Niederbielern stehend Applaus zu spenden. Der Bauingenieur hatte den Bau unseres Missionsspitals, einer Zahn- und Augenklinik, eines Kinderhauses sowie einer Schule ehrenamtlich geleitet. Im blauen Scheinwerferlicht hielt Barbara stolz ein hölzernes Motorrad in die Höhe. Ich hatte es den beiden mit den Worten überreicht: „Mit dem Motorrad könnt ihr schnell nach Curahuasi zurückkehren, falls wir euch wieder brauchen solltenl!“ Das war natürlich ein Scherz. Wir alle gönnten unseren Freunden im vorgerückten Alter ihren verdienten und überfälligen Ruhestand. Die Klemenz’ stiegen zum soundsovielten Male ins Flugzeug und flogen der deutschen Heimat entgegen.

2015 sprang der junge Ingenieur Johannes Bahr in die Bresche und leitete – wie bereits erwähnt – die Bauarbeiten des Medienzentrums. Nach Fertigstellung des Projektes zog er mit seiner hübschen Frau Angela nach Lima um und trat in das normale Berufsleben ein.

Gut anderthalb Jahre waren seit der Abreise der Klemenz' verstrichen. Da strahlte ERF-Medien am 1. Februar 2016 ein ausführliches Radio-Interview mit den Weltenbummlern aus. Am Ende des hörenswerten Gesprächs fragte Moderator Rolf-Dieter Wiedenmann: „Würden Sie so einen Einsatz wieder machen?" Er meinte damit, ob die Klemenz' ihre Entscheidung rückblickend immer noch befürworteten.

„Auf jeden Fall!", antworteten Udo und Barbara wie aus der Pistole geschossen.

Im fernen Peru hörte ich mir diesen Dialog genüsslich an. So eine Steilvorlage durfte ich mir nicht entgehen lassen. Wer sich so weit aus dem Fenster lehnt, dachte ich, muss irgendwann springen. Ihre Aussage hatte ich absichtlich etwas großzügiger interpretiert und auf die Zukunft bezogen. Die Erweiterung des Spitals um einen zweiten Stock stand an, und es war höchste Zeit, mich nach einem Bauleiter umzuschauen.

Am 1. März 2016, ich tourte wieder mal durch Europa, stattete ich den Klemenz' in Niederbiel einen Besuch ab. Nach einem intensiven Gespräch unter sechs Augen – ich bin kein Freund von Plaudereien – wurden wir drei schnell handelseinig. Die Bezahlung würde in gewohnter Weise bei null Euro liegen. Dieser Tarif hatte sich schon mehrmals bewährt. Und warum sollte man die Dinge auf die lange Bank schieben? Um mit dem Beginn der Trockenzeit die Arbeiten aufzunehmen, wäre eine Ausreise im April wünschenswert. Für logische Argumente sind die Klemenz' immer zugänglich. Etwas verkürzt formuliert, sah unser Plan folgendermaßen aus: im Mai Dach runter und vor der Regenzeit im November wieder drauf. Ein durchaus ambitioniertes Unterfangen. Zumal die Patientenversorgung im Parterre voll weitergehen sollte. Oben der Presslufthammer und unten die Ruhe im OP. Im ersten Stock der dichte Staub einer Großbaustelle und im Erdgeschoss die penible Sauberkeit eines Krankenhausalltags.

Am 13. Mai schrieb Udo seinen ersten Baubericht, und wir waren wieder voll drin in der üblichen Routine. „Gut so!", sage ich. Warum soll sich ein Rentner auch zu Hause auf der Couch langweilen? Und auf die Dauer macht es ohnehin keinen Spaß, im Kurpark die Entchen zu füttern. Dann doch lieber auf dem Bau etwas malochen und beim Treppensteigen den angesetzten Rost in den Gelenken wegputzen. Acht Stunden am Tag für fünfzehn Monate an der guten Luft. Und dieser fünfte Einsatz der Klemenz' wäre ja auch der Endspurt im Berufsleben. Der allerletzte. Großes Indianerehrenwort!

Ein Baden-Württemberger kapituliert im ecuadorianischen Regenwald

Wenn immer bei Diospi Suyana neue Arbeitszweige entstehen, geschehen im Vorfeld atemberaubende Dinge. So war es, als die Klemenz' auf wundersame Weise an Bord kamen, als wir vor der Gründung des Krankenhauses einen Bauleiter benötigten. Während der Bauphase unserer Schule verirrte sich Oberstudienrat Christian Bigalke in einen meiner Vorträge im Ruhrgebiet. Er fing Feuer und leitet seit 2014 mit seiner Frau Verena das Colegio Diospi Suyana. Familie Welch las ein Jugendbuch im fernen Sydney, und plötzlich hob unser ursprünglich begrenztes Projekt, nämlich das eines lokalen

Radiosenders, ab und gewann ungeahnte Dimensionen. Es passierten Fügungen in einer Verkettung von Umständen, die bei Nichtchristen ein ungläubiges Staunen hervorrufen. Aber für den harten Kern bei Diospi Suyana waren und sind diese Wunder die Bestätigung, dass Gott aktiv handelt. Wir merken, dass nicht wir, sondern Gott die Fäden in der Hand hält. Er ist der Mastermind bei Diospi Suyana. Was ich eben in aller Kürze beschrieben habe, wird auch beim jüngsten Vorhaben von Diospi Suyana deutlich. Machen Sie sich auf einiges gefasst. Sie verlassen gleich den Rahmen des Alltäglichen.

Es war ein Sonntagabend in Curahuasi. Ich saß mit einem Stift und einem Blatt Papier am Wohnzimmertisch einer befreundeten Familie und protokollierte eine Geschichte, die es in sich hatte. Man reichte mir bald einen zweiten Bogen, doch auch der füllte sich in Windeseile mit Stichpunkten. Als ich auf Seite fünf unten angekommen war, trank ich mein letztes Glas Limonade aus und fuhr, so schnell es ging, nach Hause. In mir brannte es förmlich, diese Notizen für die Nachwelt festzuhalten. Es handelte sich um eine Familiensaga, die über die seltsamsten Wirrungen etwas Wunderschönes hervorgebracht hat.

Elba Cevallo fühlte die unbarmherzige Ausweglosigkeit. Ihr Mann hatte sie und ihre sechs Kinder verlassen. Ein Schicksal, das sich in Südamerika Tag für Tag tausendfach wiederholt. Die 32-jährige Ecuadorianerin packte ihre Kleinen und die wenigen Habseligkeiten, die sie besaß, bestieg einen Bus und machte sich auf in die Küstenstadt Guayaquil. Vielleicht könnte sie in dieser Metropole Arbeit finden. Das Gehalt würde für sie als ungelernte Frau vom Lande nicht üppig ausfallen, aber vielleicht gerade hoch genug sein, um ihr und ihren Sprösslingen ein Überleben zu ermöglichen. Irgendwo im Slum kam sie mit ihrem Nachwuchs unter. Doch ihre Hoffnungen auf eine Beschäftigung zum Gelderwerb erfüllten sich nicht. Im brutalen Kampf um die nackte Existenz war sie auf sich alleine angewiesen. Kein Sozialamt griff ihr unter die Arme. Kein reicher Onkel tauchte auf, um sie aus dem Sumpf zu befreien, in dem sie zu versinken drohte. Nun war sie am Ende der Fahnenstange angelangt.

„Mama, wo gehen wir hin?“ Die Kinder blickten fragend zu ihr auf. Elba schwieg. Nur ihre feuchten Augen und der zugekniffene Mund gaben eine ungewisse Antwort. Der Gang durch die Stadt endete auf einer belebten Brücke. Die Kinderschar, fünf Mädchen und ein Junge, wusste nicht, warum ihre Mama sie zu jener Stelle geführt hatte. Keiner hatte ihnen jemals erklärt, was ein kollektiver Selbstmord bedeutete. Sie waren noch viel zu klein, um zu verstehen, was eine menschliche Tragödie ist. Das Gesicht Elbas nahm eine aschfahle Farbe an. Sie und die Kinder schauten über die Brüstung in die Tiefe. Ein Schauder überkam sie alle. „Mama, was ist mit dir? Lass uns von hier weggehen!“

Kein Wort drang über Elbas Lippen. Jetzt musste sie sich nur noch einen Ruck geben und mit beiden Armen sechs kleine Kinderhände fest an sich pressen. Der Mut der Verzweiflung würde ihr helfen, sich und ihre Lieben nach unten zu werfen. Noch ein letzter Moment, dann der Sturz ins Dunkel, und sie wäre endlich den quälenden Kummer los.

„Spring jetzt endlich“, eine innere Stimme gab die tödliche Anweisung. „Deshalb bist du hier. Mach endlich Schluss!“ Elba schaute auf die sechs kleinen Gestalten neben ihr. Ein Kindergesicht goldiger als das andere. Vielleicht war es der Mutterinstinkt, der in diesem schicksalhaften Augenblick die Oberhand behielt, oder die vage Hoffnung auf ein Wunder. Ohne eine nähere Erklärung verließ die verzweifelte Frau den Ort des möglichen Grauens und ging ziellos mit ihren Kindern in einen nahen Park.

Da hörte Elba plötzlich ein Kirchenlied. Unwillkürlich

blickte sie nach links auf eine Gruppe von Menschen. Was machten die da? Elba wusste nicht, was eine Straßenevangelisation ist. Der Gesang verstummte und ein junger Mann ergriff das Wort. „Wenn du nicht mehr ein noch aus weißt“, sagte er mit ruhiger Stimme, „dann rufe in deiner Not zu Gott. Es gibt keine andere Lösung. Noch nicht einmal ein Selbstmord kann dir helfen!“

Elba war fassungslos, wie konnte es sein, dass dieser Unbekannte ihr Schicksal kannte? Der Straßenevangelist hatte Elba aber gar nicht im Sinn. Er predigte zur kleinen Zuhörerschaft nur das, was ihm gerade in den Sinn kam. Langsam näherte sich Elba, die Kinder im Schlepptau, dieser religiösen Veranstaltung, die bei den meisten Europäern nur ein abschätziges Lächeln hervorgerufen hätte.

Gott, gab es ihn überhaupt? Elba war verwirrt, aber ein Fünkchen Hoffnung keimte auf. Ob dieser Gott sich für eine hoffnungslose Mutter mit sechs Kindern interessierte?

Das eben beschriebene Drama hat sich im Jahr 1962 tatsächlich so abgespielt. An jenem Nachmittag ergriff Elba die Hand Gottes. Vielleicht wenden Sie jetzt ein, dass so ein frommes Erlebnis, das Christen Bekehrung nennen, die Lebensumstände nur oberflächlich ändern könne: „Religion mag für manche als Droge dienen, ihr Elend für einen Moment zu vergessen. Aber von einem Augenblick zum nächsten werden sich die Schmerzen und der Hunger umso heftiger zurückmelden.“

Die junge Ecuadorianerin fühlte sich tatsächlich von der Liebe Gottes eingehüllt. Sie machte die Erfahrung, dass Gott ein Vater der Witwen und Waisen ist. Was die Familie versorgte, waren keine sentimentalen religiösen Gefühle, sondern handfeste Ergebnisse. Die Suppe auf dem Tisch, die Schulausbildung für die Kinder und ein Dach über dem Kopf. Gott erhörte ihre Gebete, praktisch und real. Wie gut, dass sie nicht ihre Kinder in die Tiefe gerissen hatte.

Elba gründete eine Kirchengemeinde in Guayaquil, die heute 200 aktive Mitglieder hat. Ihre Kinder wurden alle überzeugte Christen. Sie leben in Ecuador und in Italien. Und eines ihrer sechzehn Enkelkinder, die 41-jährige Rebecca, erzählte mir von dieser Rettung in der allerletzten Sekunde. Sie hätte mir in Curahuasi nicht gegenübergesessen, wenn ihre Oma damals gesprungen wäre.

Szenenwechsel. Daniel Müller kam 1977 in Eberbach, Baden-Württemberg zur Welt. Seine Eltern waren bewusste Christen, und so wurde der Junge christlich sozialisiert. Er zweifelte nicht daran, dass Gott existierte, aber er fand den Anspruch Gottes, so wie die Bibel ihn beschreibt, einfach widerlich. Als Teenager rebellierte er. Keine übernatürliche Macht sollte ihm vorschreiben, was er zu tun und zu lassen habe. Daniel wollte frei sein und seine Entscheidungen selbst treffen. Ohne Gott und ohne seine engen Gebote.

Neben dem Haus in Aglasterhausen, wo seine Eltern seit vielen Jahren einen Buchladen betreiben, wohnt Betty Gabriel. Die Ecuadorianerin ist eines der fünf Mädchen, das damals um ein Haar unterhalb einer Brücke am Boden zerborsten wäre. Sie und ihr deutscher Mann vertrauen auf Gott. Oft redete sie mit Daniel über ihr Herkunftsland, das 10.000 Kilometer entfernt am Äquator liegt.

Daniel hatte die Schule abgeschlossen und wollte die Welt kennenlernen. Aus dem Bekanntenkreis seiner Eltern würden zwei „fromme“ Männer nach Ecuador reisen. Sie gedachten ein Kinderheim zu gründen und Daniel durfte sich den beiden anschließen. Die Zeit im kleinen Andenland entwickelte sich zu einem einzigen Fiasko. Das Projekt der beiden Altruisten entpuppte sich bald als Luftschloss. Nach einem Seitensprung in Ecuador zerbrach die Ehe des einen, und so gab sich auch der andere bald geschlagen. Nach einem Monat war Daniel wieder in Deutschland. Gott mochte irgendwo über den Wolken schweben. Aber vom Christentum hatte Daniel die Nase voll. Unter ihnen schien es von Heuchlern und Schwätzern nur so zu wimmeln.

Ein Jahr später wurde Daniel volljährig. Der junge Mann plante einen zweiten Flug nach Ecuador. Das Land der Vulkane und gelben Strände hatte es ihm angetan. Auf eigene Faust zog er los. Im Brustbeutel trug er einen Zettel mit einigen Adressen bei sich. Betty Gabriel hatte ihm geraten, ihre Schwester Noralba in Guayaquil aufzusuchen. Sie war mit Felix verheiratet. Das ecuadorianische Ehepaar verbrachte die meiste Zeit unter den Cajapa-Indianern in den Mangrovensümpfen im Tiefland der Pazifik-Küste. Noralba und Felix waren ein recht ungewöhnliches Missionarsehepaar. In seiner Sturm- und Drangzeit landete Felix nämlich nach einem Bankraub im berüchtigten Stadtgefängnis der Hauptstadt Quito. Überfüllte Schlafräume ohne Privatsphäre. An der Decke hing eine trübe Glühbirne und im schmutzigen Bad stand für die verkommene Truppe nur eine Dusche zur Verfügung. Doch der Häftling wandte sich im Knast zu Gott und wurde einige Jahr später wegen guter Führung vorzeitig entlassen. In einem kirchlichen Seminar lernte er Noralba kennen, und das Pärchen entschied sich, Gott vollzeitlich zu dienen. Als Daniel im April 1995 bei ihnen in Guayaquil an die Tür klopfte, nahmen sie den Deutschen ohne viel Federlesen mit zu ihrer Missionsstation im Norden. Von Esmeralda fuhren sie acht Stunden mit dem Bus ins Inland. Danach ging die Reise mit dem Kanu stundenlang in die Sümpfe.

Daniel war entzückt. Hängematte, Dschungel und exotische Gerichte warteten auf ihn. Doch das gewünschte Abenteuer entpuppte sich als Horrortrip. Eine Magen-Darm-Infektion warf Herrn Müller junior aufs Krankenlager. Die Bauchkrämpfe gaben ihm keine Ruhe, und zu allem Übel gesellte sich bald die Langeweile hinzu.

Noralba und Felix hatten für ihren Gast keine Zeit. Ruhelos betrieben sie eine Schule und leiteten im Urwald eine indianische Kirchengemeinde. Daniel war so ziemlich auf sich allein angewiesen.

In der Hütte entdeckte Daniel auf einer Kommode ein deutsches Buch. Vielleicht hatte Noralba es einmal von Betty als Geschenk erhalten. Und wahrscheinlich stammte es sogar aus der christlichen Bücherstube von Daniels Eltern. Der Kranke brauchte etwas Ablenkung und fing an zu blättern. Die 200 Seiten stellten sein Denken in wenigen Stunden auf den Kopf. Er fühlte sich mit einem Mal nicht mehr als der Starke und Selbstbewusste, sondern eher als der Zerbrechliche und Suchende. In der Abgeschiedenheit einer Urwaldhütte meldete sich bei Daniel im Herzen eine Sehnsucht nach echter Geborgenheit und einem sinnerfüllten Leben.

„Gott, ich bin bereit, dir zu vertrauen und deinen Willen zu tun!" Er war selbst überrascht, dass ihm solche Worte durch den Kopf gingen. „Aber Gott", betete er weiter, „ich möchte diese Entscheidung nicht alleine treffen, sondern im Gespräch mit einer Vertrauensperson!"

Am nächsten Tag sollte sein Aufenthalt im Regenwald enden. So war es geplant. Das Ehepaar würde ihn in aller Frühe im Kanu zur Endhaltestelle des Busses bringen. Dann wäre der Globetrotter wieder allein. Allein mit seinem Rucksack und allein mit seinen vielen Fragen. Beim Paddeln über die Urwaldflüsse war ein tiefes Gespräch natürlich nicht möglich. Schade, dachte Daniel und fiel am Abend in einen unruhigen Schlaf. In der Nacht trommelte der Regen auf das Wellblechdach. Die Bindfäden wurden zum Dauerregen, der sich zum Wolkenbruch steigerte. Am Morgen stand das Haus auf seinen hohen Stelzen mitten in den braunen Fluten. Das nennt man höhere Gewalt. Die geplante Abreise musste aufgeschoben werden. Auch Noralba und Felix, die Nimmermüden, konnten nun nicht mehr ihren gewohnten Aufgaben nachgehen. Die Überschwemmung hielt alle Dorfbewohner in ihren einfachen Hütten gefangen. Es folgten ein langer Tag und ein langes Gespräch. In jenen Stunden traf Daniel eine folgenschwere Entscheidung. „Gott, werde du der Herr meines Lebens", flüsterte er, „und bitte vergib mir alles, was ich in meiner Vergangenheit in den Sand gesetzt habe!"

Zurück in Deutschland verstand Daniel, dass der Glaube an Gott mit einem fortwährendem Lebensauftrag zu vergleichen ist. Ein Christ wird zu einem Instrument in Gottes Hand. Was könnte er Sinnvolles tun, um anderen Menschen die Liebe Gottes praktisch weiterzugeben? Wer Arbeit sucht, findet sie. 1997 absolvierte Daniel auf der Westbank in einem palästinensischen Kinderheim ein Freiwilliges Soziales Jahr. Aus dem Jahr wurden sogar achtzehn Monate. Nun steckte er mittendrin in einem politischen Brennpunkt. Demos und fliegende Steine, Tränengas und Polizeitrupps. Der 20-Jährige lernte im Nahen Osten, was Gleichaltrige in der heimischen Disko nie lernen würden. Unter hohen persönlichen Risiken engagierte er sich für arabische Kinder in Not und nahm Einblick in ihre schwierigen Lebensbedingungen.

Ein anderer Freiwilliger war Florian Sies. Bald freundeten sich die beiden an. Als ihr Einsatz in Nahost zu Ende ging, machten die zwei eine Tour an die Sonne, natürlich in das Land der Träume: Ecuador. Der Weg führte die Abenteurer zuerst einmal nach Guayaquil zur Großfamilie von Oma Cevallo. Daniel lernte den ganzen Clan kennen und lieben. Noch interessanter als die liebe Großmutter, mittlerweile eine gestandene Persönlichkeit, war zugegebenermaßen Rebecca, ihre Enkeltochter. Die exotische Schönheit mit den kastanienbraunen Augen und schlank wie eine Zeder auf dem Libanon verzauberte Daniel. Es war für beide Liebe auf den ersten Blick. Der Aglasterhausener konnte sich einfach nicht mehr von ihr losreißen. Nach einer Woche fand sich Florian mit den harten Realitäten ab und reiste alleine durchs Land. Sein treuloser Reisebegleiter war drauf und dran, einer hübschen Frau am Äquator seine Treue zu schwören. Wo die Liebe hinfällt, gelten feste Vorsätze keinen Pfifferling mehr. Daniel wollte nie vor seinem 30. Geburtstag heiraten, aber am 29. Juli 2000 – also sieben Jahre „zu früh“ – schritten die beiden in Heilbronn vor den Traualtar. Es war ein Sommertag mit einer brütenden Hitze wie in Guayaquil. Über 200 Menschen aus Ecuador, Italien und Deutschland versammelten sich für den besonderen Anlass. Einer von ihnen war Florian Sies. Er hatte es seinem Kumpel längst verziehen, dass sich ihre gemeinsame Tour durch die Anden so unerwartet zerschlagen hatte. Schuld war, wie so oft, eine schöne Frau. Auch Elba Cevallo, Rebeccas Oma, saß im festlich geschmückten Kirchsaal.

Das Leben meinte es gut mit Daniel. Nach einer dreijährigen Ausbildung zum Orthopädie-Techniker fand er viel Spaß an dieser praktischen Tätigkeit. Das Gehalt stimmte. Eine Frau, ein Haus und ein Auto. Urlaubsreisen an den Strand. 2007 und 2009 kamen die Töchter Kimberley und Kylie zur Welt. Sie waren süß wie ihre Mama. Vierzehn Jahre lang genossen die Müllers die beschauliche Idylle einer vierköpfigen Familie im Herzen Baden-Württembergs. Aber Daniel fühlte eine innere Unruhe. Es musste mehr geben als ein geregeltes Leben und die Behaglichkeit der eigenen vier Wände.

Als Daniel 2013 in einer Zeitschrift die Anzeige einer humanitären Organisation las, spürte er, dass ihm und seiner Familie eine Wende bevorstand. Die Gesellschaft *Christliche Fachkräfte International* benötigte einen Orthopädie-Techniker für ein Sozialzentrum in Albanien. Eine große Aufgabe und eine besondere Herausforderung, der sich die Müllers stellten. Die Familie zog in das Land der Skipetaren. Der Beruf wurde zur Berufung. Zum ersten Mal empfand der Techniker eine tiefe

Erfüllung. Hatte er sein Ziel endlich erreicht? Leider nein. Denn wo Licht ist, da ist auch Schatten. So sehr sich Rebecca und Daniel auch bemühten, sie schafften es einfach nicht, die albanische Sprache zu erlernen. Dieser Umstand reduzierte den Freundeskreis auf einige wenige Kontakte. Ferner ließ das Niveau des örtlichen Schulsystems sehr zu wünschen übrig. Und Rebecca fand als gelernte Friseuse keine Beschäftigung. Es wurde den Müllers klar, dass sie nach den drei anvisierten Jahren einen Schnitt ziehen müssten. Und was dann? Die Müllers tappten so ziemlich im Dunkeln.

Zu Weihnachten 2015 schenkten Daniels Eltern ihm ein Buch aus ihrem Geschäft. Der Titel hörte sich sehr ungewöhnlich an: „Ich habe Gott gesehen. Diospi Suyana – Hospital der Hoffnung". Daniel verschlang den Band in wenigen Tagen. Ob dieses Krankenhaus hoch in den Bergen Perus etwas für ihn und Rebecca sein könnte? Er formulierte eine unverbindliche E-Mail an Diospi Suyana. Doch die Nachricht blieb ein halbes Jahr als Entwurf in seinem Laptop stecken, denn Rebecca blockte ab und hoffte auf bessere Alternativen. Ihre Heimat war Ecuador, und zwischen ihrem Land und Peru bestanden seit Jahrhunderten Animositäten. Außerdem hatte das lebensfrohe Latino-Flair der Küste mit der introvertierten Kultur der Berglandindianer rein gar nichts gemeinsam.

Die Müllers sondierten den Markt der Möglichkeiten. *CFI* stellte ihnen einige Projekte in Übersee in Aussicht. Arbeitsstellen in Tunesien, Angola, Tansania und selbst in Thailand wurden in Erwägung gezogen und dann wieder verworfen. Immer und überall schien der Haken im Detail zu liegen. „Wir werden anscheinend nicht gebraucht!" Daniel zuckte missmutig mit seinen Schultern. Diese Schlussfolgerung war alles andere als angenehm für einen Mann wie ihn, der sich doch so fest vorgenommen hatte, anderen zu helfen im Namen der Liebe Christi.

Die Zeit lief davon, und wie die Dinge lagen, würde sich die Familie im Laufe des Jahres 2017 in Deutschland nach Arbeit umschauen müssen. „Ich habe doch noch eine E-Mail als Entwurf auf meiner Festplatte!“ Seine sechs Monate alte E-Mail kam Daniel wieder zu Bewusstsein. Es war Freitag, der 10. August 2016. Er drückte auf die Sendentaste. Sein letzter Versuch.

Samstagnachmittag in Albanien. Ein Grillfest im Garten. Einige Freunde waren da und man wollte gemeinsam die Woche ausklingen lassen. Da klingelte bei Daniel das Handy. Ein Klaus John aus Peru meldete sich. Es lief Daniel eiskalt den Rücken hinunter. Kimberley, seine älteste Tochter, erinnert sich: „Papa hatte plötzlich einen ganz seltsamen Gesichtsausdruck. Ich merkte sofort, dass etwas Besonderes vorgefallen war!“ Die Gesprächspartner kamen sofort zur Sache. „Wir haben einen Traumatologen und eine Abteilung für Physiotherapie. Eine Orthopädie-Werkstatt wäre eine ideale Ergänzung!“ Und dann hakte der Deutsche aus den Anden alle Punkte ab, die für die Müllers so bedeutsam waren. Ja, für die medizinische und schulische Betreuung der Kinder sei bestens gesorgt. Die Umgangssprache sei Spanisch und natürlich gäbe es für Rebecca als Friseuse im Schminkraum des TV-Studios eine Aufgabe!“

Der Satz am Ende des Telefonats blieb hängen. „Herr Müller, wir brauchen Sie unbedingt in Peru!“

Am 22. Oktober erschienen die Müllers in Darmstadt zum offiziellen Vorstellungsgespräch. Ich selbst war ziemlich müde. Nach einem Vortrag in Ostfriesland am Vorabend hatte ich in der Nacht die Kilometer geschruppt, um rechtzeitig nach Hessen zu kommen. Und direkt nach dem Interview musste ich unter Zeitdruck zur nächsten Veranstaltung nach Gummersbach.

Die Müllers blieben unschlüssig. Die Gesprächstemperatur ähnelte dem Herbsttag vor der Tür des Restaurants. Sie hatten auf eine Aufbruchsstimmung gehofft. Aber von einem Hype war am Tisch nichts zu spüren.

„Herr Müller, fliegen Sie einfach nach Peru und sehen Sie sich alles mit eigenen Augen an!“ Mein Tipp aus dem Bauch heraus traf sofort ins Schwarze. Das Geld für den Flug war überraschenderweise verfügbar. 24 Stunden zuvor hatte ein Bekannter Daniel einen Briefumschlag in die Hand gedrückt. Die 1.000 Euro repräsentierten die erste Spende, die er jemals in seinem Leben erhalten hatte.

„Warum schenkst du mir so viel Geld?“, hatte Daniel verwundert gefragt. „Ich habe vom Finanzamt unerwartet eine Steuerrückzahlung erhalten, und mich überkam die Eingebung, ich solle dir diesen Betrag geben!“

Am 9. Januar 2017 saß Daniel mit Udo Klemenz und mir an einem schwarzen Tisch in Curahuasi. Wir drei prüften verschiedene Pläne für den Bau einer Orthopädie-Werkstatt. Kurz darauf sah man uns mit einem langen Maßband in der Nähe des Pförtnerhäuschens herumstreunen.

„Kein Problem“, bemerkte der Ingenieur, der bei Diospi Suyana längst zu einer lebenden Legende geworden war, „so ein einstöckiges Gebäude schieben wir noch ins Programm!“

„Wir könnten die Werkstatt bauen, das macht aber nur Sinn, wenn ihr auch wirklich kommt!“ Ich blickte Daniel auffordernd an. „Rufe Rebecca in Deutschland an und ringt euch zu einer Entscheidung durch. Am besten heute!“

Daniel griff zum Handy und wählte die Nummer seiner Frau. Was sollte er ihr sagen? Nichts und niemand zog die Ecuadorianerin in die dünne Luft der hohen Berge. Daniel bereitete sich innerlich auf ein schwieriges Gespräch vor. Es klickte in der Leitung. Rebecca war dran. Er wollte eben sein Anliegen vortragen, als seine Frau abrupt die Unterhaltung übernahm.

„Stell dir vor", sprudelte es aus ihr heraus, „gestern traf ich hier im Ort eine Peruanerin aus Cusco. Sie hat mir von Curahuasi vorgeschwärmt. Die Landschaft sei wie ein Paradies und das Klima mild. Unsere Kinder würden dort ein wunderschönes Zuhause vorfinden!"

Mit dieser überraschenden Wende hatte Daniel nicht gerechnet. Die Zeichen standen auf Peru, da war sich das Ehepaar nun einig. Während Daniel in das verregnete und kalte Albanien zurückkehrte, machte sich Udo Klemenz an die Details der Planungen für ein weiteres Gebäude.

„Papa, wir wollen nicht nach Peru!", beschwerten sich die Mädchen verärgert. „Wir haben dort keine Freunde. Lass uns lieber nach Deutschland zu Opa und Oma ziehen!" Die totale Opposition seiner Töchter machte es Daniel nicht leicht. „Warum hast du uns keine Bilder mitgebracht?" Kimberley, Kylie und Rachael, ihre dritte Tochter, schalteten auf stur, und ihre sonst so sonnigen Gesichter sahen aus wie drei Tage Regenwetter.

In der gleichen Woche rief aus Nordalbanien eine deutsche Entwicklungshelferin an. Sie war Physiotherapeutin von Beruf und bat, die Orthopädie-Werkstatt besichtigen zu dürfen.

„Natürlich können Sie uns besuchen", sagte Daniel höflich in den Telefonhörer. Dabei wusste er, dass Alexandra Winter, wie die Dame hieß, in eine angespannte Familiensituation platzen würde.

In der Nacht vor der Ankunft von Alexandra hatte die 8-jährige Kylie einen Traum: Sie sah eine Frau mit einer Kette um den Hals, an der eine kleine Krone hing. Die stellte einen Laptop auf den Tisch, in dessen Tastatur ein roter Knopf zu sehen war. Und an ein weiteres Detail konnte das Mädchen sich am Morgen noch erinnern: Auf dem Bildschirm des Laptops war eine große Tarantel aufgetaucht.

Am Nachmittag betrat Frau Winter das Haus der Müllers.

Nach dem Abendessen packte sie ihr Notebook aus und zeigte Bilder aus Peru. Das Leben steckt voller Überraschungen: Schnell hatte sich herausgestellt, dass die Physiotherapeutin zwei Jahre am Hospital Diospi Suyana verbracht hatte.

Kylie schaute erstaunt auf die Tastatur. Der Lenovo-Rechner hatte in der Mitte der schwarzen Tasten einen roten Trackball. Ungläubig betrachtete sie die Kette von Alexandra. An ihr baumelte eine kleine Krone. „Was bedeutet diese Krone?“, fragte Kylie schüchtern. „Ich bin ein Königskind“, antwortete Alexandra. Was für eine rätselhafte Formulierung.

Es wurde ein langer Abend. Mehrere Hundert Fotos huschten über den Bildschirm, alles Bilder aus Curahuasi und Peru. „Ich will euch Mut machen, bei Diospi Suyana mitzuarbeiten“, sagte Alexandra und verbreitete eine Menge positiver Stimmung, „ihr werdet dort ein schönes Umfeld antreffen!“

Kylie starrte ungläubig auf das Display. Soeben hatte die Missionarin eine hässliche Tarantel in Überlebensgröße erscheinen lassen. „Taranteln und andere Spinnen gibt es zuhauf“, beschwichtigte Alexandra, „aber normalerweise machen die keine Probleme!“

Vor dem Zubettgehen erzählte Kylie ihren fassungslosen Eltern von ihrem Traum in der Nacht zuvor. „So etwas ist mir noch nie passiert“, stammelte sie sichtlich verwirrt, „ich habe die Krone, den roten Knopf und die Tarantel aus meinem Traum wiedererkannt!“

Daniel und Rebecca nahmen ihre Tochter in ihre Arme. Sie verstanden, dass eine übernatürliche Macht ihre Hände im Spiel hatte. Eine Mitarbeit am Hospital Diospi Suyana war nämlich kein gewöhnlicher Job wie tausend andere. Und wo Menschen im Namen Gottes aktiv werden, handelt auch Gott. Er bereitet Erwachsene für ihre Aufgaben vor und wirkt ebenso in den Herzen der Kinder. Zwar unsichtbar und geheimnisvoll, aber überzeugend und genau zur rechten Zeit.

Blaues Blut

Im Herbst 2016 wurde unser Team in Curahuasi im wahrsten Sinne des Wortes geadelt. Dr. Nikolaus von Abendroth und seine Frau Dr. Johanna von Abendroth nahmen ihre Arbeit auf. In der Dentalklinik sah man den Zahnarzt mit der sprichwörtlichen Ruhe eines Norddeutschen am Werk. Während seines Einsatzes bei uns wurden die ersten künstlichen Zähne implantiert. Ein Quantensprung für Diospi Suyana. Johanna half als Ärztin in den Ambulanzräumen und kümmerte sich noch um vier Kinder zu Hause. Also, das „von" in ihrem Namen imponierte mir gewaltig. Nicht nur einmal ließ ich mich zu scherzhaften Kommentaren bezüglich ihrer aristokratischen Herkunft hinreißen. Ob es sich bei ihnen um deutschen Hochadel oder Briefadel handelte, sei mal dahingestellt. Entscheidend war für mich, dass wir Menschen von edlem Geblüt in unseren Reihen hatten.

Wie man weiß, haben es die Aristokraten ziemlich gut. Die Regenbogenpresse berichtet über ihre Urlaubsreisen und begutachtet in langen Kommentaren ihre Garderobe. Aus dem Artikel wird schnell eine Reportage, wenn von ihrer letzten Liebschaft verfängliche Fotos vorliegen. Fand die Romanze sogar im Turmzimmer einer Burg statt, ist ihnen die Titelseite der Zeitschrift fast schon sicher. Für einen Doktortitel muss man nachts am Schreibtisch gegen seine Müdigkeit ankämpfen. Und die Stars von Hollywood lernen endlose Skripte auswendig, nur um berühmt zu werden. Diesen Stress können sich die mit dem „von" auf ihrer Visitenkarte ersparen. Schon von Geburt an sind ihre Beliebtheitswerte auf den oberen Bereich der Skala festgelegt. In unserer heutigen PR-Welt ist Publizität alles. Sie steigert den Marktwert und verschafft Geltung und Aufmerksamkeit. Wer würde nicht auf einer Party verstummen, wenn im glänzenden Licht des Kaminfeuers Prinz, Herzog und Gräfin das Wort ergriffen, um uns Normalsterblichen kleine Einblicke in ihr Privatleben zu gönnen. Von diesem immensen Interesse an den oberen Zehntausend leben die Hochglanzmagazine. Allerdings möchte ich betonen, dass ich Gedrucktes dieser Art nicht lese, nur manchmal heimlich. Es ist die Leichtigkeit des Seins, die uns alle wie magisch anzieht. Die Faszination von der privaten Kreuzfahrt durch die Südsee und dem Logenplatz auf der Ehrentribüne von Wimbledon. Was für ein Traum, die zauberhafte Sommernacht im Schlossgarten zu erleben, ohne die astronomische Rechnung danach fürchten zu müssen. Natürlich wissen wir, dass diese Glitzerwelt nicht hält, was sie verspricht. Sie gaukelt zwar ein verführerisches Glück vor, doch hinter der attraktiven Fassade gähnt oft eine erschreckende Leere.

Vielleicht wird es den einen oder anderen überraschen, wenn ich an dieser Stelle ein Geheimnis lüfte: Alle ehrenamtlichen Mitarbeiter von Diospi Suyana zählen zu den erlauchten Mitgliedern der ganz feinen Gesellschaft. Sie sind, wie Alexandra Winter es der kleinen Kylie versicherte, von königlichem Geschlecht. Und genau deshalb entwickeln sich bei Diospi Suyana seit Jahren die Dinge so günstig. Der Rückenwind hilft uns voranzukommen. Und wir nutzen unser Vitamin B geradezu schamlos aus.

Als Königskinder haben wir einen permanenten Zutritt zum obersten Regenten. Wenn ich den Höchsten sprechen möchte, brauche ich keine Einladung auf seidenem Papier und keinen diplomatischen Ausweis. Der König hat mir versichert, dass er sich über meine Besuche freut und jederzeit für mich erreichbar ist. Das heißt vierundzwanzig Stunden, Tag und Nacht. Unsere Ärzte, Krankenschwestern und Lehrer, die für drei Jahre oder mehr an unseren Einrichtungen tätig sind, gehören – wie auch meine Frau und ich – zur Familie des Königs.

Schon am Morgen gehen Tina und ich in den Thronsaal, um unsere Gesuche vorzutragen. Wir tun dies mit Leidenschaft und Hingabe. Das tägliche Gespräch mit dem König ist absolut persönlich. Wir sind mit ihm sogar per Du, was eigentlich gar nicht verwunderlich ist, denn wir sind ja seine Kinder.

Es wäre eine ziemliche Dummheit, diesen heißen Draht nach ganz oben nicht zu nutzen. Bitte verstehen Sie mich jetzt nicht falsch: Tina und ich bringen zwar unsere Wunschlisten mit, aber wir wissen, dass am Ende der König das letzte Wort hat. Er entscheidet. Wir versuchen, unsere Bitten nach seinem Willen zu formulieren und haben als Ergebnis dieser Dialoge schon die unglaublichsten Erfahrungen machen dürfen. Es erfüllt mich mit großem Stolz, dass dieses blaue Blut in meinen Adern fließt. Ohne diese Verbindung könnte ich mir mein Leben gar nicht mehr vorstellen.

Es war ein Mittwochnachmittag. Ich brachte meinen Mietwagen in der Nähe der Firma Streifeneder zum Stehen. Das Unternehmen in Emmering bei München stattet weltweit Orthopädiewerkstätten aus, und zwar mit bekannter bayerischer Qualität. Natürlich hat die besondere Güteklasse der Produkte ihren Preis. Neben mir saß Daniel Müller. Ich blickte zu ihm hinüber und sagte: „Lass uns zuerst einmal beten, bevor wir den Geschäftsführer treffen!“ Daniel nickte. Und so sprachen zwei Männer laut in den vier Kubikmeter großen Luftraum eines Pkw hinein. Sie waren überzeugt, dass ihre Worte alle Barrieren dieser Welt durchdringen und die wichtigste Instanz erreichen würden. Ganz weit weg und doch so nah. Anschließend schulterte ich meine Laptoptasche, und wir beiden gingen erwartungsvoll durch den Haupteingang.

Michael Leitmair, der damalige Geschäftsführer von Streifeneder, hörte mit zwei Kollegen geduldig zu, als Daniel und ich mit vielen Bildern auf der Leinwand unser Anliegen vorbrachten. „Wir sind gerade im Begriff, eine Orthopädie-

Werkstatt vom Feinsten für die Ärmsten der Armen zu gründen. Wollen Sie uns dabei helfen?" Der Direktor verstand die Botschaft sofort. Er versicherte uns, er würde unsere Angelegenheit prüfen und sich dann bei uns melden. Fünf Wochen später teilte mir Herr Leitmair am Telefon seine Entscheidung mit: „Das ursprüngliche Preisangebot von Streifeneder wurde um 50 Prozent gesenkt." Gegen Ausstellung einer Spendenbescheinigung sparte Diospi Suyana satte 20.000 Euro. Damit war die Ausstattung unserer Orthopädieräume mit modernster und nagelneuer Technologie geregelt.

Rio de Janeiro ohne Samba am Strand

Man könnte sagen, dass mir der Australier Chris Welch mit seiner E-Mail im März 2015 den Floh einer Satellitenübertragung ins Ohr gesetzt hatte. Ich bin zwar kein Techniker, aber selbst ich verstand das enorme Potenzial. Da sitzt irgendjemand irgendwo im Studio, bastelt an einem Programm und schickt die Daten über einen Link 38.000 Kilometer ins All. Der Satellit verbreitet dann die Signale über einen gesamten Kontinent. Diverse Sendeanlagen auf der Erde greifen sich diese Information ab und strahlen das Programm über UKW-Antennen in das jeweilige Sendegebiet aus. Dieses Konzept hört sich irre faszinierend an. Es ist besonders dort interessant, wo kaum Internetverbindungen existieren – wie in den Bergdörfern der Anden.

Wenn das so einfach funktioniert, warum versucht dann nicht jeder seine Botschaft in die Welt hinauszubeamen? Politiker im letzten Nest der Provinz müssten doch bei dieser Möglichkeit, um Wählerstimmen zu werben, hellhörig werden. Und jeder kleine Bäckerladen würde an seinen Werbespots feilen, damit die Kundschaft am Morgen in die entsprechenden Brötchen beißt. Der limitierende Faktor bei diesem Spaß ist natürlich der Preis. Otto Normalverbraucher befindet sich selten in der komfortablen Lage, diese Informationskanäle für seine Zwecke zu nutzen. Aber wie ist es um eine Organisation wie Diospi Suyana bestellt, die von Spendengeldern lebt und jeden Cent in der Tasche zweimal umdreht, bevor er mit feuchter Hand auf die Ladentheke gelegt wird?

Ich kann mich beim besten Willen nicht mehr daran erinnern, wer mir den Namen ARSAT als Erster zugeflüstert hat. Der argentinische Satellitenbetreiber habe die besten Preise am Markt und sei für jedermann zugänglich. Dieser Spur musste ich nachgehen. Am 4. Mai 2016 flog ich nach Buenos Aires und packte in einem kleinen Konferenzraum im Hauptquartier von ARSAT meinen Laptop aus. Über einen Bildschirm flimmerten in schneller Reihenfolge Fotos aus den Bergen Perus. Gewissermaßen ein historisches Ereignis: Die Geschichte von Diospi Suyana zum ersten Mal erzählt in der argentinischen Hauptstadt. Francisco Jasminoy, Verkaufsdirektor für Südamerika, bekam bei meinen Schilderungen nach eigenen Worten eine Gänsehaut und auch Manager Pablo Pérez war sichtlich ergriffen. Es wurde eine lange Sitzung. Die Experten erläuterten mir mit übersichtlichen Skizzen auf der Wandtafel, wie Up- und Downlink funktionieren, welche Ausstattung vonnöten sei und was die Angelegenheit kosten würde. Auf unserer Webseite schrieb ich: „Eine unerhört spannende Idee. Der Preis ist extrem attraktiv", und ich stellte die Frage, „Sieht so die Zukunft für das Medienzentrum von Diospi Suyana aus?"

Bevor ich nachdenklich ins Flugzeug zur nächsten Vortragsreise nach Europa stieg, traf ich noch eine Redakteurin der ARD und Pastor Rubén Proietti, den Präsidenten des Evangelischen Kirchenrats von Argentinien. Es ist geradezu seltsam: Egal, wo ich von den Wundern und Fügungen bei Diospi Suyana berichte, hören die Leute zu. Der säkulare Fernsehboss ist genauso bei der Sache wie die Kinder der Grundschule. Firmenchefs schalten für eine Stunde ihre Handys ab und lauschen wie die Pfadfinder am nächtlichen Lagerfeuer. Hausfrauen und Karnevalsjecken, Uni-Professoren und Kneipenbesucher, sie alle entwickeln ein Interesse für Diospi Suyana, sobald ich meinen Bildschirm hochklappe, auf den Knopf drücke und rufe: „Hey Leute, hört mal kurz her!"

Drei Wochen später trafen die Welchs in Peru ein und Chris und ich koordinierten unsere Bemühungen, den besten Deal am Markt der Satellitenfirmen zu finden. Im Januar 2017 machte er mich auf *INTELSAT* aufmerksam. Das private Unternehmen hatte 2006 den Wettbewerber *PanAmSat* geschluckt und war mit fünfzig Satelliten zum größten kommerziellen Anbieter weltweit aufgestiegen. Chris nahm zu den verschiedenen Büros von *INTELSAT* Kontakt auf und verhandelte über eine mögliche Geschäftsbeziehung. Unser Plan sah vor, dass ich im passenden Augenblick dem CEO oder anderen Entscheidungsträgern die Vision von Diospi Suyana erläutern sollte, um dem Preis einen Schubs nach unten zu geben. Aber die Chefs in den USA hatten keine Zeit, keine Lust oder kein Interesse, sich näher mit dem Thema Diospi Suyana zu beschäftigen. Ein Verkaufsmanager bot uns den gewünschten Platz auf einem ihrer Satelliten für deutlich über 1.000 Dollar im Monat an. Eigentlich gar nicht so schlecht, aber wir suchten weiter.

Über eine plötzliche Wendung der Geschicke war bei uns überraschend der spanische Telekommunikationsanbieter *Hispamar* hoch im Kurs. Das interessante Angebot sollte bei etwa 600 US-Dollar liegen. Chris und ich entschieden uns, kurzfristig nach Rio de Janeiro zu fliegen, um mit den Südamerikachefs von *Hispamar* direkt am Tisch über die Einzelheiten zu reden. Die Flüge waren gebucht und die Taschen gepackt. Doch auf dem Weg zum Flughafen erhielten wir eine entmutigende E-Mail aus Rio. „Tut uns leid, wir haben uns geirrt“, schrieben uns die Brasilianer, „wir müssen doch über 1.000 US-Dollar berechnen!“

Wir beide sahen uns ratlos an. Was sollten wir tun? Die Reise absagen? Aber da ich meinen Weiterflug von Rio nach Frankfurt ohnehin schon unter Dach und Fach hatte und man ja nie weiß, was eine persönliche Unterredung bewirken kann, entschlossen wir uns, auf jeden Fall in Rio vorzusprechen.

Nach einem Nachtflug landeten wir morgens um 4.35 Uhr vor den Toren der Stadt. Eine Stunde später saßen wir in einem kleinen Restaurant und warteten auf unseren Gesprächstermin um 9 Uhr. Als es so weit war, machten wir uns in der Herrentoilette frisch und zogen in die Ungewissheit einer südamerikanischen Geschäftssitzung. Unser Vortrag vor dem Verkaufsdirektor Sergio Chavez und seinen Leuten ging den Zuhörern so richtig ins Herz. Die deprimierende E-Mail vom Vortrag war sofort vom Tisch. Chavez brachte einen enormen Preisnachlass ins Spiel, der allerdings noch von der Konzernzentrale in Madrid abgesegnet werden müsste. Elektrisiert von diesem positiven Echo gingen wir beschwingt durch die Büros und lernten die Mitarbeiter des südamerikanischen Hauptsitzes kennen. Das Kontrollzentrum für die Satellitenüberwachung war gut ausgestattet. Chris zeigte sich zufrieden und fachsimpelte mit dem Team von *Hispamar* über viele Details. Ich hatte es etwas eilig, denn für 14 Uhr stand ein Termin mit dem Südamerika-Korrespondenten der ARD auf meinem Programm. Eine Taxifahrt, 200 Bilder und schon war ich wieder auf der Straße.

15.30 Uhr. Strahlender Sonnenschein, blauer Himmel und warmes Wetter. In der Ferne leuchtete der Zuckerhut und auf der anderen Seite der „Segnende Christus“.

„Was haben Sie sich in Rio alles angeschaut?", fragte unser Taxifahrer auf dem Rückweg zum Flughafen. Chris und ich blickten den netten Kerl verständnislos an. „Gar nichts!", lautete unsere knappe Antwort, „Wir sind keine Touristen".

Am Gate klappten wir sofort unsere Laptops hoch und fingen an zu arbeiten. Um 23 Uhr sollte mich die Lufthansa nach Deutschland bringen. Chris musste sogar noch sieben Stunden länger auf seinen Abflug mit Avianca warten. Sein Ziel: Lima in Peru. Wir beide waren uns einig, dass uns Sightseeing ohne unsere Frauen ohnehin keinen Spaß gemacht hätte. Also blieb es beim Business-Nonstop. Drei Tage unterwegs ohne Hotelunterkunft, aber gefüllt mit tausend Eindrücken.

Zwei Monate verstrichen und wir hörten nichts Genaues aus Rio. Die Direktoren in Madrid teilten keineswegs den plötzlichen Enthusiasmus von Sergio Chavez für Diospi Suyana. Ihnen ging es ausschließlich ums Business. Als dann Ende Mai das zwölfseitige Vertragswerk elektronisch bei uns vorlag, machten wir ein langes Gesicht. Einige Klauseln waren kaum zu verstehen, andere schienen unseren Spielraum beim täglichen Betrieb einzuschränken.

„Chris, wir rufen jetzt noch ein letztes Mal bei *INTELSAT* in Miami an", forderte ich den Australier auf.

Zwei Minuten später stand die Verbindung. Wir spielten sofort mit offenen Karten.

„Wir haben dieses Angebot von Hispamar. Möchten Sie es unterbieten?"

Ein Jahr lang hatten wir mit drei Firmen in Argentinien, Brasilien und den USA verhandelt. Jetzt war der Augenblick der Entscheidung gekommen. Die Dame in Miami gab sich einen Ruck.

„Ja, wir machen Ihnen einen besseren Vorschlag!"

Und so geschah es. Am 17. Juni 2017 unterschrieben wir mit *INTELSAT* einen Vertrag mit einer Laufzeit von fünf

Jahren. Nur wegen unseres Besuchs in Rio hatte *Hispamar* sein Angebot um 75 Prozent verbessert. Und dieser Sonderpreis wurde sogar noch von *INTELSAT* unterboten. Über einen Zeitraum von fünf Jahren sparte Diospi Suyana über 30.000 US-Dollar. Für nur 515 US-Dollar im Monat bringen wir nun die beste Nachricht, die es gibt, in Abertausende Quechua-Häuser in Südperu. Bei diesem Deal würde wahrscheinlich sogar Donald Trump vor Neid erblassen.

Das Zehnjahresfest im Blick

Am liebsten konzentriere ich mich auf eine einzige Sache, um nach getaner Tat meine Energien auf das nächste Ziel zu fokussieren. Ich packe die Dinge nach dem Einmaleins an. Erst eins, dann zwei und schließlich drei. Und hoffe inständig, dass mich bei dieser Reihenfolge niemand durcheinanderbringt. Meine Frau ist da völlig anders gestrickt. Sie drückt auf den Knopf der Waschmaschine, hat das Handy am Ohr und überfliegt gleichzeitig die E-Mails, die sich im Laptop ansammeln. Innerhalb von Minuten verlegt sie ihr Aktionsfeld ins Hospital und bespricht auf dem Gang zur Notaufnahme noch schnell mit Kollegen die Labordaten einiger Patienten.

Für so ein Multitasking bin ich eigentlich nicht geschaffen, und trotzdem pendele ich zwischen Europa, den USA und Südamerika hin und her. Ich muss Flugzeuge wechseln wie andere ihre Hemden. Es passiert gelegentlich, dass ich nachts an Bord aufwache und mir überlege, in welche Richtung ich gerade unterwegs bin. Das ist aber nicht weiter tragisch, denn meine Sitznachbarn wissen immer Bescheid. Diese ständigen Umstellungen, zeitlich, örtlich und sprachlich, sind das reinste Gift für jeden, der wie ich zur Fünfzig-plus-Generation gehört.

Am Mittwoch, den 7. Oktober 2015, stieg ich vor 4 Uhr am Morgen in Curahuasi ins Taxi und gegen 9 Uhr in Lima aus dem Flugzeug. Kurz nach dem Mittagessen wollte ich den Generaldirektor der Firma *Bitel* für unser Werk erwärmen. Seit 2013 bietet der vietnamesische Telekommunikatonsdienstleister außer einem Handynetz auch Breitbandinternet auf dem peruanischen Markt an. Und Breitband würde alle unsere chronischen Internetsorgen ein für alle Mal lösen.

Man führte mich in einen großen Sitzungssaal, in dem zwei Vietnamesen und ein Peruaner auf mich warteten. Der Generaldirektor Hoang Quoc Quyen erteilte mir das Wort. Da die Asiaten kein Spanisch verstanden, legte ich fröhlich auf Englisch los. Mein Vortrag von vierzig Minuten endete mit der Bitte, unser Krankenhaus mit einem Glasfaseranschluss zu versorgen. Natürlich als Spende.

„Dr. John", antwortete der Vietnamese in gebrochenem Englisch, „ich bin so gerührt, ich muss ja fast weinen. Wir werden Ihnen auf jeden Fall helfen, das ist klar!"

Sein peruanischer Berater Edwin San Roman ergänzte: „Wir sind anders als die spanische *Telefonica*, die Sie damals so enttäuscht hat. Sie können fest auf uns bauen!"

Also Erfolg auf der ganzen Linie. Ich packte meinen Laptop in die Tasche und wollte die hohen Herren gleich ein wenig festnageln. „Kommen Sie doch bitte nach Curahuasi. Sie müssen Diospi Suyana einfach gesehen haben!"

Zehn Tage später bezogen zwei Vietnamesen und San Roman tatsächlich ihre Gästezimmer auf dem hinteren Krankenhausgelände. Meine Frau, Dr. Haßfeld und Schuldirektor Christian Bigalke kümmerten sich rührend um unsere Ehrengäste. Ich selbst glänzte durch Abwesenheit, da ich achtundvierzig Stunden zuvor Peru wegen einer siebenwöchigen Vortragsreise verlassen hatte.

Die Vietnamesen wurden verwöhnt nach Strich und Faden. Unsere Leute zeigten ihnen in allen Einzelheiten unser Spital, die Schule und das im Bau befindliche Medienzentrum. Der Gesamteindruck war hervorragend. Und natürlich erklärte jeder aus unserem Hause, wie sehr ein schnelles Internet die tägliche Routine erleichtern würde. Am Abend des ersten Tages zauberte meine Frau ein dreigängiges Menü auf unseren Esstisch, das jeden Chefkoch überzeugt hätte. Ja, ja so ist das. Wir können so richtig nett sein, wenn wir wissen, dass die Gäste nach dem Verzehr des Puddings mit dem begehrten Breitbandinternet herausrücken. Das Schmatzen des Generaldirektors ließ sich verkraften. Es war ein akustisches Zeichen der Höflichkeit, das bewies, wie sehr die Suppe schmeckte. Alles lief nach Plan.

Doch das böse Erwachen folgte noch in derselben Woche. Die Vietnamesen waren nicht nach Curahuasi gekommen, um Diospi Suyana mit einer Großspende zu beglücken. Sie wollten uns nur als Kunden gewinnen. E-Mails wurden ausgetauscht, Telefongespräche geführt, und unsere Hoffnungen schmolzen wie Butter in der Sonne. Irgendwann vor Weihnachten traf ich San Roman in der Lounge eines Gästehauses in Lima. Der Berater der *Bitel*-Führungsriege zog in dieser Unterredung einen harten Schlussstrich unter unser Vorhaben „Breitbandinternet“.

„Dr. John“, bemerkte er mit großem Bedauern, „heute ist mein letzter Tag bei Bitel. Ich werde demnächst für ein anderes Unternehmen arbeiten!“ Ich senkte meinen Kopf und rieb mir mit der Hand übers Gesicht. Das war’s also. Leider.

Am Nationalfeiertag, dem 28. Juli 2016, übernahm Pedro Pablo Kuczynski das Amt des peruanischen Präsidenten. Der betagte Ex-World-Banker hatte sich mit einer Mehrheit von nur 41.438 Stimmen gegen Keiko Fujimori durchgesetzt, aber die 50,12 Prozent brachten ihn als Hausherrn in den

Regierungspalast und seine Gefolgsleute in allen Ministerien an die Schalthebel der Macht.

Sein Vater hatte in Berlin als Arzt praktiziert, aber wegen seines jüdischen Glaubens Nazi-Deutschland 1933 gerade noch rechtzeitig verlassen. In Iquitos, der Großstadt am Amazonas, eröffnete er bald darauf eine Klinik für Leprakranke. Sein Sohn Pedro Pablo blickte auf eine illustre Karriere zurück. Seine politische Erfahrung und sein hohes Bildungsniveau standen außer Frage. Und genau diesem Mann wollte ich unbedingt einmal begegnen, am besten im Empfangssaal des Palastes.

Mir ging es nicht um ein Selfie mit dem Staatschef oder um seine Unterschrift in meinem Poesiealbum, vielmehr wusste ich aus Erfahrung, wie enorm wichtig ein Kontakt zum Regierungschef sein würde. Man kann so eine Audienz gar nicht überbewerten. Viele bürokratische Hürden lassen sich in Peru nur mit dem Rückenwind der Regierung nehmen. Und selbst korrupte Beamte scheuen davor zurück, Diospi Suyana zu ärgern, wenn sie wissen, dass ein direkter Kontakt zur Spitze der politischen Hierarchie besteht.

Wohl jeder der 33 Millionen Peruaner würde sich über einen Termin beim Staatschef freuen. Vielleicht wissen Sie von meinen ersten beiden Büchern, dass sich bei unseren Rendezvous mit den Präsidenten Alan Garcia und Ollanta Humala im Vorfeld mysteriöse Vorfälle ereignet hatten, die Atheisten als „unverschämtes Glück“ und Christen als „Wunder Gottes“ bezeichnen.

Ich versuchte alles, was in meiner Macht stand, um an PPK, wie er von den meisten Peruanern genannt wird, heranzukommen. Da ich mir keinerlei Illusionen über meine eigenen begrenzten Möglichkeiten machte, betete ich täglich zu Gott um seine Leitung und Führung.

Ein Unternehmer bot mir einen Kontakt zu einem nahen

Freund des Präsidenten an. An einem Freitagabend fand eine Strategiesitzung im Country Club von Lima statt. Arieh Rohrstock, Señor Stoll und ich besprachen an einem Tisch die mögliche Vorgehensweise. Stoll war mit Kuczynski per Du, also bestanden tatsächlich beste Voraussetzungen. Als wir wieder in den Verkehr der Metropole eintauchten, war ich optimistisch gestimmt. Aber diese Rechnung ging leider nie auf.

Das Hauptstadtbüro der Regionalregierung von Apurimac übermittelte mein entsprechendes Gesuch an den Staatschef. Die Aussichten standen nicht schlecht. Aber als die Wochen verstrichen, musste ich auch diesen Versuch abhaken.

Der deutsche Botschafter Jörg Ranau hörte sich in seinem Amtssitz meine Bitte an.

„Morgen werde ich zufälligerweise den Präsidenten auf einer Reise in den Süden begleiten“, sagte Herr Ranau, „ich werde mich für Sie verwenden!“

„Na super“, dachte ich, „diesmal wird es klappen!“ Aber eine Reaktion aus dem Palast blieb aus. Warum? Weshalb? Ich sollte es nie erfahren.

Die Zehnjahresfeier unseres Missionsspitals Ende August rückte langsam näher. Was hätte ich nicht alles darum gegeben, den Präsidenten für Diospi Suyana zu erwärmen und zum großen Jubiläum einzuladen. So etwas funktioniert nur bei einem gemütlichen Gespräch, wenn die gegenseitige Sympathie das Klima mächtig aufwärmt. Es macht keinen Sinn, vom äußeren Zaun des Palastes die Einladung zum Amtszimmer des höchsten Würdenträgers hinüberzubrüllen. So eine Entgleisung brächte mich eher auf die Polizeiwache und vielleicht am Abend als Unruhestifter ins Lokalfernsehen.

Ich hielt den Atem an, als ich im Handy die Stimme des Gouverneurs vernahm. Señor Wilmer Venegas, der damalige Chef unseres Bundesstaates, hatte für mich eine überaus ermutigende Nachricht.

„Dr. John, am Freitag, den 19. Mai, wird Sie der persönliche Berater von Kuczynski empfangen. Seien Sie bitte pünktlich um kurz nach 11 Uhr am hinteren Eingang des Regierungssitzes!"

Ich flog nach Lima und stand an jenem Tag mit geputzten Schuhen und tadellosem Anzug hoffnungsvoll am Pförtnerhäuschen. Und tatsächlich, die Türen öffneten sich. Man leitete mich zunächst durch einen weiteren Kontrollposten, und schließlich führte mich ein Angestellter durch lange Flure in ein vornehmes Büro. Hinter einem Tisch in der Raummitte saß ein Herr um die siebzig und strahlte mich an.

„Dr. John, endlich kann ich Sie einmal kennenlernen", hörte ich eine sonore Bassstimme, „seit zwei Jahren erzählt mir mein Bruder Edwin Geschichten von Diospi Suyana!"

Seine Visitenkarte, die er mir in die Hand drückte, brachte mich total ins Staunen. Vor mir befand sich kein Geringerer als Maximo San Roman, der bereits in den 1990er-Jahren seinem Land als Vizepräsident gedient hatte. Und sein Bruder Edwin San Roman kannte uns aus seiner Zeit als *Bitel*-Berater. Er hatte damals nicht nur meinen Vortrag gehört, sondern auch das Krankenhaus mit eigenen Augen gesehen. Und höchstwahrscheinlich hatte sogar der Pudding meiner Frau seine völlige Zustimmung gefunden.

Mit meiner kleinen Präsentation rannte ich bei diesem Politiker offene Türen ein.

„Es wäre wirklich schön, wenn der Staatschef Sie empfangen würde und bei der Zehnjahresfeier dabei wäre", sagte San Roman enthusiastisch, „ich werde es Kuczynski vorschlagen!"

Als ich ins Freie trat, konnte ich mein Glück kaum fassen.

Normalerweise kehren Missionare nach zwei oder drei Jahren für einige Monate in ihre Heimat zurück. Zu Hause besuchen sie die Freunde aus ihrer Unterstützergruppe, nehmen an Fortbildungskursen teil oder führen dringende

Erledigungen durch. Meine Frau und ich möchten die Missionsstation allerdings so selten wie möglich alleine lassen. Deshalb haben wir uns entschieden, nur alle sechs Jahre so einen Heimataufenthalt anzutreten. Und der war im Jahr 2017 wieder fällig. Am Morgen des 20. Juni würden wir mit unserem Sohn Florian über Madrid nach Frankfurt fliegen, eine Woche vor dem großen Fest allerdings für einige Tage nach Peru reisen, um den Feierlichkeiten beizuwohnen.

San Roman bemühte sich redlich, uns die Audienz bei PPK einzufädeln. Doch der übervolle Terminkalender des Präsidenten machte ihm immer wieder einen Strich durch die Rechnung. Über Telefon, WhatsApp und SMS blieben wir im engen Kontakt. Die erste Juniwoche war vorbei, und ich rief erneut im Palast an.

„Señor Roman, die Zeit läuft uns weg", beschwor ich unseren Freund auf der obersten Führungsetage, „am Dienstag, den 20. Juni, geht unser Flug nach Deutschland, der 19. Juni wäre für uns der allerletzte mögliche Termin, beim Präsidenten vorzusprechen!"

Señor Roman versprach nichts konkret, nur das eine, sich für uns einzusetzen. Die Uhr tickte und meine innere Nervosität nahm stetig zu. Es wäre zu schade, wenn uns diese besondere Gelegenheit entgehen würde. Tina und ich baten Gott inständig um eine offene Tür zum Präsidenten und um eine offene Tür zu dessen Herzen. Am 16. Juni schließlich – drei Tage vor unserer Abreise – schickte mir San Roman die erlösende E-Mail: „Montagmorgen …"

Um ja kein Risiko einzugehen, waren wir schon am Sonntag nach Lima geflogen. Florian wartete im Gästehaus unserer Mission. Tina, Vizedirektor Dr. Haßfeld und ich standen picobello gekleidet vor den wuchtigen Mauern des Palastes. Und 11.45 Uhr nahmen wir in einem würdevollen Sitzungssaal an einem schweren Holztisch Platz. Am Kopfende saß der Regierungschef und neben mir auf der linken Seite Maximo San Roman.

Die Audienz verlief teilweise lustig, gelegentlich ernst und auf jeden Fall äußerst herzlich. Schon während der schnellen Abfolge der Bilder meinte der Staatschef: „So ein Krankenhaus wie das Ihrige müsste es überall in Peru geben!"

Alle am Tisch freuten sich über diesen positiven Kommentar.

Am Ende meiner üblichen Laptop-Präsentation fasste ich mir ein Herz und sagte: „Herr Präsident, es wäre für uns und Diospi Suyana eine ganz große Ehre, wenn Sie an unserem 10-jährigen Jubiläum am 31. August teilnehmen könnten!"

„Mal schauen, ob das möglich ist!", sagte Kuczynski. Er stand auf und verschwand durch eine hintere Flügeltür in einen Nebenraum. Einige Augenblicke verstrichen, in denen sich San Roman überaus lobend über unsere Arbeit in Curahuasi äußerte.

Und schon war der Staatschef wieder am Tisch. Während er sich setzte, sagte er, ohne uns lange auf die Folter zu spannen: „Das geht in Ordnung. Ich werde dabei sein und noch einige Minister aus der Regierung mitbringen!"

Tina, Jens und ich blickten uns an und lachten. Ein besseres Ergebnis als das hätten wir uns nicht im Traum vorstellen können.

Spät am Abend schickte uns San Roman eine E-Mail, die die wichtigsten Punkte treffend zusammenfasste. Er schrieb:

„Es war ein höchst interessanter und angemessener Besuch. Der Präsident hat einen guten Einblick in Ihr großes Werk nehmen können. Es freut mich, dass er die Einladung zu Ihrem Jubiläum angenommen hat. Seit Langem habe ich durch meinen Bruder Edwin wiederholt von Ihrer großartigen Arbeit gehört. Auch für mich wird es eine Ehre sein, Sie zu besuchen. Vielen Dank für alles, was Sie für die Ärmsten der Armen in Peru leisten. Haben Sie eine gute Reise und kommen Sie bald wieder!"

Die Sitze in der Maschine von *Air Europa* waren etwas eng und der Service hielt sich in Grenzen. Aber wir flogen in wortwörtlicher Hochstimmung über den Wolken. Auf den allerletzten Drücker war unser Treffen beim Präsidenten Wirklichkeit geworden. Und nicht nur das. In genau sechs Wochen würden wir ihn auf dem Krankenhausgelände wiedersehen. Im Buch der Bücher steht geschrieben: „Befiehl dem Herrn deine Wege und hoffe auf ihn. Er wird es wohlmachen!" Dieses zeitlose Versprechen der Bibel hatte sich wieder einmal bei uns erfüllt.

Anders als bei früheren Bauprojekten lagen wir zeitlich ausgezeichnet im Plansoll. Der Ausbau des ersten Stocks war abgeschlossen und das neue Gebäude der Orthopädiewerkstatt fast fertig. Die Firma Flores aus Cusco versprach die Arbeiten an einem aufwendigen Zeltdach über dem Amphitheater rechtzeitig abzuschließen. In seinem Baubüro bastelte Udo Klemenz seit Wochen an hölzernen Nachbildungen unserer ersten fünf Antennentürme. Die Mitglieder der Regierung, allen voran der Staatschef, und die Medien würden staunen, in welchem Maße sich Diospi Suyana in den vergangenen zehn Jahren entwickelt hatte.

Die Trockenzeit gab uns förmlich die Garantie für schönes Wetter, und bedingt durch den Besuch des Staatschefs würde die Bevölkerung die Ränge unseres imposanten Rundtheaters bis auf den letzten Platz füllen. Tina und ich waren guter Dinge und sahen dem Event mit freudiger Gelassenheit entgegen.

Ich muss gestehen, ganz so ruhig war uns doch nicht zumute. Und deshalb flog ich in der ersten Augustwoche nach Peru, um mich eine Woche lang in die Vorbereitungen einzuschalten. Am Freitag, dem 11. August, begleitete mich

Doris Manco zu einer Sitzung in den Regierungspalast. Ich versuchte die erlauchte Runde von Sekretären, Beratern und Politikern von der Wichtigkeit unseres Festes zu überzeugen, denn ich argwöhnte, der Präsident könne – aus welchen Gründen auch immer – seine Teilnahme doch noch absagen.

„Wir sind durch viele Fernsehreportagen im ganzen Land bekannt geworden", redete ich ernst auf meine Zuhörer ein, „ein Krankenhaus für die Ärmsten der Armen verdient die besondere Beachtung des Staates!" Und ich legte noch eins drauf, denn ich beschrieb den geplanten Besuch von Kuczynski als eine hervorragende Gelegenheit, aus unserem vollen Amphitheater eine Botschaft der Versöhnung an die Nation zu senden. Mit dieser Bemerkung bezog ich mich auf einen landesweiten Lehrerstreik, der gerade mehrere Millionen Schüler in Mitleidenschaft zog und dessen Ende nicht abzusehen war.

„Ja, machen Sie sich keine Sorgen, der Präsident wird dabei sein", versprachen mir die Mitglieder des Planungsstabs. Erleichtert verließen Doris und ich den Regierungssitz und holten draußen erst einmal tief Luft.

„Lass uns doch eben mal dem Chef der Zeitschrift *Caretas* einen Besuch abstatten", sagte Doris unvermittelt. „Das Hauptbüro liegt genau auf der anderen Seite des Plaza de Armas. Vielleicht ist Marco Zileri bereit, uns zu empfangen!"

Doris hat manchmal die interessantesten Ideen. *Caretas* ist eine linksliberale Wochenzeitschrift, die seit über fünfzig Jahren Enthüllungsjournalismus betreibt. In seiner politischen Ausrichtung ähnelte das Magazin dem deutschen *Spiegel*. Und deshalb ist es nicht von ungefähr, dass sich die Gründer von *Caretas* bewusst den Verleger Rudolf Augstein als Vorbild gewählt haben. Von Chefredakteur Marco Zileri war bekannt, dass er aus seiner Meinung als überzeugtem Atheisten keinen Hehl machte.

Wir waren nicht angemeldet. Ich blickte auf meine Armbanduhr: Es war kurz vor 13 Uhr.

„Doris, Zileri sitzt jetzt bestimmt in einem Restaurant und nimmt sein Mittagessen ein!“ Meine wegwerfende Bemerkung verfehlte ihre Wirkung, denn Doris ließ nicht locker:

„Jetzt sind wir hier, Gott kann jede Tür öffnen!“

Wir überquerten den Platz und klingelten am Portal des fünfstöckigen Gebäudes. Ein Pförtner gewährte uns Zutritt ins Treppenhaus. „Zu wem wollen Sie“, fragte er höflich.

„Wir möchten dem Chefredakteur Marco Zileri kurz eine Einladung übergeben.“

„Ich werde oben einmal nachfragen“, bemerkte der Mann geflissentlich und hob einen Telefonhörer ab.

Doris und ich machten uns nichts vor. Die Chancen, dass uns Zileri, der uns noch nie zu Gesicht bekommen hatte, in sein Chefbüro einladen würde, waren nicht gerade groß. Der Peruaner hinter dem Glasfenster legte den Hörer wieder auf die Gabel.

„Sie können Ihr Dokument bei mir abgeben, ich leite Ihr Schreiben nach der Mittagspause weiter!“ Sein Angebot war ganz nett. Aber wir wollten uns so schnell nicht abspeisen lassen.

„Sagen Sie seiner Sekretärin bitte, dass wir unbedingt einige Worte persönlich mit ihm wechseln wollen. Zwei Minuten. Länger wird unser Gespräch wohl nicht dauern!“ Unser Ton war bittend und entschieden zugleich.

Wieder griff der Pförtner zum Telefon, während wir warteten. Äußerlich standen wir etwas unschlüssig herum, aber innerlich beteten Doris und ich um die Hilfestellung Gottes.

„Gut, Sie dürfen rauf. Aber nur ganz kurz!“

Doris und ich wechselten einen zufriedenen Blick und gingen die vielen Treppen nach oben.

Auf der Chefetage angekommen, schauten wir in ein offenes Büro. Ein großer, hagerer Mann unterhielt sich mit einem Besucher. Während er redete, zeigte er mit der Hand auf ein Sofa. Wir sollten also Platz nehmen. Dieser Aufforderung kamen wir sogleich nach. Vorsichtshalber holte ich meinen Laptop aus der Tasche und fuhr ihn hoch. Für den Fall der Fälle.

„Wer sind Sie und was wollen Sie?“, fragte Zileri und wandte sich in unsere Richtung.

„Wir stehen kurz vor dem Zehnjahrestag unseres Hospitals, das bisher Hunderttausende arme Quechuas behandelt hat“, sprudelte es aus mir heraus. „Der Präsident wird auch dabei sein. Ich habe einige Bilder für Sie vorbereitet, die müssen Sie einfach sehen!“

Zileri setzte sich etwas verdutzt auf einen Sessel und gab mir mit einem Kopfnicken zu verstehen, dass er gegen eine kurze Powerpoint nichts einzuwenden hätte. Noch wusste der Journalist nicht, was ihn gleich erwarten würde.

Ich klickte mich durch die ersten Bilder meiner Präsentation und sprach über Diospi Suyana mit einer Leidenschaft, die sich von Minute zu Minute steigerte.

„Hole den Fotografen“, rief Zilerei unvermittelt seiner Sekretärin zu, „er soll sofort hochkommen!“

Ich spürte, dass Zileri von unserer Story gepackt war, und ging nun in die Tiefe. Ein Mann mit Kamera betrat den Raum.

„Mache von ihm Bilder und achte auf seine Augen!“ Zileri gab seinem Mitarbeiter aus der Foto-Abteilung klare Anweisungen. Ich weiß, dass an meinen Augen absolut nichts Besonderes ist, aber möglicherweise hatten sie vor Begeisterung geblitzt.

In zwanzig Minuten war ich durch und blickte zu Boden. Wir hatten das Zeitkonto von zwei angekündigten Minuten „geringfügig“ überschritten, aber Zileri hätte uns ja vorher, wenn er gewollt hätte, aus dem Büro werfen können.

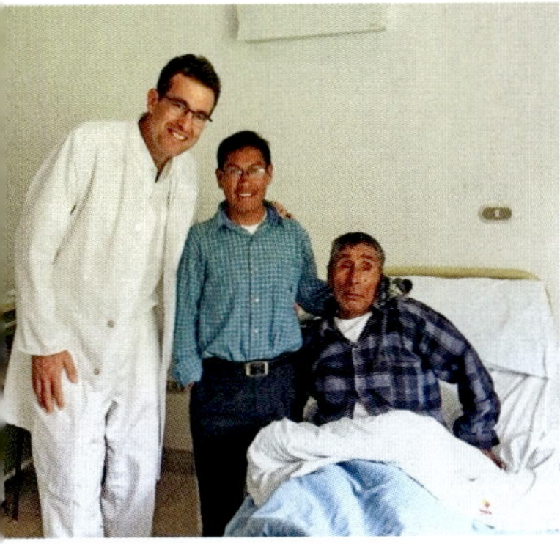

Daniel Ticona im Bett nach seiner Operation. Sein Neffe Constantino steht zwischen ihm und Dr. David Brady. Die Anreise von Cusco nach Curahuasi war für den 82-Jährigen ein unglaublicher Hindernislauf.

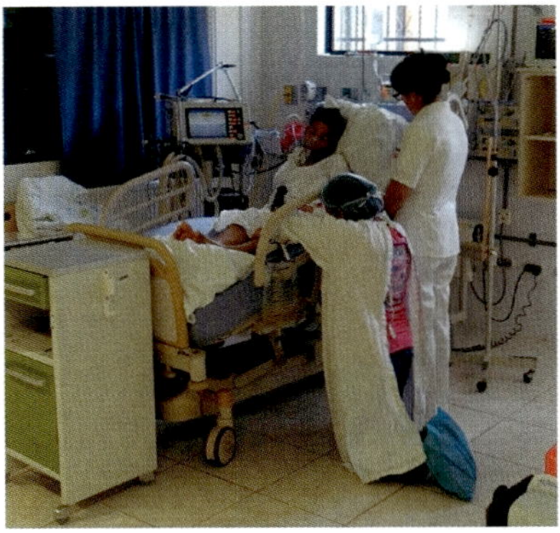

Am 1. Dezember 2018 kniete Gladys Illesca am Bett des verunglückten Jungen nieder und betete um seine Heilung.

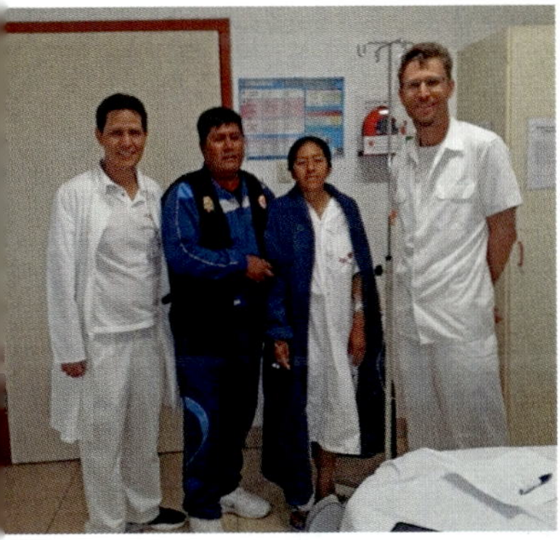

Dr. Jens Haßfeld (re) entfernte bei der Patientin eine riesengroße Zyste des rechten Eierstocks.

Anyeli (5. Klasse) und Gino (1. Klasse) besuchen seit März 2019 unser Colegio. Die Familie hatte im Radio von unserer Schule gehört.

Sozialarbeiterin Debora Centner (rechts neben dem Pfosten) unterhält eine Gruppe von Mädchen bei einem Schulcamp.

Direktor Christian Bigalke (rechts) im Gespräch mit dem Konrektor Nikolas Sierras (links) und Psychologin Esther Castillo in Bildmitte.

Matthias und Jennifer Rehder mit ihren Kindern Janne und Lin

Fleißige Kuchenbäckerinnen beim Schulfest im Juni 2019

Pastor Marco Acuña predigt am Sarg einer jungen Frau. Die Campesinos hören aufmerksam zu.

ÄrzteZeitung

E AKTUELLE ZEITUNG VON SPRINGER MEDIZIN MITTWOCH, 17. FEBRUAR

innovative Ärzte preisgekrönt

rzte, die in ihren Praxen inno-
vative Ideen umsetzen, müssen
ich oft gegen KV oder Kassen
urchsetzen. Das wurde bei der
reisverleihung zum Wettbe-
werb „Die innovative Arztpraxis
015" deutlich. SEITEN 12 UND 13

Dr. Georg Steinfurth und seine Frau Kerstin (Dritter und Vierte von links) auf der Titelseite der ÄrzteZeitung am 17. Februar 2016

Familie Welch in ihrem hemaligen Haus in Sydney. Die vielen Kisten voller Hightech hatten sie mit privatem Geld ersteigert.

Mein erster Vortrag in Rumänien. In der Kirchengemeinde Biserica Poarta Cerului von Timişoara lauschten rund 600 Zuhörer dem Vortrag.

Der Niederländer Oebele de Haan konstruierte einen Kran, um die Paneele nach oben zu hieven.

Gutachter Jürgen Waltersbacher unter dem Dach des Missionsspitals. Das Projekt mit den Paneelen ging im Wesentlichen auf sein Konto.

Bauingenieur Johannes Bahr baute die untersten beiden Etagen des Medienzentrums. Außerdem überwachte er die Renovierung unseres Gästehauses in Lima und half Udo Klemenz beim Bau der Schule.

Sechs Missionarinnen im Speiseraum unseres Gästehauses. (V.l.n.r.) Susan Kirchhoff, Annerose Müller, Annette Goss, Dana Hennig, Stefanie Heese und Mechthild Pochert.

Das Gästehaus von Diospi Suyana im Stadtteil Surco von Lima. Es sieht von außen klein und bescheiden aus. Innen hat es aber über 420 m² Wohnfläche aufzuweisen.

Doris Manco hält eine Ausgabe von Chaski in den Händen. Die Titelseite der Zeitung handelt von der Einweihung unseres Medienzentrums am 31. August 2016.

180 Teilnehmer eine Dorfversammlung in Poltocsa unterschreiben am 12. Februar 2017 das Protokoll. Nach einer aufregenden Diskussion erhie Diospi Suyana grüne Licht für den Bau einer Antennenanlag auf dem nahen Hüge

Zahnarzt Dr. Nikolas von Abendroth und seine Frau Dr. Johanna von Abendroth mit ihren Kindern Salomé, Linnéa, Jonathan und Leonard.

Unter Leitung von Bauingenieur Udo Klemenz wurde das Hospital Diospi Suyana um eine Etage aufgestockt und die Bettenkapazität verdoppelt.

Am 19. Juni 2017 empfing uns der peruanische Staatschef Pedro Pablo Kuczynski im Regierungspalast. (V.l.n.r.) Berater Maximo San Roman, Dr. Klaus-Dieter John, der Präsident, Dr. Martina John und Dr. Jens Haßfeld.

Blick in das volle Amphitheater beim zehnten Jubiläum. Das Zeltdach war einige Tage zuvor fertig geworden.

Schwerbewaffnete Polizisten beim Appell im Eingangsbereich des Spitals. Insgesamt mobilisierte der peruanische Staat 550 Einsatzkräfte, um unser Jubiläum am 31. August 2017 zu schützen.

Pressefoto auf der Bühne. De
Staatschef und Dr. Schmidt v
der Deutschen Botschaft halt
ein Bild des Krankenhauses i
die Höhe.

Meine Frau und ich halten
einen Vortrag über die Ent-
stehungsgeschichte von Diosp
Suyana. Unser Beitrag im voll
besetzten Amphitheater wurd
vom staatlichen Fernsehen liv
in alle 25 Bundesstaaten Peru
ausgestrahlt.

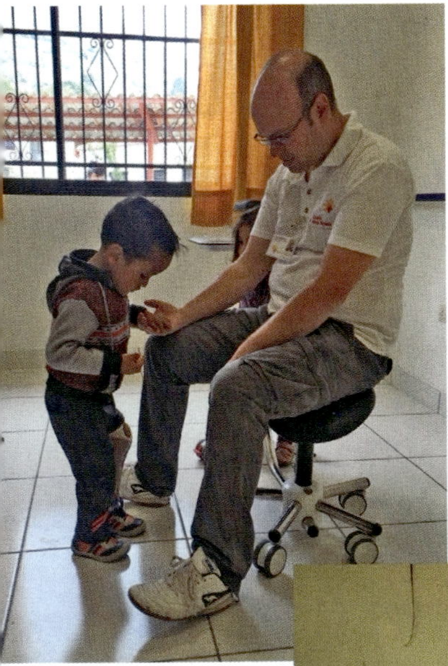

Daniel Müller passt dem 4-jährigen Nehemias Huaiman eine Prothese an. Der Junge war ohne linken Unterschenkel geboren worden.

Ergotherapeutin Susi Rottler hilft Britney beim Umgang mit ihrer neuen Armprothese.

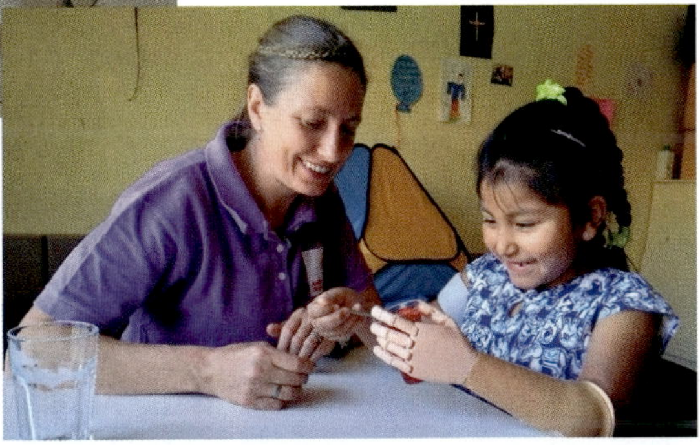

Viele ehemalige Mitarbeiter kamen zum ersten Missionsfest von Diospi Suyana in Wiesbaden. Im Gottesdienst am 8. Oktober 2017 sangen die Missionare vorne ein Lied auf Spanisch.

Am 25. April 2018 überreichte uns Botschafter Jörg Ranau in Vertretung des deutschen Bundespräsidenten das Bundesverdienstkreuz am Bande. Die Zeremonie fand in seiner Residenz in Lima statt.

Gespräch am Abend im Privathaus von Albert Lee (li) am 3. Mai 2018. Mariano Blázquez (re), Generalsekretär des evangelischen Kirchenbundes Spaniens, erzählt seine Lebensgeschichte.

Foto direkt nach meinem Vortrag vor Prof. Irvin Modlin und seinen Mitarbeitern. Der emeritierte Professor (Bildmitte graue Haare und graue Jacke) war von 1991 bis 1993 mein Mentor an der Yale Universität.

Das Medienzentrum von Diospi Suyana neben dem Missionsspital. Die Programme werden über einen Satelliten von *INTELSAT* ausgestrahlt.

Der Australier Chris Welch verbindet unsere Sendeanlage in Puerto Maldonado mit dem Satelliten im Weltraum.

Wie die Pädagogin Mandy Rosenkranz pendeten viele unserer Mitarbeiter Blut für die Behandlung les schwerverletzten Abraham K. Rechts nimmt Dr. Martina John gerade eine Blutkonserve ab.

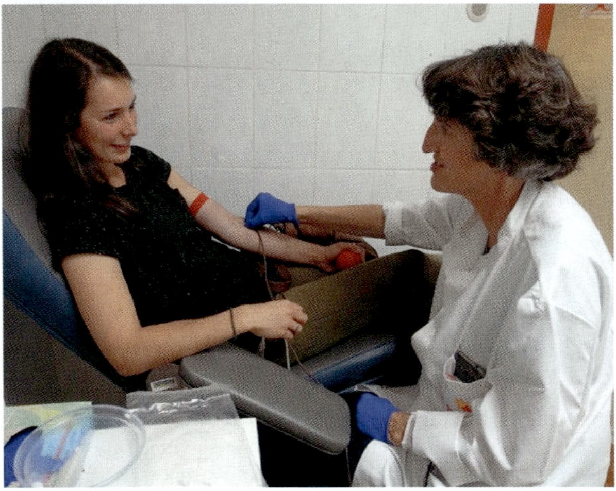

Am 18. September 201 sprach meine Frau zu d Bürgern Curahuasis. D Demonstranten bekun- deten ihre Unterstützun für die Arbeit unserer Mission.

Am 7. Juli 2018 erhielt vier unserer Ärzte ihre peruanische Anerken- nung: Urologe Dr. Dav Brady, Kinderärztin Dr Dorothea Brady, Gynä login Dr. Miriam Boek und Traumatologe Dr. Tim Boeker. In Bildmitte steht der Dekan der Ärztekamm von Cusco Dr. Héctor Paucar Sotomayor.

Die goldene Hochzeit von Udo und Barbara Klemenz am 15. September war einer der großen Höhepunkte des Jahres 2018. In der Summe haben die beiden Hessen ein ganzes Jahrzehnt in die Aufbauarbeit von Diospi Suyana investiert.

Die jüdische Gesundheitsministerin
ilvia Pessah half Diospi Suyana bei
der Wiedererlangung der Lizenz.

Am 24. Juni 2018 stellten wir dem Premierminister Salvador del Solar im Regierungspalast unsere Arbeit vor. Noch am Abend arrangierte er für uns ein Treffen mit der Gesundheitsministerin Doctora Zulema Tomás.

Der Urologe Benjamin Zeier und seine Frau, die Physiotherapeutin Lena, trafen die Entcheidung, nach Peru zu gehen, am Tag nach der Geburt ihres 5. Kindes. Die Kinder heißen: Kaila Deborah, Mila Grace, Elias Fabian, Lucas Benjamin und Jonas Kilian.

Treffen der Abteilungsleiter in meinem Büro am 11. Juni 2019: (V.l.n.r.) Vizedirektor Dr. Jens Haßfeld, Leiterin des Pflegedienstes Damaris Haßfeld, Dr. Martina John, Dr. Klaus-Dieter John, Dr. Thomas Tielmann, Verwaltungsleiter Steven de Jager und Chef der Werkstattabteilung Oebele de Haan.

Zahntechnikerin Elisabeth Franke arbeitete fast fünf Jahre in unserem Zahnlabor mit. Die CAD/CAM-Maschine im Bild kann innerhalb von 20 Minuten eine Zahnkrone anfertigen.

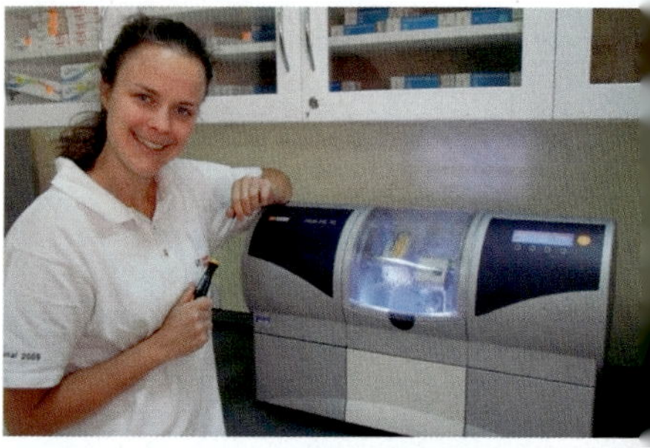

Gruppenfoto auf dem Plaza de Armas von Curahuasi. Anlässlich des Unabhängigkeitstages am 28. Juli 2019 nahmen viele Mitarbeiter des Spitals an der Parade teil.

Am 14. Januar 2019 kehrten Markus und Christiane Klatt mit ihren Söhnen Johannes und Emanuel nach Peru zurück. Wegen einer Krebserkrankung der Operationstechnischen Assistentin mussten die Klatts ihren Einsatz für ein Jahr unterbrechen.

Eine lange Schlange von gut 300 m zieht sich die Straße nach unten. Jahr für Jahr kommen mehr Patienten nach Curahuasi, um sich am Missionsspital behandeln zu lassen.

Johannes B. Kerner interviewte uns bei der Spendengala „Ein Herz für Kinder“ im ZDF. Die Sendung wurde am 7. Dezember 2019 von 3,7 Millionen Zuschauern gesehen.

Am 5. Februar 2018 kamen die Familien Kessler, Kügler und Tielmann gemeinsam am Flughafen von Lima an. Unsere Missionare arbeiten für mindestens drei Jahre bei Diospi Suyana mit. Sie sind ein Beweis, dass es möglich ist, den Egoismus zu überwinden.

Unser Vorsitzender Olaf Böttger interviewt die Augenoptikermeisterin Dorothea Töws in einem Restaurant in Darmstadt. Olaf Böttger ist seit 2002 das ehrenamtliche Rückgrat von Diospi Suyana in Deutschland.

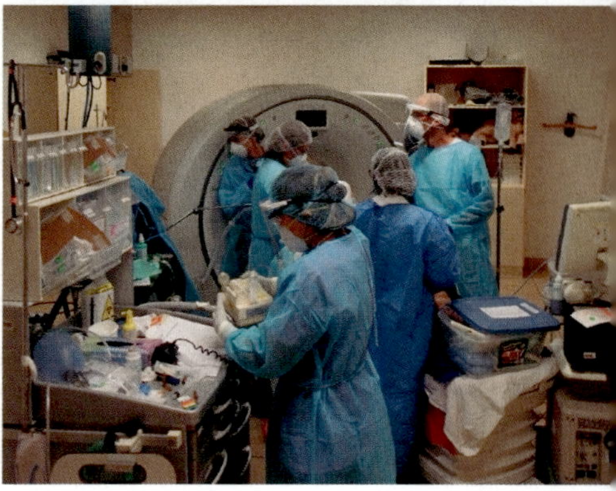

Ein Patient mit Verdacht auf eine Coronavirus-Infektion wird im Computertomografen wiederbelebt.

Zileri war sichtlich bewegt. „Und ich war immer Atheist", platzte es aus ihm heraus. „So etwas gibt es doch gar nicht!"

„Kommen Sie bitte zum Fest nach Curahuasi, dann können Sie sich ein eigenes Urteil über Diospi Suyana bilden!"

Die Einladung von Doris schien ihn zu überzeugen.

„Wo genau in Peru befindet sich Ihr Spital?", fragte Zileri. „Ich werde kommen!"

Jeder Tag in Peru entpuppte sich als wichtig. Noch fehlte die dicke UV-beständige Plane auf dem Stahlgerüst des Amphitheaters. Also lag ich den Leuten der Firma Flores in den Ohren.

„Sie müssen Ihr Tempo steigern", redete ich ihnen ins Gewissen, „stellen Sie sich vor, der Präsident sitzt auf der Bühne und Sie wären nicht fertig. Das wäre doch oberpeinlich!"

In Lima kaufte ich noch einen Tageslichtprojektor, denn unsere Festansprache wollten meine Frau und ich natürlich mit Fotos untermalen. Am Mittwoch, dem 16., schaute ich beim Vizeminister für Gesundheit vorbei, um ihn und die Ministerin herzlich einzuladen, fuhr danach, so schnell es ging, mit dem Taxi zum Flughafen und weg war ich wieder.

Zurück in Deutschland, las ich auf den Webseiten täglich die Nachrichten über die Umtriebe der Lehrer. Sie forderten mittlerweile eine Verdoppelung ihrer Gehälter und weigerten sich, an Eignungstests teilzunehmen. Streiks gehören zu Peru wie die Lamas zu den Anden. Früher oder später kühlen sich die erhitzten Gemüter meist ab, und man kehrt zur Tagesordnung zurück. Leider nahm der Streik der Pädagogen eine ungünstige Wendung. Unter dem Einfluss linker Gewerkschaften radikalisierte sich der Kampf auf den Straßen und Plätzen der Republik. Die Demonstranten marschierten eines Tages sogar zum Kongress, mit der Absicht, den „Laden zu stürmen". Diesen Angriff musste die Polizei unter Anwendung von Gewalt abwehren.

Am 24. August, als Tina und ich die Rückreise nach Peru antraten, eskalierten die Straßenschlachten und die Fernsehsender zeigten blutende Gesichter auf beiden Seiten der Kampflinien. Der Streik der Lehrer hatte sich schon zwei Monate in die Länge gezogen, und die Schüler befürchteten, ein ganzes Schuljahr zu verlieren. Die Bevölkerung verlor zunehmend die Geduld mit den politischen Aktivisten und forderte ein hartes Durchgreifen der staatlichen Obrigkeit.

In Curahuasi hängten wir unsere Reisejacken in den Schrank und versuchten die Situation vor Ort realistisch einzuschätzen. Würde der Besuch der halben Regierung die nationale Streikfront animieren, unser Fest für ihre Zwecke zu missbrauchen? Tina und mich überkamen dunkle Vorahnungen. Und das, was wir bald von anonymen Informanten hörten, streute Salz in die Wunde unserer schlimmsten Befürchtungen.

Die Lehrer wollten also wirklich ihre Kräfte mobilisieren, um den Präsidenten „gebührend“ zu empfangen, sprich mit brennenden Autoreifen, fliegenden Steinen und hasserfüllten Sprechchören. Diospi Suyana geriet damit in die Gefahr, ein Opfer der innenpolitischen Wirren zu werden. Dass meine Einschätzung zutraf, erhielt ich am Samstagmorgen von höchster Stelle bestätigt. Um meinen Tisch im Büro versammelten sich neun Polizisten. Die Delegation wurde vom Polizeichef Apurimacs, Coronel Vasquez, angeführt. Die Zusammenkunft hatte sofort den Charakter einer Krisensitzung.

„Die Lage ist ernst“, meinte der Coronel, „wenn die Streikenden am Donnerstag ein Schlachtfeld inszenieren, kann der Präsident unmöglich nach Curahuasi kommen. Niemand von uns will sich auf eine gewaltsame Konfrontation mit den Lehrern einlassen!“

Ich schaute Señor Vasquez konsterniert ins Gesicht. In diesen Augenblicken, das spürte ich, wurde gerade der Besuch des Präsidenten abgeblasen. Eine tiefe Enttäuschung übermannte mich. Nach außen wirkte ich konzentriert, aber im Herzen schickte ich ein Stoßgebet zum Himmel: „Gott, was kann ich nur tun? Hilf mir jetzt!"

„Señor Coronel, vielen Dank für Ihren Besuch", antwortete ich langsam, „wenn es Ihnen recht ist, dann zeige ich mal einige Bilder, damit Sie die Bedeutung unserer Feier besser einschätzen können!"

Niemand am Tisch hatte Einwände. Der Beamer stand bereit und die Leinwand hing heruntergezogen an der Wand. Von einem Moment zum nächsten entführte ich die Polizisten in eine Welt, in der harte Gesetzmäßigkeiten und unbarmherzige Sachzwänge durch eine unsichtbare Macht überwunden werden. Ich zeigte die Bilder aus unserer Jugendzeit, als meine Frau und ich uns zum ersten Mal begegnet waren. Und erläuterte, wie unser Traum eines modernen Spitals für die Quechua-Indianer Realität geworden war durch die Fügungen und Wunder Gottes. Nach fünfundvierzig Minuten hatte jeder meiner Zuhörer verstanden, dass wir als überzeugte Christen nicht philosophisch von Gott redeten oder ihn weltanschaulich für wahr hielten, sondern real mit ihm rechneten.

Der Coronel erhob sich und drückte meine Hand: „Danke, Dr. John", sagte er im Brustton der Überzeugung, „jetzt ist mir klar, dass dieses Fest stattfinden muss. Wir werden Ihnen helfen!"

In der folgenden Besprechung diskutierten wir alle möglichen Optionen, das große Ereignis doch noch einigermaßen sicher über die Bühne zu bringen.

„Wir werden ab dem Donnerstagmorgen die Panamericana in Richtung Abancay und Cusco komplett sperren", erläuterte Vasquez seinen Plan. „Wir müssen verhindern, dass die Streikenden in den Großraum Curahuasi eindringen!"

Dann wandte er sich zu mir und meinte: „Versuchen Sie

mit den Führern des lokalen Streikkomitees zu reden. Vielleicht können Sie die hiesigen Lehrer auf Ihre Seite ziehen. Wir kümmern uns um die Lehrer, die als Störenfriede aus anderen Gegenden anreisen!"

Die Polizisten bestiegen vor dem Krankenhaus wieder ihre Fahrzeuge, und ich winkte meinen Gästen noch lange hinterher. Um ein Haar wäre unser schönes Jubiläum ins Wasser gefallen.

Am folgenden Dienstag versuchten Tina und ich unsere Hausaufgaben zu erledigen. In Begleitung von Doris Manco trafen wir uns im katholischen Pfarramt mit fünf Führern der Gewerkschaft, die eine wichtige Position beim Aktionsbündnis innehatten und in Curahuasi ca. 420 Lehrer repräsentierten. Der Priester reichte uns einige Plätzchen und etwas Tee. Diese Stärkung konnten wir wirklich gebrauchen, denn die Stimmung im Raum war mies.

„Darf ich Ihnen zuerst einige Bilder von Diospi Suyana zeigen?", fragte ich unsere Gegenüber.

„Nein, lassen Sie das, wir kennen Diospi Suyana seit Jahren!" Unsere Gesprächspartner blickten finster drein. Ihnen war genau so klar wie uns, um was es eigentlich ging.

„Wir haben nichts gegen Diospi Suyana", sagte eine Frau, „aber wie die Dinge liegen, müssen wir beim Besuch des Präsidenten auf unsere Interessen hinweisen, und zwar mit Nachdruck!"

Ihre Kollegin ergänzte: „Wir erwarten Streikende aus dem gesamten Süden des Landes. Der Präsident wird unsere Stimme zu hören kriegen und die Medien ebenfalls!"

Egal, was Doris, Tina und ich versuchten einzuwenden, es half nichts. Die Streikführer waren nicht bereit, die humanitäre Arbeit, die wir seit zehn Jahren für die Menschen Perus geleistet hatten, und zwar unter den größten Opfern, zu würdigen.

Bevor wir bitter enttäuscht das Büro des Priesters verließen, sagte eine Sprecherin des Komitees einen Satz, der sich gleich in meinem Kopf festsetzte: „Möge Gott Sie erleuchten, das Beste in dieser Situation zu tun!"

Genau so würden wir vorgehen, nämlich Gott bitten, jeden unserer Schritte zu lenken.

Am Abend desselben Tages luden wir alle Missionare zu einer außerordentlichen Versammlung in das Kinderhaus von Diospi Suyana ein. Olaf Böttger, Vorsitzender von Diospi Suyana, seine Schwester Annette, die unsere Stiftungsgeschäfte leitet, sowie Tobias Kühl aus dem Vorstand waren schon aus Deutschland eingetroffen.

„Liebe Freunde", sagte ich den Mitarbeitern, „niemand von uns weiß, wie der Donnerstag verlaufen wird. Ob der Präsident unter diesen Umständen kommt oder nicht, ist noch völlig unklar. Und leider können wir auch nicht ausschließen, dass sich in der Nähe des Spitals gewalttätige Szenen abspielen!"

Die Atmosphäre war gedrückt. Einige Missionare zeigten sich sogar unzufrieden, weil wir das Fest nicht sofort absagten. Ein Familienvater fragte mich: „Wer soll die Verantwortung für unsere Kinder übernehmen, falls es zu unkontrollierter Gewalt kommt?" Natürlich konnte ich seine Sorgen gut nachempfinden.

Bezüglich der nahen Zukunft konnten wir alle nur spekulieren. Trotzdem entschieden wir uns zum Handeln. Vom Mittwochmorgen bis zum nächsten Tag wollten wir in einer 24-stündigen Gebetskette Gott um seinen Beistand bitten. Und alle Vorbereitungen würden wie geplant weiterlaufen.

Am Mittwochnachmittag probten wir jeden einzelnen Programmpunkt im festlich geschmückten Amphitheater, als ob wir sicher wären, dass sich die Mühe der vielen Beitragenden auch lohnen würde. Das futuristische Zeltdach bot uns Schutz vor der heißen Sonne – und der Schatten des Allmächtigen würde uns vor dem Schlimmsten bewahren. Das hofften wir, aber Angst hatten wir dennoch.

Parallel zu allen Aktivitäten auf dem Krankenhausgelände begrüßte ich in meinem Büro eine zehnköpfige Abordnung aus dem Palast. Diese Vorhut hatte die Aufgabe auszuloten, ob Kuczynski mit den Ministern am nächsten Tag unseren Hubschrauberlandeplatz anfliegen könnte oder nicht.

„Dr. John, wir werden morgen ständig mit dem Palast in Verbindung bleiben", sagte der Sicherheitschef des Präsidenten lakonisch, „wir wollen auf keinen Fall, dass hässliche Bilder in die Massenmedien gelangen. Ob der Staatschef mit den Ministern in Lima losfliegt, entscheiden wir gegen 9 Uhr am Vormittag!"

Der 31. August 2017 – zu viel für unsere Nerven

Die Hahnenschreie waren verstummt, und im Osten zeigten sich die ersten goldenen Sonnenstrahlen über den grünen Bergketten. Das geschmückte Amphitheater machte mit dem geschwungenen Zeltdach einen spektakulären Eindruck. Alle Vorbereitungen hatten wir in einer gemeinsamen Kraftanstrengung in den späten Abendstunden abschließen können. Und doch hing ein großes Fragezeichen wie ein Damoklesschwert über uns. Wie würde der Festtag verlaufen? In unserer Gleichung gab es mehr Unbekannte als feste Größen. Um Mitternacht hatten meine Frau und ich uns an der Gebetskette beteiligt. Mehr als Arbeiten und Beten kann ein Mensch nicht tun. Noch lag eine friedliche Ruhe über dem Ort. Aber dieser Frieden war trügerisch.

Kurz nach 7 Uhr rief mich Doris Manco an: Sie hatte erfahren, dass bereits im Morgengrauen 200 Gewerkschaftler aus Südperu in Curahuasi eingetroffen wären. Trotz der angeblich engmaschigen Polizeipräsenz.

Wenig später folgte der nächste ominöse Anruf. Verwaltungsleiter Matthias Besold meldete sich: „Die Lehrer stehen mit ihren Spruchbändern schon oberhalb des Amphitheaters", sagte er. „Mit ihren Sprechchören machen sie einen ziemlichen Lärm!"

Nun war genau das eingetreten, was wir unter allen Umständen hatten verhindern wollen. Von dieser Position aus könnten die Streikenden mit Leichtigkeit und sogar mit großer Treffsicherheit Steine, faule Eier und was immer ihnen beliebte auf den Festplatz werfen. Unter diesen Bedingungen wäre die Teilnahme des peruanischen Präsidenten ein Ding der Unmöglichkeit.

Die Sicherheitsleute der Regierung teilten unsere Sorgen. Sie standen in ständiger Verbindung mit der Regierung in Lima und der Polizei. Sie wussten längst, dass sich weitere Fahrzeuge mit Unruhestiftern auf dem Weg nach Curahuasi befanden. Die wenigen Polizisten in Nähe des Hospitals würden hoffnungslos überfordert sein.

In aller Frühe hatte die emotionale Anspannung meine Frau und mich aus unseren Betten gescheucht. Bei meinem Streifgang über das Gelände schloss ich mich einer Gruppe von fünfzehn Peruanern im Medienzentrum an. Wir fassten uns an den Händen und beteten: „Gott, bitte greif ein!"

Vielleicht eine Viertelstunde später fuhren mehrere große Busse die Straße zum Hospital hoch. Robuste Kerle in voller Kampfmontur stiegen aus. Für mich völlig überraschend war auch Polizeigeneral *Max* Reynaldo Iglesias *Arévalo* zugegen. Er verkörperte die höchste Autorität der Polizei in den Bundesstaaten Cusco und Apurimac.

„Dr. John", informierte mich der General, „wir werden in

Kürze 550 Einsatzkräfte weiträumig um das Spital verteilen. Was uns betrifft, sind wir bereit!“

Bald standen sich an den Hängen Streikende und bewaffnete Polizisten in langen Reihen gegenüber.

„Wird der Präsident kommen?“, fragte ich den Koordinationsleiter aus dem Palast. Er zuckte nur mit den Achseln und blickte düster in die Berge. In der Ferne waren die Sprechchöre der Protestler unüberhörbar.

Wie angekündigt, hatte die Polizei die Panamericana für den Verkehr geschlossen. Innerhalb der nächsten Stunden würden sich in beide Richtungen Hunderte von Autos aufstauen. Aber es war als Maßnahme gedacht, die Anzahl der Demonstranten zu begrenzen. Leider ging diese Strategie nicht auf. Kurz darauf sahen wir mit größtem Bedauern, wie auf den Bergkämmen ganze Scharen weiterer Gestalten auftauchten. Sie waren mit Spruchbändern und Megafonen versehen und wild entschlossen, für ein Höllenspektakel zu sorgen.

Vor den Toren des Krankenhauses ein immenses Polizeiaufgebot, ein gähnend leeres Amphitheater und weitere Randalierer im Anmarsch. Sollten die Helikopter mit dem Staatschef und den Ministern wirklich unseren Landeplatz anfliegen, wäre die Veranstaltung eine einzige Farce.

Die Nervosität stand jedem ins Gesicht geschrieben. Warum hatte ich eigentlich plötzlich so einen trockenen Mund? Ich pendelte ruhelos über das große Areal des Spitals. Wir hatten keine Optionen. Es gab keinen Plan B. Wir hatten die äußere Bedrohung wohl unterschätzt. War jetzt der letzte Zeitpunkt, die Feierlichkeiten abzusagen?

Und wieder stand ich im Eingangsbereich des Medienzentrums. Diesmal hatten sich um die 20 Mitarbeiter versammelt. Ihre Augen waren geschlossen. Doris Manco sprach stellvertretend für alle ein Gebet. Wenn Ratlosigkeit alles beherrscht, bleibt nur noch der Schrei zum Himmel.

Es war noch keine 8 Uhr, aber die Zeichen standen schon auf Tumult und Aufruhr. Dr. Jens Haßfeld, Chris Welch, Oebele de Haan und meine Frau und ich gingen oberhalb des Hubschrauberlandeplatzes hin und her. Die untätige Warterei hatte etwas Grausames an sich. Ob an jener Stelle wie geplant die Hubschrauber landen würden? Zu diesem Zeitpunkt konnte von einer geordneten Planung keine Rede mehr sein.

Wir rieben uns plötzlich unsere gereizten Augen. Der Wind hatte das Tränengas der Polizei bis zu unserem Standort getrieben. Die Lage auf den Hängen war offensichtlich eskaliert.

Unsere Handys klingelten. Einige verunsicherte Gäste wussten sich nicht mehr zu helfen. „Was sollen wir tun, wir stecken in langen Autokolonnen fest. Es gibt kein Durchkommen mehr!"

Aber wer selbst ratlos ist, kann keinen Rat geben. Jetzt konnten weder Streikende noch Festgäste zum Amphitheater. Ausnahmezustand. Es war vorbei. Damit fiel unsere Großveranstaltung ins Wasser. Wir hatten verloren.

Ich blickte in die übermüdeten Augen von Doris Manco. „Die Arbeit von Diospi Suyana wird weitergehen", sagte ich traurig, „auch ohne Fest!"

Um kurz nach 8 Uhr erhielt ich vom Sicherheitschef ein Update. Er unterrichtete mich, dass der Präsident trotz des Chaos aus Lima abgeflogen sei. Sobald er in der Touristenhochburg Cusco lande, würde man die letzte Entscheidung treffen. Die Delegation würde nur dann in die Hubschrauber umsteigen, wenn der General selbst dazu grünes Licht erteile. Denn selbstverständlich habe die Sicherheit des Regierungschefs allerhöchste Priorität.

Eine Beamtin des Palastes machte mir etwas Mut. Sie zeigte mir in ihrem Smartphone die Morgenansprache des Präsidenten im Nationalen Fernsehen. „Ich fliege jetzt nach Curahuasi", hatte der Staatschef gesagt, „dort haben deutsche Missionare ein modernes Krankenhaus für die Ärmsten der Armen gebaut!"

Ich schöpfte etwas Hoffnung. Wären da nur nicht die gespenstigen Szenen auf den Hügeln.

Oebele de Haan fuhr am Amphitheater vor. Er brachte 4.500 gepackte Tüten: Unzählige Hände hatten am Vortag in jeden Plastikbeutel ein Trinkpäckchen, ein Sandwich, einen Schokoriegel und einen Kugelschreiber gepackt. Gedacht als Geschenke für alle Teilnehmer. Aber würde es denn Teilnehmer geben? Noch wirkte das große Halbrund ziemlich verwaist. Nur tröpfchenweise ließen die Polizisten am Eingang die ersten Curahuasinos die letzte Kontrollstation passieren.

„Dr. John", rief der Sicherheitschef, „wenn der Präsident wirklich kommen sollte, darf das Amphitheater nicht leer sein. Organisieren Sie mal Ihre Leute!"

Ich schluckte, ich konnte die Gäste doch nicht herbeizaubern. Im Vorfeld hatte ich bei den Planungen mit den Organisatoren des Palastes von 4.000 Zuschauern gesprochen. Jetzt waren die Straßen dicht. „Wie ich hörte, mussten alle Interessenten unserer Veranstaltung die 300 Meter lange Auffahrt zu Fuß bewältigen. Und jeder ohne Ausweis wurde konsequent von der Polizei zurückgewiesen. Mir taten die Kirchengemeinden in den Bergen leid. Sie hatten Lastwagen gemietet, um ihre Mitglieder ins Tal zu bringen. Die übliche Verspätung und der Stopp auf der Panamericana machten ihnen nun einen Strich durch die Rechnung.

Auf der Bühne standen aufgereiht die fünf von Udo Klemenz gebastelten TV-Türme und die Orthopädiewerkstatt in Miniatur. Ein großes Bild zeigte das Spital mit seinem Ausbau im ersten Stock. Umrandet von einem roten Band, das Kuczynski durchschneiden sollte. Alles schön und gut, aber würde das Fest überhaupt stattfinden?

Ein Dröhnen ertönte in der Luft. Ein Hubschrauber der Streitkräfte probte den Landeanflug. Wenn der Pilot auf unserem Heliport – aus welchen Gründen auch immer – nicht landen könnte, sähe es schlecht aus. Denn eine Landung im Stadion des Ortes wäre für den Präsidenten mit einem hohen Risiko verbunden. Nicht auszudenken, wenn der Staatschef sich einen Weg durch das Verkehrsgewühl bahnen müsste mit der ständigen Gefahr, von gereizten Krawallmachern umringt zu werden. Mit einem ohrenbetäubenden Lärm setzte der Hubschrauber auf. Test bestanden. Jetzt zahlte sich aus, dass Oebele de Haan mitten in der Nacht mit einer Motorsäge alle hohen Bäume in der Nähe gestutzt hatte. Hoffnung keimte auf.

„Dr. John, sprechen Sie zu den Menschen im Amphitheater", erhielt ich die nächste Anweisung vom Sicherheitschef. „Betonen Sie erneut, dass es sich heute um eine religiöse und keine politische Veranstaltung handelt!"

Die Band spielte gerade schöne Lieder. In einer Pause redete ich eindringlich zu den Zuhörern. Dabei entging mir nicht, dass sich die Menge auf 1.000 Gäste vergrößert hatte. Oder waren es schon 1.500? Die Peinlichkeit leerer Ränge würde uns möglicherweise doch erspart bleiben.

Da tauchte aus dem Nirgendwo Carlos Franco auf. Der frühere Chef des Fußfallklubs *Alianza Lima,* in Peru das Pendant von Bayern München, hatte einen Fußballstar gleich mitgebracht. Es dauerte nicht lange und der Torjäger wurde von unserem Conférencier Agustin Landeras auf der Bühne interviewt.

Das Handy vibrierte in meiner Innentasche. Dr. Schmidt, der Gesandte der Deutschen Botschaft, und die Honorarkonsulin Maria Jürgens aus Cusco wurden von der Polizei nicht durchgelassen. Ich rannte zum Eingangsbereich und sprach mit den Polizisten. Endlich wurde das Tor geöffnet und die Nervosität wich aus den Gesichtern der beiden Ehrengäste.

„Machen Sie sich mit Ihrer Frau fertig“, hörte ich wieder eine bekannte Stimme. „Die Hubschrauber sind schon unterwegs. Sie können den Präsidenten und die Minister gleich begrüßen!“ Ich wagte es kaum zu glauben, was ich soeben vernommen hatte. „Tina“, rief ich, „wo ist Jens? Es geht gleich los!“

Als sich der dritte Hubschrauber unserem Landeplatz näherte, zog ich mich alleine in die Orthopädiewerkstatt zurück. Sie war innen noch völlig leer. Ihre Fenster erlaubten eine gute Übersicht über den Heliport achtzig Meter unterhalb des Gebäudes. Ich weinte. Es waren Tränen der Erleichterung.

„Gott, ich danke dir!“ Mein Kurzgebet brach förmlich aus mir heraus mitten hinein in die Abgeschiedenheit des Raums. Dann eilte ich schnell zu Tina und Jens, um gemeinsam den Staatschef zu begrüßen.

Unsere Führung durch das Spital mit dem Präsidenten und der hochrangigen Delegation dauerte eine halbe Stunde. Auf der Krankenstation wies ich auf ein Gemälde im Lichtschacht hin. Pfarrer Bruno Spießwinkel aus Schleswig-Holstein hatte es speziell für Diospi Suyana gemalt. Es zeigte die Speisung der Fünftausend mit fünf Broten und zwei Fischen.

„Herr Präsident, so war es auch bei Diospi Suyana“, sagte ich. „Wir hatten kein Geld, keine Geräte und keine Mitarbeiter. Aber Gott hat aus dem Wenigen etwas ganz Großes geschaffen!“

In zwei Patientenzimmern interviewte der Staatschef die Kranken. Sie kamen aus drei verschiedenen Bundesstaaten und äußerten ohne Ausnahme ihre Zufriedenheit mit ihrer Behandlung durch unsere Krankenschwestern und Ärzte.

Wohl alle, die mit den Regierungsmitgliedern gemessenen

Schrittes auf das volle Amphitheater zugingen, hatten ein Gefühl tiefster Genugtuung. Sonnenschein und ein zauberhaftes Ambiente. Ein begeistertes Publikum und ergreifende Musik von der Bühne. Das offizielle Protokoll konnte beginnen.

Nach dem Einlauf der Schüler der Diospi-Suyana-Schule intonierten alle Peruaner die Hymne ihres Landes. Erstaunlich viele Teilnehmer sangen den Text des Deutschlandliedes mit, den unser Tageslichtbeamer an die weiße Bühnenhinterwand warf.

Fröhliche Gesichter überall. Ein heiterer Präsident. Vier Minister, ein Vizeminister, ein zufrieden dreinblickender Maximo San Roman und Würdenträger aus allen Sphären der Gesellschaft.

„Unsere Gästeliste erinnert heute ein wenig an Wikipedia!", sagte ich zu Beginn unserer Rede.

Die ersten sechzig Minuten wurden durch den staatlichen Fernsehsender 7 live in ganz Peru, das heißt in allen fünfundzwanzig Bundesstaaten, ausgestrahlt. Wir werden es niemals erfahren, wie viele Zehntausende von Peruanern den Vortrag über das Krankenhaus des Glaubens in ihren Wohnzimmern verfolgten. Martina bezog sich bei ihren Ausführungen auf das Kreuz Christi und das leere Grab als Grundlage unserer Arbeit. Jeder, der uns zuhörte, verstand, dass für uns der Glaube an Gott die Quelle unserer Kraft und der Inhalt unserer Hoffnung ist – für dieses und für das kommende Leben.

In seiner Ansprache beschrieb der Staatschef Diospi Suyana als ein Werk mit „Herz und Sachverstand".

Diese Aussage kam einem Ritterschlag gleich. Mit seinen achtundsiebzig Jahren konnte Kuczynski die Tragweite unseres Wirkens für die arme Landbevölkerung voll einschätzen. Der Mann am Podium kannte die bittere Wirklichkeit des peruanischen Berglandes. Und er war in der Lage, die Strahlkraft von Diospi Suyana für Peru und die Welt realistisch einzuschätzen. Genau deshalb hatten er und seine Minister einen ganzen Tag investiert, um allen Unruhen zum Trotz bei unserem Jubiläum dabei zu sein. Sein Erfahrungshorizont war groß: In seiner Jugend hatte er Wirtschaft und Politik an den Eliteuniversitäten Oxford und Princeton studiert. An meine Frau und mich sowie an alle freiwilligen Mitarbeiter gerichtet sagte er langsam, aber bestimmt ins Mikrofon: „Danke, danke, danke für alles, was Sie für unser Peru getan haben und tun!"

Das Fest der Freude dauerte zweieinhalb Stunden. Es verlief ohne jegliche Zwischenfälle. Die Lage an der Peripherie des Krankenhausgeländes blieb bis zum Schluss der Feier äußerst gespannt. Aber es floss kein Blut und niemand wurde verletzt. Geschätzte 4.000 Gäste und ein nationales Fernsehpublikum wurden Zeugen, dass es sich lohnt, auch im 21. Jahrhundert auf Gott zu vertrauen.

In der Nacht schrieb ich auf unserer Webseite: „Mit dieser Ermutigung gehen wir zuversichtlich in das zweite Jahrzehnt. Der Glaube an Gott, der sich nicht in gemütlichen Plaudereien am Kaminfeuer erschöpft, sondern langfristig unzähligen Menschen hilft, hat an diesem Donnerstag die Anerkennung von Regierung, Medienwelt und Bevölkerung gefunden!"

Nachwehen

Sie kennen das vielleicht vom Ende eines Fußballspiels im Stadion. Menschenmassen überall, doch dreißig Minuten später ist alles leer. So ein Gefühl beschlich mich auch nach unserem Jubiläum, dessen einzelne Phasen wir von Minute zu Minute durchgeschwitzt hatten. Ich muss zugeben, dass ich mich danach um einige Jahre gealtert fühlte. Aber nicht alle Besucher verließen Hals über Kopf unser Gelände. Eine Gruppe von vielleicht dreißig Personen – Medienleute, Firmenbesitzer und Gäste aus dem Ausland – blieb noch über Nacht in Curahuasi. Und diesen lieben Freunden bot ich nun eine detaillierte Tour durch die Gebäude an. Unter ihnen auch Marco Zileri mit seinem Fotografen. Marco war sichtlich ergriffen und kämpfte mit seinen Emotionen. Als aufmerksamer Journalist hatte er selbst kleine Details am Rande registriert. So war ihm nicht entgangen, dass aus der Menschenmenge eine Quechua-Indianerin meine Frau gegrüßt hatte und Tina hatte freundlich zurückgewunken.

„Ja, kennen Sie denn die Doctora Martina überhaupt?" Da der Chefredakteur von Caretas unmittelbar danebenstand, wollte er das genau wissen.

„Natürlich" beteuerte die Frau, „die Doctora Martina kenne ich gut. Sie behandelt schon seit vielen Jahren meine Kinder!"

Das gab Marco zu denken. Wir waren also in erster Linie keine Power-Typen, die dem Präsidenten und seinen Ministern auf Augenhöhe begegneten und von Firmenchefs umfangreiche Spenden an Land zogen, sondern zuerst einmal Überzeugungstäter, die halfen, weil sie ihren Glauben lebten. Und der lautete: Gott liebt alle Menschen. Vor dem Allerhöchsten sind wir alle gleich, egal ob mit oder ohne Krawatte.

Mehrere Fernsehstationen brachten in den nächsten Tagen ausführliche Reportagen über das große Event – geschnitten und nachbereitet – in die Privathäuser sowie Restaurants der Republik. Viele Südamerikaner neigen zu Übertreibungen im Guten wie im Schlechten. Die Art und Weise, in der die Kanäle 4, 5, 9 und 24 Diospi Suyana beschrieben, war dazu angetan, die Patientenschlangen vor dem Spital zukünftig deutlich zu verlängern. Besonders der Sender 9 *(ATV)* ging in die Vollen. „Diospi Suyana ist eines der besten Krankenhäuser Perus“, so lautete die Ankündigung einer Reportage von elf Minuten.

Und am 21. September, genau drei Wochen nach dem großen Ereignis, meldete sich Marco Zileri in seiner Zeitschrift *Caretas* zu Wort. Seine Zielgruppe: das peruanische Bildungsbürgertum, also die Intellektuellen der Hauptstadt Lima. Er widmete Diospi Suyana sechs lange Seiten. Als Atheist wählte er eine hochinteressante Überschrift: „Hier glauben sie, dass Gott sichtbar ist!“ Der Titel bezog sich auf mein erstes spanisches Buch „Gott ist sichtbar!“ und natürlich auch auf alle Mitarbeiter von Diospi Suyana, die diese Überzeugung teilten.

Marco, ein profilierter Texter, fasste seine Eindrücke folgendermaßen zusammen: „Im Ort Curahuasi ist Gott sichtbar, aber der Staat praktisch unsichtbar. Katholiken und Protestanten, Juden und Atheisten arbeiten ohne jegliche Gewinnorientierung mit diesem Missionskrankenhaus zusammen!“ Und dann zitierte er eine Bemerkung, die ich zwischen Tür und Angel gemacht hatte: „Wir haben mit unseren Zweifeln gekämpft. Wir wollen Christus in unserem Leben erkennen und nicht nur bloß an ihn glauben. Deshalb arbeiten wir hier Tag für Tag und Jahr für Jahr. In der letzten Nacht (vor dem Fest) haben wir alle gebetet. Unser Kampf geht weiter!“

Leider würden wir eines Tages an völlig unerwarteten Fronten kämpfen müssen. Nicht die Armut der Patienten oder fehlende Gelder wären bald unsere größten Herausforderungen, sondern der Neid anderer Institutionen und die feindselige Gleichgültigkeit der staatlichen Behörden. Aber noch blieb uns eine Schonfrist von einem Jahr.

Das Missionsfest

Manche Missionsgesellschaften, die in Afrika, Asien oder Südamerika tätig sind, feiern jedes Jahr in der Heimat ein Missionsfest. Die Missionare legen mit ihren Berichten Rechenschaft über die Entwicklung der Arbeit ab. Krisen und Rückschläge werden nicht verschwiegen, sondern dienen als Aufforderung zum Gebet. Meist lauschen Freunde und Sympathisanten hingerissen den Ausführungen. In Gedanken werden sie für einige Stunden durch eine Missionsstation geführt, die viele Flugstunden von ihrer eigenen Wohnung entfernt liegt. Anlässlich des zehnten Jubiläums in Curahuasi, dachten wir, wäre so eine Konferenz mehr als überfällig.

Das dreitägige Event fand vom sechsten bis achten Oktober 2017 in der Wiesbadener Christuskirche statt. Für den Freitagabend hatten wir ehemalige Missionare eingeladen, um gemeinsam über die erlebte Zeit in Peru zu reflektieren. Weder die Staus auf den europäischen Autobahnen noch ein Sturmtief über Norddeutschland hielten 90 Erwachsene und Kinder von der langen Reise zur hessischen Landeshauptstadt ab. „Schön, dass du gekommen bist!" Umarmungen und neugierige Fragen bestimmten die erste Runde des Aufeinandertreffens. Und sobald sich die Tür öffnete, drehten sich die Köpfe nach hinten. „Ah, die sind heute auch hier. Toll!" Ein Einsatz im Ausland schweißt zusammen. In den Gesprächen an den Tischen stand die Dankbarkeit im Vordergrund. Und das Fazit lautete: „Wir haben in Curahuasi viel fürs Leben gelernt!"

Zur Abendveranstaltung am Samstag strömten über 400 Teilnehmer in den Kirchsaal. Tina, unsere Tochter Natalie und ich ließen die vergangenen zehn Jahre Revue passieren. Dabei bauten wir O-Töne ein, um die Hintergründe zu veranschaulichen. Pastor Marco Acuña und Verwaltungsmitarbeiterin

Nohemi Quispe schilderten Diospi Suyana aus der Perspektive unserer peruanischen Kollegen. Es wurde eine abwechslungsreiche Veranstaltung, gefüllt mit Erlebnisberichten aus Südamerika. Keiner blickte auf die Uhr. Auf den Stühlen saßen Protestanten und Katholiken einträchtig beieinander und hörten, was Gott tun kann, wenn Menschen ihm vertrauen. Nach einem langen Programm ergriff der amerikanische Pastor Nick Howard das Wort: „Seien wir ganz ehrlich", rief er mit seinem sympathischen Akzent, „Diospi Suyana ist nur mit Gottes Gnade zu erklären!" Natürlich hatte er recht.

„Jetzt schnell ins Bett", rief ich am Ende von der Kanzel, „morgen um 10 Uhr folgt Teil zwei!" Alle Gäste winkten nett in die Kamera und machten sich anschließend auf den Heimweg. Doch die Gedanken drehten sich weiter. „Wenn Gott in Peru so handelt, könnte er das Gleiche nicht auch in Europa tun?"

Sonntagmorgen. Fremde Autokennzeichen auf den Straßen. Eine Parkplatzsuche als echte Herausforderung. Doch dann füllten 500 Teilnehmer den großen Saal der Christuskirche, dessen Bestuhlung wegen seiner Enge an ein Flugzeug von *Ryanair* erinnerte. Der Festgottesdienst dauerte über zwei Stunden und war wie aus einem Guss.

Die Musiker unter Leitung von Carolina Jochum und Dr. Jens Haßfeld sorgten für gefühlvolle Musik zum Einstieg. Markus Köhler, Geschäftsführer der Vereinigten Deutschen Missionshilfe, überraschte in seinem Grußwort mit einer unglaublichen Zahl: Schon 95 Missionare hatte diese Missionsgesellschaft in den vergangenen Jahren nach Peru zu Diospi Suyana entsandt.

Anhand von fünfzig Bildern nahmen Tina und ich Bezug auf das Motto des Missionsfestes: „Verändertes Leben". Auf dramatische Weise hatte Diospi Suyana das Leben unzähliger Patienten und Mitarbeiter positiv geprägt. Und darüber hinaus war ein ganzer Ort und sogar die Region Apurimac durch Diospi Suyana gefördert worden. Das vormals vergessene Bergdorf hatte sich – dank Diospi Suyana – in eine Boomtown entwickelt. Wir boten zudem über 500 direkte und indirekte Arbeitsplätze. Unsere Mitarbeiter haben Erstaunliches in den Bereichen Gesundheit, Erziehung und Medien geleistet. Jeder Curahuasino konnte diese Veränderungen in der Stadt bezeugen.

Die dreißig Minuten der Festansprache waren so packend, dass wohl keiner der Gottesdienstbesucher in den berüchtigten Kirchenschlaf fiel. Pfarrer Ulrich Parzany predigte über die Heilung des Gelähmten. Christen seien aufgefordert, eine Rettungsgasse zu bilden, damit Menschen in Not geholfen werde und sie die gute Nachricht von Jesus hören könnten.

Sechs Missionare wurden gegen Ende des Festes unter den besonderen Segen Gottes gestellt, da ihre Ausreise nach Peru bevorstand. Vor der Kollekte empfahl ich den Teilnehmern, auf die Stimme ihres Herzens zu hören. Niemand solle „zu viel" spenden, sagte ich. Der Erlös zugunsten von Diospi Suyana lag bei fast 5.000 Euro. Es war die höchste Kollekte in der Christuskirche seit Menschengedenken.

„Wartet mit dem nächsten Missionsfest bitte nicht wieder zehn Jahre!", so lautete der Wunsch vieler Gäste. „Die Berichte haben unseren Glauben an Gott total gestärkt!"

Ein bestimmter Satz von Pfarrer Parzany blieb bei Tina und mir hängen. „Diospi Suyana ist unglaublich gewachsen", sagte er mit nachdenklichem Unterton, „aber Gott findet immer Wege, die Initiatoren eines Werks bescheiden zu halten!" Wir beide hatten unmerklich zusammengezuckt. Sollten wir diese Aussage etwa prophetisch deuten? Mussten wir uns auf schwere Zeiten einstellen?

Die Zukunft würde es weisen.

Von einer Hiobsbotschaft zur nächsten

Am Sonntagnachmittag endete das erste Missionsfest von Diospi Suyana. Die Begeisterung der vielen Gäste aus Deutschland und dem Ausland hatte auch uns förmlich angesteckt. Manche meinten, es sei eher umgekehrt gewesen. Wie dem auch sei, wir fühlten uns auf Wolke sieben und freuten uns auf einige Nächte ungestörten Schlafs, um unsere Stressspiegel wieder etwas herunterzufahren.

Es waren keine achtundvierzig Stunden vergangen, als wir um die Mittagszeit eine beunruhigende E-Mail erhielten. Die Anwaltskanzlei Harte-Bavendamm aus Hamburg schrieb uns im Auftrag ihres Mandanten, des Deutschen Roten Kreuzes, dass wir unser Logo unverzüglich aus dem Markenregister löschen müssten. Wegen einer angeblichen Verwechslungsgefahr der beiden Embleme hätten wir unser Logo von Wänden, Webseiten und Werbemitteln zu entfernen. Dies gälte für Deutschland, Peru und im Prinzip weltweit. Bei Nichtbeachtung ihres Schreibens drohten uns ernste Strafen.

Ich weiß noch genau, wie ich mich fühlte, als ich den Brief auf dem Bildschirm überflog. Ängstlich und mutlos. Ungläubig schüttelte ich mit dem Kopf und seufzte.

Das Deutsche Rote Kreuz ist mit seinen rund 3 Millionen Mitgliedern einer der größten Wohlfahrtsverbände Deutschlands. Auf allen Ebenen bestehen zwischen dem DRK einerseits und der Politik und der Wirtschaft andererseits enge Verflechtungen. Dieser mächtige Apparat erwirtschaftet über Spenden und Verkäufe nach Aussage von Wikipedia einen Jahresgesamtumsatz von erstaunlichen 4,5 Milliarden Euro. Eine gerichtliche Auseinandersetzung zwischen Diospi Suyana und dem Roten Kreuz wäre nichts anderes als eine Neuauflage des Kampfes von David gegen Goliath. Eine Schlacht, auf die niemand von uns scharf sein konnte.

Natürlich kennen auch wir gute Anwälte und verfügen über Kontakte zu Persönlichkeiten des öffentlichen Lebens. Aber die Informationen, die wir in den folgenden Tagen erhielten, ließen unseren Mut nur noch weiter sinken. Der Präsident einer großen Stiftung mit direkten Verbindungen zur Bundesregierung sagte mir am Telefon: „Dr. John, die Position des Deutschen Roten Kreuzes ist so stark, dass Sie am Ende auf jeden Fall den Kürzeren ziehen werden!". Wehe uns!

Nach einem langen Jahrzehnt der Aufbauarbeit war es uns mit Gottes Hilfe gelungen, Diospi Suyana als bekanntes Werk zu etablieren. Durch unsere Vorträge und 500 Reportagen in den Medien konnten wir nachweisen, dass alleine in Deutschland 20 Millionen Menschen irgendwann einmal von uns Kenntnis genommen hatten. Seit 2005 zierte unser Logo jede unserer Veröffentlichungen. Bis zum Herbst 2017 hatten wir Diospi Suyana in 23 Ländern vorgestellt. Millionen von Lesern und Zuschauern brachten mittlerweile unser Logo in Zusammenhang mit unserem Werk in Peru. Der Brief im Auftrag des DRK war ein Desaster für uns, wie es größer kaum hätte ausfallen können.

Wir fragten uns sorgenvoll, welche Konsequenzen eine Niederlage vor Gericht für uns haben würde. Müssten wir etwa alle Flyer einstampfen, Webseite und Briefköpfe ändern, die Logos am Eingang des Spitals übermalen und von allen Uniformen unser Emblem heraustrennen? Was sollte mit unseren Büchern werden? Zehntausende Exemplare mit dem Logo auf der Rückseite waren verkauft worden oder stapelten sich noch in diversen Lagerhallen.

Eine Woche später baten wir Christian Reuter, den damaligen Vorsitzenden des DRK, um ein dringendes Gespräch in Berlin und fügten eine elfseitige Stellungnahme bei.

Wir wiesen darauf hin, dass unser Logo bereits dreizehn

Jahre zuvor in Deutschland als geschütztes Markenzeichen eingetragen worden war. Weder damals noch in den folgenden Jahren hatte das DRK Widerspruch eingelegt, trotz unseres wachsenden Bekanntheitsgrades. Und in Peru sei unser Logo sogar vom Staat markenrechtlich geschützt.

Am Ende formulierten wir die folgenden Sätze: „Wir appellieren an das DRK, die Faktenlage zu sichten und unser Logo unangetastet zu lassen. Wie oben hinlänglich erläutert, hat es eine ganz andere Form, Symbolik und Geschichte. Eine Verwechslungsgefahr ist gänzlich ausgeschlossen."

Aber natürlich haben unsere Missionare und wir eine Menge mit den Mitarbeitern des Deutschen Roten Kreuzes gemeinsam, nämlich die Leidenschaft, den Kranken, Kaputten und Ausgestoßenen zu dienen.

Henry Dunant, selbst überzeugter Christ, hat am Ende seines Lebens gesagt: „Ich war nur ein Werkzeug in Gottes Hand!" Diesen Satz nehmen auch meine Frau und ich für uns in Anspruch.

Am 11. November reisten Tina und ich nach Berlin, um der Rechtsabteilung des DRK unsere Sicht der Dinge zu schildern. Wir bemühten uns in einer langen Sitzung um äußerste Freundlichkeit, ließen aber durchblicken, dass wir unser Logo mit allen rechtlichen und öffentlichen Mitteln verteidigen würden. Just in jenem Herbst stand nun das DRK seinerseits im Kreuzfeuer der Kritik: Reportagen erschienen im *Stern* und anderswo, die an der ethischen Glaubwürdigkeit des Verbands Zweifel äußerten. Die hohen Gehälter der Funktionäre würfen ein seltsames Licht auf die Spendenaufrufe des DRK. Auch sei das Geschäft mit den Blutspenden äußerst profitabel und würde das gemeinnützige Werk in die Nähe profitorientierter Unternehmen rücken.

Längst hatte die *BILD-Zeitung* ein Interesse an unserem Thema. Nach der Unterredung im Hauptbüro des DRK fuhren wir schnurstracks zum Axel-Springer-Haus zu einem Treffen mit einer *BILD*-Redakteurin. Je nach weiterer Entwicklung würde sich die größte europäische Zeitung in der Öffentlichkeit auf unsere Seite schlagen.

Professor Braun, Ehrenpräsident des Deutschen Industrie- und Handelskammertages, intervenierte mehrmals zu unseren Gunsten bei der Präsidentschaft des DRK in Berlin.

Schließlich gelang es dem Anwalt Armin Dörr aus dem Freundeskreis von Diospi Suyana, Clifford Chance für unser Anliegen zu gewinnen. Diese internationale Kanzlei mit ihrer deutschen Vertretung in Düsseldorf kämpft auf höchstem Niveau für die Interessen ihrer Klienten. Am 4. Dezember erklärte ich zwei Anwältinnen mit unserer üblichen Präsentation, was es mit Diospi Suyana auf sich hatte. Daraufhin fertigte die Kanzlei ad honorem eine umfangreiche Schutzschrift an, die eine einstweilige Verfügung des DRK gegen unser Logo verhindern sollte.

Bis zum Jahresende ging die Auseinandersetzung mit dem DRK weiter. Schließlich meldeten wir unser Logo – diesmal mit einem Schatten unterlegt – erneut als Text- und Bildmarke an. Die Widerspruchsfrist würde am 11. Juni 2018 enden. Falls das DRK sein Veto einlegen sollte, käme es zum gerichtlichen Schlagabtausch, den wir bis zum bitteren Ende zu führen bereit waren. Diese eben beschriebenen Aktivitäten und unzählige weitere hinter den Kulissen spiegelten unsere Kampfbereitschaft wider. Und natürlich beteten wir mit Leidenschaft um Gottes Beistand. Der Ausgang blieb ungewiss. Und diese Unsicherheit zehrte an unseren Nerven.

Eine zweite Schreckensmeldung ließ uns in dieser Zeit nachts nicht schlafen: In den Monaten Oktober und November deckten wir in der Augenoptiker-Werkstatt des Missionsspitals einen Korruptionsfall auf, der sich gewaschen hatte. Fast zufällig hatten einige Mitarbeiter Verdacht geschöpft.

Grund genug, umgehend Ermittlungen einzuleiten. Americo V., der dort seit über acht Jahren einen vermeintlich vorbildlichen Dienst leistete, hatte unter der Hand von Patienten privat Geld abgezockt und sich so bereichert. Mit unschuldigen Augen, die kein Wässerchen trüben konnten, stritt er alles ab. Schließlich gab ich die Anweisung, alle 5.000 Patienten, mit denen er zu tun gehabt hatte, schriftlich oder telefonisch zu befragen. Das Ergebnis war niederschmetternd. Unser geschätzter Kollege hatte fast 300 Patienten betrogen und unserem Ruf nachhaltigen Schaden zugefügt.

Sofort besprach ich den Fall mit unseren Anwälten von Olaechea. In einem Kreuzverhör in meinem Büro gelang es uns, sein volles Geständnis auf Video zu dokumentieren. Americo verpflichtete sich, alle betroffenen Patienten zu entschädigen und sich sogar fernmündlich bei ihnen zu entschuldigen. Die Enttäuschung über seine hinterhältige und verlogene Art machte uns sehr zu schaffen und ließ uns über Monate keine Ruhe.

Um die Jahreswende 2017/18 lernten wir, was es bedeutet, vom Regen in die Traufe zu kommen. Familie Klatt musste überstürzt aus der Sprachschule in Cusco nach Deutschland zurückreisen. Eine plötzliche Krebserkrankung bei Christiane stellte uns allen die nagende Frage, warum Gott so eine Diagnose bei einer jungen Missionarin zugelassen hatte. Die operationstechnische Assistentin Christiane und ihr Mann Markus, ein Elektroniker, wurden am Spital bitter benötigt. Die beiden sahen sich klar von Gott in die Mission geführt. Das mühsame Sprachstudium lag fast hinter ihnen. Sie und ihre Kinder hatten die schwierige Umstellung an die peruanische Kultur bewältigt und viele Hürden genommen. Nun drohte ihnen der endgültige Abbruch ihres Einsatzes in Peru, bevor er eigentlich begonnen hatte. Bitter für die Klatts und bitter für unser Team.

Der Strom der schlechten Mitteilungen riss nicht ab. 2016 hatten wir bei einer öffentlichen Ausschreibung eine UKW-Frequenz in Puno ersteigert. Doch seit über einem Jahr warteten wir auf die definitive Erlaubnis des Kommunikationsministeriums, mit dem Bau unseres Antennenturms zu beginnen. Unsere Befürchtungen wuchsen von Woche zu Woche, dass die peruanische Bürokratie oder korrupte Machenschaften im Hintergrund uns einen üblen Streich spielen wollten.

Es wurde immer schlimmer. Eine Privatklinik in der Stadt Andahuaylas missbrauchte unser Logo, um Patienten anzulocken. Wie wir hörten, gaukelten die Ärzte dort den Hilfesuchenden vor, sie seien eine Außenstelle von Diospi Suyana. Die Klinik kassierte von den Kranken hohe Beträge. Im Gegensatz zu uns waren sie rein auf Gewinn ausgerichtet. Da unser Logo in jenem Gebäude alle möglichen Fenster und Türen verschönerte, brachte diese Schweinerei uns weiter in Misskredit.

Der goldene Höhepunkt unseres Jubiläums in Peru sowie die Freude beim Missionsfest in Deutschland waren längst verblasst. Immer neue Schreckensmeldungen forderten unsere totale Aufmerksamkeit – an vielen Krisenherden gleichzeitig. Und fortwährend erinnerten wir uns an die rätselhafte Ankündigung von Pfarrer Parzany während des Missionsfestes: „Gott weiß immer, wie er Menschen bescheiden und demütig halten kann!“

Der Bundespräsident lässt grüßen

Wir alle können nur ein begrenztes Maß an schlechten Nachrichten verkraften. Vielleicht halten wir Schläge aus, die andere schon längst zu Boden geworfen hätten. Doch wenn sich die Krisenmeldungen häufen, kommt selbst beim Tapfersten unweigerlich der Augenblick, in dem ein einziger Tropfen das Fass zum Überlaufen bringt. Im US-amerikanischen Sprachgebrauch schildert eine Redewendung die Folgen noch drastischer: „Der Strohhalm, der dem Kamel den Hals bricht“.

Bei Diospi Suyana wollen wir Gott ehren und dem Nächsten dienen. In den ersten Jahren unseres Werks hielten besonders Medienvertreter unser Glaubensbekenntnis für kontraproduktiv. Da nur eine kleine Minderheit in Westeuropa unseren Glauben teilt, meinten sie, sollten wir unsere religiöse Gesinnung besser nicht an die große Glocke hängen. „Eure humanitäre Arbeit ist von Spenden abhängig, deshalb verärgert bitte nicht eure potenziellen Unterstützer!“ Ein gut gemeinter Rat, den meine Frau und ich jedoch nie beherzigt haben. Wir waren überzeugt davon, dass wir den stärksten Alliierten brauchen würden, um mit Diospi Suyana Erfolg zu haben – also Gott. Und in der Bibel ist zu lesen, dass der Gott Abrahams, Isaaks und Jakobs denen beisteht, die in seinem Namen unterwegs sind. Als im Frühjahr 2018 die Wellen über uns zusammenschlugen, brauchten wir eine große Dosis Trost, einen Mutmacher der ganz besonderen Art. Und Gott sah das wohl genauso.

Vor Jahren hatten mein Sohn Florian und ich einmal bei Karstadt einige Kleinigkeiten eingekauft. An der Kasse drückte uns eine nette Angestellte zwei Rubbelkarten in die Hand. „Wenn Sie zu den Gewinnern gehören“, versprach sie, „kann ich Ihnen sofort einen Geldbetrag auszahlen!“ Florian rubbelte und gewann. Einfach genial. Wenn ich mich richtig erinnere, lag die Summe bei 10 Euro. Wir strahlten und lachten. Nun war ich an der Reihe. Ich kratze mit meinem Fingernagel über die Deckschicht und schaute mit Argusaugen auf das kleine Papier. Unglaublich, ich hatte ebenfalls ein Glückslos. Wir freuten uns riesig. Noch Tage später erzählten wir allen möglichen Leuten brühwarm von unserem Erlebnis. Preise sind spitze und machen Laune, keine Frage. Bestimmt haben auch Sie schon triumphierend in die Runde geschaut, als Sie beim Monopoly den „zweiten Preis beim Schönheitswettbewerb" gezogen hatten. Noch stärker ist der stimmungsaufhellende Effekt allerdings, wenn Ihnen jemand eine Auszeichnung für eine erbrachte Leistung aushändigt. Hängen Sie einem Pfadfinder nach der erfolgreichen Schnitzeljagd eine Medaille um den Hals, und er wird das runde Stück Blech ein Leben lang in der Schreibtischschublade aufbewahren.

Meine Frau und ich haben in den letzten Jahren immer mal wieder eine Anerkennung für unser soziales Engagement erhalten, darunter die peruanische Staatsbürgerschaft honoris causa, das Ehrendiplom des peruanischen Kongresses sowie eine funkelnde Verdienstmedaille seitens der Regierung.

Also, was meine Frau Tina angeht, hat sie all diese Dekorierungen auch verdient. Sie arbeitet so hart, dass ich als Ausgleich locker einen Gang zurückschalte. Manchmal tut sie allerdings zu viel des Guten. Sie ist meist die Letzte, die das Krankenhaus am Abend verlässt. Und in der Nacht sucht sie im Internet nach Therapiemöglichkeiten, um ihren Patienten die lang ersehnte Linderung ihrer Beschwerden zu verschaffen. Sie ist eine hingebungsvolle Ärztin und erfahrene Team-Leiterin, die Gott benutzt, um moderne Missionsgeschichte zu schreiben. Leider bleibt uns oft recht wenig Zeit füreinander. Gelegentlich sage ich scherzhaft, dass ich mich vor dem Spital in die Schlange stellen muss, um mir einen Gesprächstermin in ihrem Arztzimmer zu besorgen. Sie merken, dass ich ein wenig zu Übertreibungen neige. Richtig ist aber, dass Tina neben meinen verstorbenen Eltern mein wichtigstes Vorbild ist.

Im Jahr 2006 schlug Albrecht Einbock, seines Zeichens Ministerialdirigent aus dem sächsischen Sozialministerium, uns für eine besondere Ehrung vor. Wohlgemerkt, das Hospital Diospi Suyana war damals noch gar nicht eingeweiht. Etwa fünf Jahre später gab es eine Initiative aus Baden-Württemberg mit dem gleichen Zweck, und im Herbst 2017 eine dritte von einem gewissen Helmut Steitz aus Wiesbaden. Ob diese Briefe in Berlin von den entsprechenden Dienststellen gelesen wurden oder nicht, vermag ich nicht zu sagen. Richtig ist jedoch, dass der deutsche Botschafter mich zum Jahresanfang 2018 nach Lima bestellte, um mir eine wichtige Mitteilung zu machen. Dabei tat er sehr geheimnisvoll.

Der moralische Booster ein Vierteljahr später war genau das, was Tina und ich in der angespannten Situation von Diospi Suyana brauchten.

Am Abend des 25. Aprils leuchteten in der Ferne die Lichter Limas in den Nachthimmel. Botschafter Jörg Ranau und seine Gattin hatten eingeladen, und vierzig Vertreter aus Politik, Wirtschaft und Kirche versammelten sich in der Residenz des deutschen Würdenträgers. Nach einer feierlichen Laudatio überreichte uns der Botschafter in Vertretung des deutschen Bundespräsidenten Frank-Walter Steinmeier das Bundesverdienstkreuz am Bande.

In unseren Dankesworten nahmen wir die Orden im Namen aller Mitarbeiter und Freunde von Diospi Suyana entgegen. Wir wiesen darauf hin, dass bis zu jenem Zeitpunkt über 160 Langzeitmissionare, 230 Firmen und über 100.000 Spender Diospi Suyana ermöglicht hatten. Aber am Anfang und am Ende sei Gott es gewesen, der das „Wollen und Vollbringen" geschafft habe. Gott allein gebühre die Ehre.

Der dreistündige Cocktail-Empfang führte viele unserer Weggefährten zusammen. Einer der geladenen Gäste konnte wegen einer Dienstreise leider nicht am Festakt teilnehmen, nämlich der frühere Präsident der peruanischen Gesellschaft für Anästhesie Dr. Roger Albornoz. Aber er schrieb aus dem

Ausland: „... Es ist mein Wunsch, dass der Gott des Himmels, den Dr. John in seinen Ansprachen immer erwähnt, auch in Zukunft die Arbeit von Diospi Suyana segnen möge!"

Yale, Harvard und Clie

Am nächsten Morgen flogen Tina und ich mit den Haßfelds sowie Doris Manco nach Cusco und fuhren dann die üblichen drei Stunden im Auto nach Curahuasi. Unsere Bundesverdienstkreuze würden wir wohl nie wieder tragen, sondern bei der nächstbesten Gelegenheit in unserer Heimatstadt Wiesbaden in den Safe einer Bank legen. Tags drauf gingen mir längst ganz andere Dinge durch den Kopf als Orden und Festreden. Aus den USA schickte mir Albert Lee einen Plan für meine bevorstehende Vortragsreise an die Ostküste der Vereinigten Staaten. Um ein Haar hätte ich die ganze Aktion abgeblasen.

„Albert", brummte ich irgendwann im März in den Telefonhörer, „ich komme nicht nach Amerika, um Sightseeing zu betreiben, sondern um Vorträge zu halten. Wenn du nicht genügend Termine vorbereitest, bleibe ich lieber in Peru!" Mein Ton war nicht sonderlich verbindlich gewesen. Der koreanische Geschäftsmann, dem der größte Wäschereibetrieb im New Yorker Stadtviertel Queens gehörte, hatte mir nämlich erzählt, er wolle mir zwischen meinen Präsentationen die eine oder andere Touristenattraktion zeigen.

„Klaus, sag so etwas nicht", hatte er erwidert, „du solltest auf jeden Fall kommen. Du wirst auch jemanden kennenlernen, der ziemlich wichtig ist". So eine Bemerkung hatte mich doch ein wenig neugierig gemacht.

3. Mai. Am Nachmittag landete ich mit einem Flugzeug der *United Airlines* auf dem Flughafen von Newark. Erin-

nerungen wurden wach. Im Oktober 1985 hatte ich an dieser Stelle zum ersten Mal US-amerikanischen Boden betreten, um für fast achtzehn Monate an sechs Universitäten eine hochkarätige Ausbildung zu durchlaufen. Dreiunddreißig Jahre waren seitdem verstrichen. Viele meiner Chefs von damals genossen nun ihren Ruhestand oder hatten das Zeitliche bereits gesegnet.

Über WhatsApp dirigierte mich Albert vom Gepäckförderband zum richtigen Ausgang, und schon stieg ich in seinen Wagen ein. Ein etwas stämmiger Mann saß vorne neben ihm auf dem Beifahrersitz. „Klaus, ich möchte dir Mariano Blázquez vorstellen“, rief Albert. „Er ist der Generalsekretär des evangelischen Kirchenbundes Spaniens und wird uns für einige Tage begleiten!“

Aha, er war also der geheimnisvolle VIP, von dem Albert am Telefon gesprochen hatte. Die Fahrt durch den Feierabendverkehr zog sich etwas in die Länge, und es war schon spät, als wir das herrschaftliche Haus der Familie Lee in Englewood erreichten.

Drei Männer an einem Tisch. Ein Snack und einige Getränke. Neben mir saßen zwei bemerkenswerte Gesprächspartner. Links Albert Lee, ein US-Amerikaner koreanischer Abstammung, der viele Jahre in Argentinien gelebt hatte. Er sprach besser Spanisch als Englisch, war als Buddhist aufgewachsen und nach dem Tod seiner Mutter durch viele Irrungen und Wirrungen zum christlichen Glauben gekommen. Rechts erzählte Mariano Blázquez Burgo aus seiner Vergangenheit. Der Spanier leitete seit über zwei Jahrzehnten als Generalsekretär den evangelischen Kirchenbund Spaniens.

„Ich war überzeugter Atheist“, berichtete Mariano, „doch dann traf ich 1971 in Madrid einige Jugendliche, die aus der Drogenszene herausgekommen waren. Angeblich hätte die Kraft Gottes sie frei gemacht!“

Diesen „Schwachsinn“ wollte sich der Jugendliche Mariano einmal näher anschauen. Er lernte eine ganze Gruppe von solchen jungen Leuten kennen. Es war die Zeit der Jesus People. In vielen Ländern wandten sich Drogenabhängige dem Glauben zu und ließen die Welt der surrealen Träume hinter sich. Einige Tage später war Mariano wieder vor Ort. „Wie geht es dir heute?“, fragte ihn eine dieser Christinnen. Mariano antwortete ohne jegliche Hemmungen: „Wenn du's genau wissen willst, mir geht es total beschissen!“

„Wenn du möchtest, kann ich ja für dich beten!“, lautete die Antwort jener neu bekehrten Christin. Dem jungen Skeptiker Mariano war es ziemlich egal, ob jemand für ihn betete oder nicht. Da es Gott ohnehin nicht gab, sollte die Frau doch fromm herumlabern, solange sie wollte.

Die Ex-Drogenabhängige kniete sich neben Mariano auf den Boden und bat um Gottes Segen, sein Eingreifen, seine Gegenwart.

„Da traf es mich wie ein Blitz von oben. Ich hatte eine Begegnung mit Gott, die mit einem Schlag mein Leben völlig umkrempelte!“ Mariano redete mit einer Begeisterung, die selbst einem Teenager alle Ehre gemacht hätte. „Bis heute, fast fünfzig Jahre später, fühle ich mich in Gottes Hand geborgen!“

Ich schaute dankbar zu Mariano und Albert hinüber. Ich war erst wenige Stunden in den USA, und doch schien es mir, als hätte sich meine Reise schon längst gelohnt. Solche Geschichten sauge ich förmlich in mich auf. Sie erinnern mich daran, dass derselbe Gott, der in meinem eigenen Leben aktiv handelt, auch in der Vita anderer am Wirken ist. Überall und zu allen Zeiten.

Zehn Tage und zehn Vorträge. Nicht jede Veranstaltung hinterlässt in mir ihre Spuren. Doch es gibt Begegnungen, die bleiben mir für immer lieb und teuer. Und der 10. Mai 2018 hatte gleich zwei dieser Höhepunkte zu bieten.

Um kurz vor halb elf brachen wir auf. Von New Jersey aus fuhren wir die Ostküste durch den dichten Verkehr auf der I 95 nach Norden. Wir waren dankbar, dass uns das Navigationsgerät an den schlimmsten Staus vorbeidirigierte. Albert Lee saß am Steuer und drückte aufs Gas. Hinter mir döste der koreanische Pastor Parks auf der Rückbank.

Um 12.30 Uhr würde ich in Branford nach einem Vierteljahrhundert Prof. Irvin Modlin wiedersehen. Der Professor war von 1991 bis 1993 mein Mentor an der Yale Universität gewesen. Zwei Jahre hatte er mich im Forschungslabor und bei Vorträgen betreut. Hunderte von wissenschaftlichen Veröffentlichungen fanden aus seiner Forschungsgruppe ihren Weg in die wichtigsten medizinischen Fachzeitschriften dieser Welt. Damals gehörte er sogar dem Beratungsteam für die Auswahl der Nobel-Preisträger im Fach Medizin an.

Längst war Prof. Modlin emeritiert. Aber anstatt seine Zeit im Theater zu verbringen, arbeitete er mit einem Team von Wissenschaftlern unermüdlich in der Krebsforschung.

Wir erreichten pünktlich die Laborräume, und ich verkabelte meinen Laptopcomputer mit einem großen Bildschirm. Zehn Minuten später betrat er als graue Eminenz die Räumlichkeiten. Nach all den Jahren schüttelten wir uns wieder die Hände. Wie so viele Wissenschaftler bei Harvard und Yale war auch Prof. Modlin Jude. Sein Vater hatte vor Jahrzehnten in Kapstadt den Talmud gelehrt.

Ein Imbiss und dann mein Vortrag. Im Raum saßen außer mir zehn Personen. Eine vorzügliche internationale Mischung: eine Polin und eine Ecuadorianerin, einige Koreaner und ein Südafrikaner. Eine Frau war sogar gebürtige Palästinenserin.

Eine Stunde lang ließ keiner den Bildschirm aus den Augen. Prof. Modlin war offensichtlich gepackt. Langsam ergriff er das Wort: „Viele meiner Assistenzärzte von damals sind mittlerweile Chefärzte an großen amerikanischen Universitätskliniken. Alle haben in ihrem Leben eine Menge erreicht. Aber das, was dort in Peru entstanden ist, ist viel besser!“

Nun wandte ich mich an den Gelehrten, der sein Leben lang zur Crème de la Crème der Wissenschaft gehört hatte. „Prof. Modlin, darf ich Sie fragen, ob Sie an die Existenz Gottes glauben?“

„Selbstverständlich“, antwortete mir mein Mentor von damals, „das steht für mich völlig außer Frage!“

„Und glauben Sie, dass dieser Gott sich für uns Menschen interessiert?“, setzte ich nach.

„Natürlich, auf jeden Fall!“

Wir waren längst wieder auf der Autobahn. Um 19 Uhr würde ich in Boston zu einer Gruppe von Studenten und Professoren der Harvard-Universität sprechen. Dort hatte ich 1987 mit drei Monatskursen mein Medizinstudium abgeschlossen.

Der Raum im japanischen Restaurant bot ein persönliches Ambiente. Über 20 Studenten und Fakultätsmitglieder von Harvard, MIT und der Boston University gruppierten sich um eine lange Tafel, um die Geschichte von Diospi Suyana zu hören. Bevor meine Präsentation begann, kam ich mit Kwan-Soo Kim ins Gespräch. Der Harvard-Professor betreibt seine Forschungen im Fachgebiet Neuroscience. Wäre er nicht einer der Besten, dann wäre er sicherlich nicht bei Harvard.

„Glauben Sie an Gott?“, fragte ich den Wissenschaftler.

„Ja, auf jeden Fall. Ich bin überzeugter Christ!“

Nachts fuhren wir die Ostküste entlang wieder nach Süden. Drei Stunden Schlaf und um 4 Uhr am Morgen brachte mich Albert Lee zum JFK-Flughafen nach New York. Für 6.15 Uhr hatte ich einen Flug nach Grand Rapids, Michigan gebucht.

David Coyotl, ein mexikanischer Mitarbeiter des Verlags „*Zondervan*“, holte mich in der übersichtlichen Empfangshalle des Gerald-Ford-Flughafens ab. Mit meinem Abstecher an die Nordgrenze der USA verfolgte ich natürlich ein bestimmtes Ziel: Ich hoffte, das Verlagshaus würde auch mein zweites spanisches Buch herausbringen. Vom ersten Band „Dios es visible" waren 10.000 Exemplare verkauft worden. Und nun wollte ich gerne nachlegen. Die Gespräche verliefen gar nicht so schlecht. Allerdings hatte *Zondervan* mehrere Restrukturierungen hinter sich und war 2011 vom Verlagsgiganten *Harper Collins* aufgekauft worden. Ich hatte keinen blassen Schimmer, ob die neuen Entscheidungsträger in New York und Nashville überhaupt ein Herz für ein Thema wie Diospi Suyana haben würden – mit einem Schauplatz fernab der USA und Protagonisten ohne US-amerikanische Staatsbürgerschaft. Als ich am nächsten Morgen nach New York zurückflog, ging mir eine bestimmte Idee einfach nicht mehr aus dem Kopf. Vielleicht sollte ich mal Kontakt zum spanischen Verlag *Clie* in Barcelona aufnehmen. Ich wusste, dass *Clie* in Südamerika eine Menge Bücher verkaufte und über vielseitige Beziehungen verfügte. Natürlich kannte ich niemanden aus diesem Unternehmen, und ob die Spanier bei dem Wort „Diospi Suyana" – „Wir vertrauen auf Gott" – laut Hurra rufen würden, konnte ich auch nicht abschätzen.

Aber einen Trumpf hatte Gott mir gewissermaßen über Nacht zugesteckt. Mein Kreuz-As im Ärmel lautete Mariano Blázquez, seines Zeichens Generalsekretär des evangelischen Kirchenbundes.

Es wurde eine Sache von wenigen E-Mails, und aufgrund der Fürsprache Marianos betraten Tina und ich am 21. Juni 2018 in einem Vorort Barcelonas den Verlag *Clie*. Direktor Alfonso Triviño und seine rechte Hand Silvia Martínez waren von meinem Vortrag in höchstem Maße angetan.

„Falls *Zondervan* Ihr Buch nicht nehmen sollte, aus welchen Gründen auch immer, können Sie es bei uns verlegen!" Alfonso gab uns eine mündliche Garantie, die er wenig später schriftlich untermauerte. Nun wartete ich auf die Reaktion von *Zondervan*. Als sie im August endlich im Computer eintrudelte, rollte ich irritiert mit meinen Augen.

Ja, sie würden auch mein zweites Buch auf den Markt bringen, las ich im Vorwort einer längeren E-Mail. Die Bedingungen von *Zondervan* grenzten allerdings an pure Unverschämtheit: Die spanische Übersetzung sollte ich selbst liefern und mich verpflichten, als Autor dem Verlag 9.000 Exemplare abzukaufen. Und zwar auf einen Schlag. Unter dem Strich bedeutete diese zweifelhafte Offerte aus Michigan ein Nullrisiko für den Verlag und ein hundertprozentiges Risiko für unseren deutschen Verein, der die entsprechenden Buchkäufe tätigen würde.

Drei Tage später, nach Rücksprache mit unserem Vereinsvorsitzenden Olaf Böttger, nahmen wir stattdessen das Angebot aus Barcelona dankbar an. Die *Clie*-Leute sollten sich als faire Verhandlungspartner erweisen. Sie übersetzten auf ihre Kosten mein zweites Buch ins Spanische und ließen mehrere Tausend Exemplare in einer Druckerei in Lima herstellen. Dadurch entfielen für uns die Transportkosten aus Übersee, eine geniale Lösung.

Als ich die Bücher in Lima in Händen hielt und mich über die hervorragende Qualität der Druckerzeugnisse freute, kamen mir sofort Alberts Worte in den Sinn: „Klaus, komm auf jeden Fall nach New Jersey. Du wirst hier einen wichtigen Mann treffen!" Albert sollte, ohne es selbst zu ahnen, recht behalten. Mariano Blázquez, der Mann auf dem Beifahrersitz einer Limousine, der fesselnde Erzähler seiner Biografie und hilfsbereite Türöffner, war für mich zu einer entscheidenden Schlüsselfigur geworden.

Lahme können gehen

Das hatte es in der protokollierten Menschheitsgeschichte noch nie gegeben: Lahme konnten gehen. Die Wunder Jesu vor zweitausend Jahren verbreiteten sich wie ein Lauffeuer entlang der Ostküste des Mittelmeeres. Seine Heilungen waren Sensationsnachrichten. Aus allen Himmelsrichtungen ließen sich hoffnungslos Kranke zu Jesus bringen. In einem Fall deckten vier Männer sogar ein Dach ab, um ihren lahmen Freund auf einer Decke vor Jesus niederzulassen. Der sichere Ärger mit dem Besitzer des Hauses sowie rechtliche Konsequenzen schreckte dieses Viererteam nicht ab. Wichtig war ihnen nur eines: Ein Gehbehinderter sollte endlich die Chance erhalten, seine Beine zu gebrauchen.

Ein Mensch, der verkrüppelt am Boden liegt und aufs Betteln angewiesen ist, fristet ein beklagenswertes Dasein. Er ist stigmatisiert und von der Gemeinschaft ausgestoßen. Ohne jegliche Wertschätzung. Und eine innere Stimme sagt unaufhörlich: „Du kannst nichts und du bist nichts!“

Als meine Frau und ich 1983 Ghana besuchten, waren wir erschüttert über die vielen amputierten Kinder und Erwachsenen. Ich erinnere mich an eine Szene, in der wir buchstäblich von allen Seiten von freudlosen Gestalten umringt wurden, die sich am Boden voranschleiften. Diese schrecklichen Bilder gehen mir bis heute nicht aus dem Sinn.

Ende Februar 2018 packten Daniel Müller, seine Frau Rebecca und drei goldige Mädchen in Curahuasi ihre Koffer aus. Die Kleinstadt in den Anden würde für fünf Jahre ihre neue Heimat werden. Eigentlich wären die Kinder lieber in Deutschland geblieben, aber sie verstanden, dass ihr Papa eine wertvolle Arbeit zu verrichten hatte. Große und Kleine, Frauen und Männer sollten endlich wieder ihr Schicksal auf eigene Beine stellen können.

Es dauerte nicht lange, und der Container mit den Geräten und orthopädischen Hilfsmitteln wurde an der Rampe hinter dem Spital abgeladen. Sofort machte sich Daniel an die Einrichtung seiner Werkstatt. Zu diesem Zeitpunkt war noch gar nicht abzusehen, in welchem Maße seine Prothesen in der Bevölkerung für Furore sorgen würden.

Als Nehemias Huaiman zur Welt kam, fehlte ein großer Teil seines linken Beines. Er bot einen jammervollen Anblick. Andere Kinder spielten und rannten herum, doch er hockte in der Ecke und sah resigniert zu. Und es bestand keine Chance auf Besserung. Hoffnungslosigkeit ist eine entsetzliche Geißel. Dieser bedauerliche Zustand sollte bei Nehemias bis zum 19. September 2018 andauern. An jenem Tag passte unser Orthopädie-Techniker dem Kind eine Prothese an. Ein Foto vor der Anprobe zeigt einen kleinen 4-jährigen Jungen mit traurigem Gesichtsausdruck. Als das künstliche Bein schließlich wie angegossen saß, führte Daniel seinen jungen Patienten an die frische Luft nach draußen. Zum ersten Mal in seinem Leben würde Nehemias das Laufen lernen. Nur zwei Stunden verstrichen und er hatte die Herausforderung gemeistert. Sein Gesicht war nicht wiederzuerkennen. Seine strahlenden Augen auf dem zweiten Foto bewegen die Zuschauer meiner Vorträge bis heute. Von den realen Kosten, die bei über 10.000 Dollar lagen, trugen die Eltern gerade mal zweihundert Dollar, eine Summe, die 2 Prozent der tatsächlichen Ausgaben entsprach.

Ein anderer Fall erzählt von Victor. Der Familienvater lebte in der Kleinstadt Izcuchaca von der Landwirtschaft. Und wie die meisten Quechua-Indianer stand er früh auf, um seine Felder zu bestellen. Eines Tages wollte er vor dem laufenden Mähdrescher einige Steine entfernen, da passierte es: Sein linkes Bein geriet in die rotierende Maschine. Das Ergebnis war ein Blutbad auf einem goldenen Erntefeld. Der zerfetzte Stumpf wurde an einem Spital in Cusco dreimal operiert. Eine Leidensgeschichte, die ans Herz geht. Einer Empfehlung folgend brachten seine Angehörigen ihn in die Werkstatt von Daniel Müller. Mit Erfolg: Seine Prothese sitzt gut und er kann heute sogar wieder selbstständig seiner Feldarbeit nachgehen.

Die Mutter war völlig fassungslos. Als sie Britney zum ersten Mal stillte, schaute sie wie versteinert auf den linken Arm. Er reichte gerade mal bis zum Ellenbogen. Der unansehnliche Stumpf endete in einer keulenförmigen Verdickung. Die alleinstehende Mutter setzte ihre ganze Hoffnung auf eine ausländische Organisation, die eine Prothese für die fehlende linke Hand in Aussicht gestellt hatte. Deshalb reiste sie mehrmals mit ihrer Tochter von Cusco in die Hauptstadt Lima. Nach einer 2-jährigen Wartezeit traf das Paket endlich in Lima ein. Leider war der Inhalt eine rechte Hand. Die Enttäuschung kannte keine Grenzen. Als die hübsche Britney in die 1. Klasse eingeschult wurde, brachten ihre Mitschüler sie mit ihren Hänseleien immer wieder zum Weinen. Damit ist jetzt Schluss, denn Daniel Müller versorgte das sieben Jahre alte Mädchen inzwischen mit einer individuellen Prothese, die im 3-D-Verfahren gedruckt worden war. Unsere Ergotherapeutin Susi Rottler half anschließend mit vielen guten Ratschlägen bei der Eingewöhnung. Der Hauptartikel in unserem Weihnachts-Infobrief 2019 zeigt eine überglückliche Britney beim Verspeisen einer leckeren Götterspeise. Den Becher mit dem süßen Dessert hält sie stolz in ihrer Prothesenhand.

Bei einem medizinischen Dorfeinsatz im Ort Kishuara, der gut vier Stunden vom Hospital Diospi Suyana entfernt liegt, wurde deutlich, welchen Aha-Effekt eine Prothese bei einer kompletten Dorfgemeinschaft auslösen kann.

Brad Vasquez, eines von sechs Kindern einer alleinerziehenden Mutter, hatte zwei Monate zuvor eine Beinprothese erhalten. Nun stand er mit dem Mikrofon in der Hand vor mehreren Hundert Menschen und begrüßte die Mitarbeiter von Diospi Suyana. Er wurde gefeiert wie ein Held. Sein Ergehen hatte die Quechua-Indianer in Kishuara auf Diospi Suyana erst aufmerksam gemacht.

Die Orthopädiewerkstatt ist die bisher letzte Ergänzung des Hospitals Diospi Suyana. Daniel Müller fügt sich wie ein fehlendes Puzzleteilchen in ein hoch motiviertes Team ein, das aus Physio- und Ergotherapeuten sowie einem Traumatologen besteht. Der Baden-Württemberger schickt mir regelmäßig Aufnahmen von seinen dankbaren Patienten, die ich meist noch am gleichen Abend auf der Webseite publiziere. Die Wirkung ist jedes Mal umwerfend. Tausende von Klicks auf unserer Facebook-Seite belegen, dass die Freude übersprudelt, wenn ein Lahmer geht. Das war damals bei Jesus Christus so und ist auch im 21. Jahrhundert nicht anders.

Und nun echt – der aller-, allerletzte Einsatz der Klemenz'

„Du bist schuld", das habe ich Udo Klemenz schon des Öfteren an den Kopf geworfen. „Wenn du gleich am Anfang das Krankenhaus mit allen Erweiterungen groß genug gebaut hättest, dann müssten du und Barbara nicht ständig wiederkommen!" Nun, ich gebe zu, dass man bei dieser „Schuldfrage" unterschiedlicher Meinung sein kann. Fest steht allerdings, alle unsere kühnsten Erwartungen wurden regelmäßig übertroffen.

Das Medienzentrum, kaum in Betrieb, entpuppte sich bald als zu klein. Es war der Niederländer Oebele de Haan, der mir eines Sonntagnachmittages vorschlug, eine dritte Etage mit Büros auf die zweite zu setzen. Und als Statiker Jürgen Engel aus Mettingen die Datenlage prüfte, war diese Idee sogar umsetzbar.

Die Operationsabteilung platzte aus allen Nähten. In Anbetracht der acht Kollegen, die mit dem Umgang eines Skalpells vertraut waren, reichten vier Operationssäle einfach nicht mehr aus. Bei einem Rundgang durch das Krankenhaus kam ich auch in den Aufwachraum. Und als mein Blick auf die Außenwand fiel, wurde mir schlagartig klar, dass diese Mauer weichen musste. Des Rätsels Lösung wären zwei zusätzliche OPs im Innenhof, die durch einen breiten Gang mit dem Hauptgebäude verbunden wären.

Aus der Schule drangen die Hilferufe von Direktor Christian Bigalke bis in mein Büro den Berg hinauf. Um die komplette Zweizügigkeit des Colegios zu ermöglichen, würden noch drei Kindergartenräume fehlen. Und noch so einiges mehr. Also kamen wir um die Errichtung eines weiteren Kindergartengebäudes gar nicht herum.

Architektenehepaar Tina und Kornelius Linder, die bereits 2012 alle Pläne für den Schulbau kostenlos erstellt hatten, mussten nicht lange auf meinen Anruf warten. Es ging wieder auf Weihnachten zu, und da konnten die Linders meine Bitte nicht abschlagen. Sie zeichneten und rechneten gemeinsam an diesen drei Projekten, und „vergaßen“ bei allem Stress, uns jemals eine Rechnung zu schicken.

Durch eine unerwartete Fügung – Christen glauben, dass es Zufälle gar nicht gibt – hatten die Klemenz’ ohne viel Federlesens ihr Haus in Niederbiel verkauft. Und wie durch ein Wunder waren sie Besitzer einer ebenerdigen Eigentumswohnung an der Peripherie des Ortes geworden. Das, was bei anderen viele Monate, gar Jahre in Anspruch nimmt, war auf seltsame Weise sang und klanglos über die Bühne gegangen.

Nun saßen sie am 11. April 2018 in ihrer renovierten Wohnung und verspeisten ein Stück Schwarzwälder Kirschtorte nach dem anderen. Der Grund, warum Barbara dieses leckere Konditoreiprodukt gebacken hatte, lag in einem hohen Besuch begründet. Der Mann am Tisch kam aus Südamerika, verfügte über eine doppelte Staatsbürgerschaft und hatte ein geheimes Anliegen mitgebracht. Seine strengen Augen prüften durch eine dunkle Brille das Bücherregal der Klemenz'. Dann zuckte sein Mundwinkel als Ausdruck einer tiefen Befriedigung. Er zog einen großen Atlas hervor, öffnete ihn auf der Seite, die den südamerikanischen Kontinent abbildete, und zeigte mit dem rechten Zeigefinger auf einen Staat an der Pazifikküste. Die Klemenz' haben sich durch Sudokus mental erstaunlich fit gehalten, und so verstanden sie den Wink ihres Gastes sofort.

Barbara gönnte sich einen Schluck Kaffee aus der Tasse und bemerkte einsichtig. „Die Leute sagen zwar, ihr seid ja verrückt, aber was sein muss, muss halt sein!"

Am 21. Juni 2018 titelte ich auf unserer Webseite: „Das ist keine Zeitungsente! Die Klemenz' sind wieder in Peru!" Mit seinen fünfundsiebzig Jahren war unser Bauingenieur alt und reif genug, um diese dreifache Herausforderung anzunehmen. Dessen war ich mir sicher. Und nicht nur ich, sondern auch das Publikum unserer Homepage.

Dem Tod entronnen und die letzten Worte auf dem Totenbett

Bevor eine Sendeanlage in Betrieb geht, verstreichen viele Monate harter Arbeit. Der erste Schritt ist der Erwerb einer Frequenz, der zweite die Suche nach einem geeigneten Grundstück. Irgendwann rücken die Bauarbeiter an und zementieren eine Plattform. Sie bauen ein Gerätehaus und ziehen eine hohe Mauer. Erst dann kann ein Trupp von schwindelfreien Arbeitern den Radioturm errichten. Eine Herausforderung der besonderen Art ist auch die Stromzufuhr. Meist müssen aus einem Tal die Kabel bergaufwärts verlegt werden. Und da die Stromleitung notgedrungen andere Grundstücke durchquert, braucht man die Zustimmung von Dorfgemeinschaften bzw. privaten Besitzern. Ich kann Ihnen versichern, dass diese Verhandlungen kein Zuckerschlecken sind. Nicht selten würde man nach wochenlangen Frusterfahrungen die Flinte am liebsten ins Korn werfen. Doch irgendwie ist eines schönen Tages auch die letzte Hürde genommen, und unsere Techniker rücken aus.

Unsere UKW-Frequenzen verteilen sich auf ein Gebiet so groß wie die ehemalige Bundesrepublik Deutschland. Außerhalb der Hauptstadt Lima gibt es keine Autobahnen. Das heißt im Klartext, dass die Anreise meist einen ganzen Tag in Anspruch nimmt. Die letzten Kilometer fahren unser Pick-up und ein voll beladener Lastwagen über abenteuerliche Dreckpisten steil nach oben einem Gipfel entgegen oder durch den Regenwald nach unten in einen feuchtheißen Glutofen. Das ganze Unternehmen erinnert oft an eine Expedition ins Ungewisse. Wenn Chris Welch und Kollegen dann die Transistoren, Antennen, Kabel und Satellitenschüssel entladen, kommt regelmäßig der Moment einer bitteren Erkenntnis:

„Wir haben ein Teil vergessen!" Es hat keinen Zweck, lange zu lamentieren. Einer muss wieder los, um in der nächsten Stadt zu suchen, was schwer zu finden ist. Selbst wenn sich die Dinge im Camp optimal entwickeln, dauern die Installationsarbeiten normalerweise zwischen vier und sechs Tagen.

Ich selbst bin während dieser Zeit entweder in Curahuasi oder auf einer Vortragsreise im Ausland. Ich kann den erlösenden Anruf von Doris Manco kaum erwarten. Und wenn er kommt, spreche ich ein Dankgebet und veröffentliche die frohe Kunde als Eilmeldung auf unserer Webseite.

Es war Sonntag, der 1. Juli 2018, um die Mittagszeit. Unser Team hatte es geschafft. Die Satellitenverbindung funktionierte. Das Radio von Diospi Suyana wurde in Puerto Maldonado, einer Provinz im Osten Perus, ausgestrahlt. Ein letztes Foto, und schon bestiegen unsere Leute den Pick-up, um fünfzehn Stunden nach Curahuasi zurückzufahren. Zurück blieb ein Sendeturm. Und der machte genau das, was alle Sendetürme von Diospi Suyana tun – er sendete die beste Nachricht, die es gibt, in die Häuser und in die Lebenssituationen der Hörer.

Dienstag, der 3. Juli. Es war 5.49 Uhr in der Dämmerung. Reynaldo kommentierte gerade die Morgensendung, da klingelte sein Handy. Ein aufgewühlter Mann, von Beruf Wächter, meldete sich aus Puerto Maldonado. Nennen wir ihn Pedro Huaman. Der Peruaner wollte eigentlich zu seiner Dienstpistole greifen und sich eine Kugel in den Kopf jagen. Seine Frau war mit einem anderen Mann durchgebrannt. Und diese Familientragödie hatte ihn an den Rand der totalen Verzweiflung gestoßen. Doch dann hörte er Worte der Hoffnung auf 107,7 FM im Radio Diospi Suyana. Und er fragte sich: „Kann es wirklich sein, dass Gott auch für meine ausweglose Lage eine Lösung kennt?"

Reynaldo und Pedro redeten am Telefon lange und ausführlich. Der Revolver blieb am Gürtel. Es löste sich kein Schuss. Der Mann stand irgendwo außerhalb der Stadt und schöpfte zum ersten Mal seit vielen Wochen Zuversicht.

Mittwoch, der 4. Juli. Ein Anruf aus dem wohl schlimmsten Ort von Puerto Maldonado: dem Stadtgefängnis. Hier fristen Menschen ihr Dasein, die früher anderen das Leben zur Hölle machten und nun selbst in einer Hölle vegetieren müssen. Einem südamerikanischen Knast. „Danke für euer Programm!“, sprudelte es aus dem Häftling heraus. „Danke, danke!“ – Gerade mal zwei Tage war Diospi Suyana in Puerto Maldonado auf Sendung. Und schon rettete unser Radio das Leben eines jungen Mannes beziehungsweise spendete Trost in der Ausweglosigkeit einer Zelle. Als unsere Techniker von diesen Anrufen erfuhren, war ihnen sofort klar, dass jeder Schweißtropfen in der Woche zuvor einem tieferen Sinn gedient hatte.

Am Samstag, den 18. August 2018, um kurz nach 17 Uhr, ging das Radio Diospi Suyana in der Provinz Andahuaylas auf Sendung. Von unseren Antennen aus blickte man über das Tal mit der Großstadt und ihren Ausläufern. Alle 100.000 Bewohner eines ganzen Landstrichs konnten sich ab jenem Zeitpunkt auf 96,1 FM zuschalten.

Eine Minute später verschickte Doris Manco, die Leiterin unseres Medienzentrums, die Neuigkeit an viele Freunde. Auch ihr alter Vater in Lima hörte die Stimme seiner Tochter im Lautsprecher eines Handys. Er lag im Bett und konnte sich kaum noch rühren. Es sah so aus, als würde er seiner Krebserkrankung bald erliegen. Aber seine Sinne waren noch hellwach. Die Begeisterung von Doris, die in der WhatsApp deutlich wurde, steckte auch ihn an. Er freute sich mit. Vielleicht war das in diesem Augenblick die letzte große Gefühlswallung seines Lebens. Drei Jahre lang hatte er seine Tochter immer wieder ermutigt, für Diospi Suyana in Curahuasi zu arbeiten. „Die Aufgabe dort ist für dich goldrichtig!“, hatte er stets gesagt. Als am nächsten Morgen der Tag anbrach, starb er.

Diospi Suyana möchte die beste Botschaft, die es gibt, über Satelliten und Radiotürme weitergeben. Wir bringen gute Musik, Erziehungsprogramme, Gesundheitssendungen und Tipps für die ganze Familie. Aber uns geht es um viel mehr als nur Unterhaltung oder Aufklärung. Jesus sagte: „Wer an mich glaubt, der wird leben, selbst wenn er stirbt!“ In Anbetracht des Todes von Doris’ Vater gewinnt diese Aussage eine besondere Bedeutung. Der gläubige Christ Armando Manco wird seine Tochter einmal wiedersehen und sie ihn. Es gibt keinen besseren Zuspruch als die Worte Christi.

Deshalb trafen sich die ersten Christen sonntags zu ihren Gottesdiensten und nicht, wie bei den Juden üblich, am Samstag: Am „ersten Tag der neuen Woche“ hatte Jesus sein Grab verlassen. Die Begegnung mit dem Auferstandenen hatte alles verändert: ihre Haltung zum Leben hier und ihre Perspektive vom kommenden jenseits des Todes. Die Jünger Jesu waren aufgrund dieser Erfahrung sogar bereit, in Asien, Afrika und Europa als Märtyrer zu sterben. Thomas ließ sein Leben in Indien, Petrus in Italien und Jakobus in Jerusalem.

Seit zweitausend Jahren setzen Abermillionen Menschen ihre ganze Hoffnung auf dieses Ereignis, die Auferstehung ihres Herrn. Bis zur Fertigstellung dieses Manuskriptes lebten schon anderthalb Millionen Menschen im Sendegebiet unserer Radiotürme. Vielleicht können Sie meine Begeisterung nachempfinden, wenn ich sage: „Hoffentlich kommt der Tag, an dem wir zehn Millionen Peruaner erreichen werden!“

Jeder weiß, dass sich in der Medienwelt alles um die Quote dreht. Die Gretchenfrage lautet: Wie viele Hörer bzw. Zuschauer sind zugeschaltet? Um ein hohes Rating zu erzielen, muss ein Programm die breite Masse ansprechen. „Bad news are good news“, sagen Nachrichtenleute. Eine schlechte Nachricht, zum Beispiel eine Katastrophenmeldung, treibt die berühmte Einschaltquote nach oben. Die Überschriften geizen nicht mit Superlativen, um das Interesse weiter zu steigern. Ebenfalls „hilfreich“ sind Skandalmeldungen aus dem Schlafzimmermilieu der VIPs. Selbst die FAZ-Online kommt ohne ein bisschen Regenbogenpresse nicht mehr aus. Und deshalb habe ich Verständnis, wenn die Medienexperten die Augen verdrehen, sobald ein christlicher Sender den Markt des harten Wettbewerbs betritt. Sie denken, wenn die Quote nicht stimmt, können keine Werbeeinnahmen generiert werden. Und da der Glaube sich nicht vermarkten lässt, lohne es sich erst gar nicht, ihn unter das Volk bringen zu wollen. Ich halte diese Diskussion für irreführend.

Das christliche Lied „The beautiful Name of Jesus” wurde auf YouTube eine halbe Milliarde Mal angeklickt. Sie müssen schon lange suchen, bis sie einen säkularen Song entdecken, der dieses Ergebnis toppt. Grand-Prix-Rennen mögen noch so aufregend sein, am Ende, wenn die Lichter ausgehen, liegen wir im Bett und suchen nach Antworten auf die Urfragen der Menschheit. Warum bin ich hier? Und was geschieht mit mir nach dem Tod? Bisher habe ich dazu in keinem Schlager eine hilfreiche Auskunft gehört. Der Inhalt des Glaubens ist unschlagbar. Und deshalb wird ein professionelles christliches Programm immer auf Interesse stoßen. Aber auch, wenn das nicht der Fall wäre, bleibt es unser Auftrag, die Nachricht von Jesus Christus weiterzutragen.

Ein heißes Eisen

Es ist gar nicht so einfach, zu kontroversen Themen Stellung zu beziehen. Wenn es sich um Streitpunkte handelt, die schnell Emotionen wecken, macht man sich unter Umständen in kürzester Zeit viele Gegner. Ich werde mich in diesem Kapitel trotzdem offen äußern. Zum einen ist es mein gutes Recht als freier Bürger, und zum anderen hat das, was ich nun schreibe, viel zu tun mit der bisher schlimmsten Krise, die wir bei Diospi Suyana durchmachen mussten. Und bitte glauben Sie mir, dass ich den größten Respekt vor Ihrer Meinung habe, auch wenn Sie die Dinge vielleicht anders sehen als ich.

Herbst 1988. Meine Frau arbeitete als Assistenzärztin an einem großen Klinikum in Cardiff. Sie hatte Nachtdienst und nahm gegen 19 Uhr in der Cafeteria des Spitals ihr Abendessen ein. Da gesellte sich eine junge englische Gynäkologin zu ihr. Es entspann sich ein kurzer Wortwechsel.

Martina: „Wir kämpfen auf der Neugeborenen-Intensivstation gerade um das Leben eines Babys, das in der 24. Schwangerschaftswoche geboren wurde. Hoffentlich kommt es durch!"

Gynäkologin: „Ich soll jetzt gleich bei einem Baby in der 23. Schwangerschaftswoche eine Abtreibung einleiten. Das finde ich so entsetzlich!"

Im Frühjahr 2016 führte ich in Johannesburg ein langes Gespräch mit Trevor Sampson. Der begnadete Musiker hilft seit vielen Jahren benachteiligten Jugendlichen in Südafrika. Er hat ein besonderes Herz für die Kinder auf der Straße, weil er selbst unter ähnlichen Bedingungen aufgewachsen ist.

Dass er noch lebt, grenzt fast an ein Wunder, denn seine alleinstehende Mama wollte, als sie ihn erwartete, die Schwangerschaft mit einem Abort beenden. Und dieser Eingriff hätte sie noch nicht einmal etwas gekostet. Ihre eigene

Mutter, also Trevors Oma, war im Township für die Durchführung von Abtreibungen zuständig. Sie verrichtete ihr Handwerk mit langen Stricknadeln. Sie tat dies effizient und gründlich und ohne große Gewissensbisse. Eines Tages lag die alte Frau in ihrer Hütte in den letzten Zügen. Die Szene hat sich bis heute in Trevors Erinnerung eingebrannt. Von ihrem Sterbebett aus schrie sie in den dunklen Raum hinein: „Die Kinder, die ich abgetrieben habe, sind alle hier und klagen mich an!". Ihr Tod war grauenvoll.

Am Hospital Diospi Suyana möchten wir den schwächsten Mitgliedern der Gesellschaft beistehen, den entrechteten Quechua-Indianern genauso wie den unversicherten Landbauern. Und wer ist wehrloser und hilfloser als ein Embryo im Bauch seiner Mutter?

Abtreibungen sind an unserem Spital aus vier Gründen tabu.

Die traditionelle ärztliche Ethik aus dem Hellenismus: Der Hippokratische Eid ist ein Dokument, das um 400 vor Christus entstanden sein dürfte. Seit über zweitausend Jahren haben Ärzte in der westlichen Welt seinen Inhalt als Richtschnur ihres ethischen Handelns verstanden. Bis auf den heutigen Tag leisten in vielen Ländern junge Mediziner diesen Eid zu Beginn ihrer ärztlichen Karriere. Darin heißt es: „... Ich werde niemandem, nicht einmal auf ausdrückliches Verlangen, ein tödliches Medikament geben, und ich werde auch keinen entsprechenden Rat erteilen; ebenso werde ich keiner Frau ein Abtreibungsmittel aushändigen. Lauter und gewissenhaft werde ich mein Leben und meine Kunst bewahren ...!"

Die Position des Buchs der Bücher: Alle ehrenamtlichen Mitarbeiter bei Diospi Suyana sind überzeugte Christen. Und die Bibel macht deutlich, dass Gott der Herr über Leben und Tod ist. Die Liebe Gottes gilt jedem Menschen, nicht erst nach der Geburt, sondern auch während und sogar schon vor der Schwangerschaft. Die Worte des Propheten Jeremia gehören zu den wichtigsten Passagen der Weltliteratur. Er schrieb im ersten Kapitel seines Buchs: „Ich (Gott) kannte dich, ehe ich dich im Mutterleibe bereitete und sonderte dich aus, ehe du von der Mutter geboren wurdest“ (Jer 1,5). Der Autor des 139. Psalms singt: „Deine Augen sahen mich, da ich noch nicht bereitet war, und alle Tage waren in dein Buch geschrieben, die noch werden sollten und von denen keiner da war!“

Das Post-Abortion-Syndrom (PAS): Die seelischen Kurz- und Spätfolgen der Abtreibung sind umfangreich. Die häufigsten Symptome, unter denen Frauen nach einer Abtreibung leiden, reichen von starken Schuldgefühlen und Depressionen bis hin zu Albträumen und Selbstmordgedanken. In einer Analyse des Elliot Insitute fühlten nur 5,1 Prozent der 260 Befragten einen inneren Frieden.

Prozentangaben schwanken von Studie zu Studie. Wichtig ist mir der Hinweis, dass seelische Belastungen nach Abtreibung bei unzähligen Frauen einen großen Leidensdruck auslösen.

Die Gesetzeslage in Peru: In Peru sind Abtreibungen illegal. Es gibt nur wenige Ausnahmen, wenn beispielsweise das Leben der Mutter in Gefahr ist.

Im sogenannten christlichen Abendland bemühen wir uns, die Frösche und Kröten auf den Straßen zu schützen. Und andererseits tun viele so, als sei ein Embryo nur ein Klumpen Eiweiß mit DNS-Einschlüssen. Wussten Sie, dass 97 Prozent der Babys zum Zeitpunkt ihrer Geburt völlig gesund sind?

Leider versuchen viele Meinungsmacher, in der öffentlichen Diskussion Abtreibungsgegner als religiöse Fanatiker abzustempeln. Abtreibungsbefürworter werden als modern, verständnisvoll, zeitgemäß und demokratisch dargestellt. Abtreibungskritiker gelten in diesem Schwarz-Weiß-Denken hingegen als intolerant, unmodern, undemokratisch und radikal. Ich verfolge diese Entwicklung mit großer Besorgnis.

Ein Leben am seidenen Faden

Es war Dienstag, der 21. August 2018. Wie gewöhnlich drängelten sich mehr Patienten in unseren Wartesaal als Platz fanden. Eine Patientin um die fünfunddreißig Jahre, nennen wir sie mal Maria Quispe, betrat das Arztzimmer unseres gynäkologischen Assistenzarztes. In der Anamnese gab sie an, aus der Vagina zu bluten. Der junge Doktor griff bald zum Ultraschallkopf, um sich die Gebärmutter genau anzuschauen. In diesem Moment kollabierte die Patientin und verlor ihr Bewusstsein. Auf dem Boden bildete sich eine Blutlache, die sich beängstigend schnell ausbreitete.

Dr. Antonio Carrion tat das, was in so einer Situation wohl jeder Arzt in Ausbildung getan hätte, er rief seine Chefin, in diesem Fall Dr. Miriam Boeker. Im Laufschritt brachten die beiden Mediziner die besinnungslose Frau in einen unserer Operationssäle. Beim Noteingriff wurde offensichtlich, dass Maria einen Abort hinter sich hatte. Unsere Patientin erhielt sofort Infusionen und Blutprodukte. Die Ausschabung der Gebärmutter half, die akute Blutung zu stoppen. Eine Stunde später lag Maria in einem weißen Bett auf der Krankenstation. Sie befand sich zu diesem Zeitpunkt außer Lebensgefahr und in einer sicheren Umgebung.

Am Mittwoch ging es der mehrfachen Mutter schon deutlich besser. Sie nahm ihr Frühstück zu sich und erzählte einer unserer Hebammen weitere Einzelheiten aus ihrer Vorgeschichte.

Einige Tage zuvor hatte sie eine bekannte Farmacia, die Apotheke an der Hauptstraße, aufgesucht und die Besitzerin gebeten, ihr einige Tabletten für eine Abtreibung zu geben. „Komm heute Abend wieder“, sagte die Frau hinter der Theke, „bring 195 Soles mit (ein Viertel des gesetzlichen Mindestlohns), und du kriegst von mir die Tabletten, um dein Baby wegzumachen!“

Am Abend erhielt Maria gegen Bezahlung vier Tabletten und zwei Zäpfchen mit dem Wirkstoff Misoprostol. Außerdem erklärte die Besitzerin des Geschäftes der Quechua-Indianerin das Prozedere der Medikamenteneinnahme.

Als die starken Blutungen einsetzten, befand sich Maria auf einer Liege im Hospital Diospi Suyana. Wäre sie zu diesem Zeitpunkt alleine zu Hause gewesen, hätte niemand sie vor dem Verbluten retten können.

Die Apothekerin hatte sich in mehrfacher Weise strafbar gemacht. Erstens steht auf Beihilfe zu einer Abtreibung in Peru eine mehrjährige Gefängnisstrafe, und zweitens hätte sie die Tabletten nicht ohne Rezept verkaufen dürfen. Erschwerend kommt hinzu, dass die Produktion von Misoprostol sehr billig ist; eine Kapsel kostet nur einen Sol, etwa 25 Cent. In Peru lässt sich mit Abtreibungen aber ein echter Reibach machen, und die Tabletten werden bis zum hundertfachen Preis veräußert. In diesem Fall lag der illegale Gewinn der „Farmacia“ bei rund 190 Soles. Und bezogen auf die Häufigkeit der unerwünschten Schwangerschaften waren Abtreibungen für die Apotheke ein höchst lukratives Geschäft.

Die Patientin schrieb ihre Darstellung in einer eidesstattlichen Erklärung auf. Am Nachmittag meldete ich mich bei der Staatsanwältin und bat um einen Termin für den nächsten Tag. „Señora“, sagte ich am Telefon, „ich würde gerne ganz offiziell als Krankenhausdirektor eine Anzeige erheben!“

„Selbstverständlich, kommen Sie morgen um 11 Uhr in mein Büro“, so die Antwort der Staatsdienerin.

Am Donnerstag, dem 23. August, kam ich in Begleitung von drei peruanischen Kollegen pünktlich zum verabredeten Gespräch. Nach dem üblichen Austausch von Höflichkeiten erläuterte ich den Vorfall und sagte: „Frau Staatsanwältin, jene Apotheke auf der anderen Straßenseite hat das Leben dieser Patientin aufs Spiel gesetzt und zudem ihre Not auf schamlose Weise ausgenutzt. Ich möchte mit meiner Anzeige erreichen, dass diesen Halsabschneidern in Curahuasi das Handwerk gelegt wird!"

Die Fiscal antwortete mit erstaunlicher Seelenruhe: „Die Anzeige nehme ich nicht an. Es gibt schon ein Protokoll der Polizei, und das reicht!"

Von Gesetzes wegen müssen wir in Peru tatsächlich immer die Polizeistation benachrichtigen, wenn der Verdacht auf eine Abtreibung besteht. Allerdings scheint das Protokoll danach regelmäßig im Papierkorb zu landen oder auf dem untersten Regalbrett im Archiv. Eine reine Formsache ohne Nachspiel.

„Frau Staatsanwältin, unsere Patientin wäre um ein Haar gestorben, es ist mein Recht und meine Aufgabe, diesen Vorfall anzuzeigen, allein schon deshalb, um andere Frauen zukünftig zu schützen!"

Ich redete mit Engelszungen. Wir hielten uns gut fünfundvierzig Minuten im Büro der Juristin auf. Aber nichts half. Sie blieb hart wie Stein. Etwas missmutig zogen wir vier wieder von dannen.

Im Krankenhaus hängte ich mich gleich ans Telefon und erläuterte einer Direktorin im Justizministerium von Lima den Fall in allen Einzelheiten. Doctora Maria Adrianzen fackelte nicht lange. „Sagen Sie der Kollegin, dass es ihre absolute Pflicht ist, die Anzeige aufzunehmen. Falls sie die Arbeit verweigert, werde ich den Vorgang morgen dem Justizminister persönlich auf den Schreibtisch legen!" Das war doch mal eine ordentliche Ansage.

Am Nachmittag stattete ich der Dame für Recht und Ordnung einen zweiten Besuch ab. Erneut hatte ich drei Peruaner als Zeugen dabei. „Doctora, es tut mir leid, dass ich Sie wieder behelligen muss, aber ich möchte jetzt doch noch meine Anzeige loswerden!"

Die Staatsanwältin reagierte etwas verschnupft: „Ich habe

Ihnen heute Morgen schon erklärt, dass ich die Anzeige nicht akzeptiere", und zu unserem Prokuristen Edgard Montalvo gewandt meinte sie von oben herab: „Erklären Sie ihm" – sie zeigte mit dem Finger auf mich –, „dass der Fall für mich abgeschlossen ist."

Ihr Tonfall war eine echte Beleidigung. Sie bezog sich auf meinen deutschen Akzent und suggerierte mit dieser unverschämten Bemerkung, dass ich als Ausländer wohl etwas schwer von Kapee wäre.

Nun sah ich der Juristin fest in die Augen und brachte die Information ins Spiel, die sie innerlich gleich auf hundertachtzig bringen würde: „Frau Staatsanwältin, ich habe mit einer leitenden Direktorin im Justizministerium gesprochen. Sie sagte, wenn Sie Ihren Pflichten nicht nachkommen wollen, wird der Fall morgen dem Justizminister vorgestellt!"

Im Bruchteil einer Sekunde füllte eisiges Schweigen die Amtsstube. Damit hatte die Staatsdienerin auf der anderen Seite des Schreibtischs nicht gerechnet.

Nach einem Moment betretener Stille äußerte sich die Anwältin. „Sie können draußen im Wartesaal Platz nehmen, mein Sekretär wird sich mit Ihrer Anzeige beschäftigen!"

Nach fünfzig Minuten konnte ich endlich das zu Protokoll geben, was ich schon am Morgen gerne losgeworden wäre. Eine seltsame Situation. Warum um alles in der Welt hatte sich die Dame so merkwürdig verhalten?

Früher oder später kommt alles Verborgene ans Licht. Schon am selben Abend hatten wir ein klares Verständnis der Zusammenhänge. Die Staatsanwältin wohnte im Haus des Pharmazeuten und war mit der Familie sogar befreundet. Verbrechen hin, Verbrechen her – ihre Freunde würde sie decken. Einfluss hatte sie als Staatsanwältin und ihre Macht würde sie zu nutzen wissen. An ihr kam so schnell keiner vorbei. Mochte das kriminelle Geschäft mit den Abtreibungspillen auch weiterhin verängstigte Frauen in Gefahr bringen, ihre persönlichen Beziehungen bedeuteten ihr mehr als eine objektive Ausübung des geltenden Rechts.

In der nächsten Sitzung unserer freiwilligen Mitarbeiter erzählte ich von diesen Vorkommnissen. Es gab einige nachdenkliche Wortmeldungen. Zwar weiß jedes peruanische Schulkind, dass in Südamerika die Korruption blüht. Das Geschäft mit Drogen, Schmuggelware und illegalen Abtreibungen floriert, aber trotzdem erschrickt man, wenn man unvermittelt im eigenen Distrikt der Rechtlosigkeit ins Auge blickt.

Am Ende unserer Zusammenkunft beteten wir gemeinsam um Gottes Schutz. Wir hatten uns mit einer dunklen Seilschaft angelegt, die überall in Curahuasi bestens vernetzt war. Wie würde die andere Seite reagieren? Niemand konnte das vorhersagen.

Die geplatzte Geburtstagsfeier

So ein Tag, so wunderschön wie heute, heißt es im deutschen Volkslied. Dr. Tim Boeker feierte seinen achtunddreißigsten Geburtstag und seinen zweiten in Peru. Vor dem Haus machte sich das Geburtstagskind am Grill zu schaffen. Sobald die Holzkohle glühte, würde er die ersten Würstchen auflegen. Er konnte den würzigen Geruch schon förmlich riechen. Die Boekers hatten einige befreundete Familien mit ihren Kindern eingeladen. Nach Dienstschluss, also um 17 Uhr, könnte die kleine Partygesellschaft die letzten warmen Sonnenstrahlen im Freien genießen. Es war der 28. August, mitten im südamerikanischen Winter. Nach Einbruch der Dämmerung legt sich in den Anden schnell die Kälte übers Land, deshalb würden die Boekers gegen 18.30 Uhr alle

Gäste in ihr warmes Wohnzimmer bitten. Ein schöner Ausklang nach einem arbeitsreichen Diensttag. Tim blickte zu den schneebedeckten Bergen hinüber und schüttelte mit dem Kopf. Es war kaum zu glauben, dass er und seine vier Lieben in Curahuasi an diesem Fleckchen Erde eine neue Heimat gefunden hatten. Aber das Leben steckt manchmal voller Überraschungen …

Prof. Dr. Hans Grüber, Tims Großvater mütterlicherseits, war ein Arzt „ohne Kompromisse“ gewesen. Ein ganzes Jahrzehnt hatte er auf dem indischen Subkontinent gewirkt, und zwar so hingebungsvoll, dass seine Frau und Kinder abends lange auf den Ehemann und Vater warten mussten. Nicht gerade ein schönes Familienleben, wie sich Tims Mutter erinnert. Natürlich leuchten so manche Aspekte der Kindheit im Laufe der Jahre in einem goldenen Licht, doch Tim spürte instinktiv die ambivalente Haltung seiner Mutter, wenn immer der Name des berühmten Professors im Gespräch fiel.

„Ich werde alles Mögliche, aber nie Missionsarzt!“ Jahrelang verkündete der kleine Schuljunge seinen Freunden und Verwandten die Grundsatzentscheidung seines Lebens. „Ja, da hast du ganz recht“, bestätigten Onkel und Tanten den Entschluss ihres Neffen und nickten ihm aufmunternd zu.

Ob es etwas mit seiner familiären Veranlagung zu tun hatte oder nicht, sei dahingestellt, jedenfalls begann Tim 2001 das Studium der Medizin, und zwei Jahre später heiratete er die Kommilitonin Miriam Schulte. Die Alumni der deutschen Studienstiftung teilte mit ihrem Mann einen tiefen Glauben an Gott, den gleichen Beruf und eine Menge Idealismus. Das junge Paar zog nach Freiburg im Breisgau und verfolgte mit großem Elan erst das Studium und dann die Ausbildung zum Facharzt. Den praktisch veranlagten Tim zog es in die Traumatologie und seine Frau, nicht weniger geschickt mit den Händen, in die Gynäkologie.

An einem Tag im Oktober 2005 musste sich Miriam auf ein geheimes Örtchen zurückziehen. An der Tür stand „WC", und wie in vielen Häusern war auch dieser „wohnliche Klubraum" mit Zeitschriften jeder Art ausgestattet. Miriam blätterte gerade durch das Kundenmagazin des Finanzdienstleisters *MLP*. Auf Seite achtundsechzig stieß sie auf einen interessanten Bericht über ein Ärzteehepaar aus Wiesbaden, das in Peru ein modernes Krankenhaus plante. „Lebensprojekt Peru" stand in dicken Buchstaben auf der ersten von vier Seiten. Natürlich war alles noch reinste Zukunftsmusik. Aber alleine schon die Absichtserklärung dieser Christen aus Hessen brachte bei Miriam etwas ins Schwingen. „Tim, lies dir das mal durch!", so lautete ihre Empfehlung nach dieser wichtigen Sitzung.

Die Studentenfamilie, obwohl wie fast alle Jungakademiker knapp bei Kasse, fing an, Diospi Suyana finanziell zu unterstützen. Eine gefährliche Entscheidung. Die Boekers erhielten nun fünf Infobriefe im Jahr, die von den Fortschritten dieses irrsinnigen Vorhabens berichteten. „Alles ganz wunderbar. Wir helfen auch gerne mit einer Spende", sagten sich die Boekers, „aber damit lassen wir es auch bewenden!" Noch stand das Diktum wie ein Fels in der Brandung: „Ich werde nie Missionsarzt!"

Im Oktober 2006 wandte sich Miriam in einer kurzen E-Mail an das deutsche Büro von Diospi Suyana:

„Da mein Mann und ich nächstes Jahr unser Medizinstudium beenden, wollten wir uns erkundigen, ab welchem Weiterbildungsjahr Ärzte bei Ihnen arbeiten können, bzw. ob Sie nur Fachärzte suchen. Über eine kurze Rückmeldung würden wir uns freuen!"

Ob sie diese Nachricht heimlich bei Kerzenschein geschrieben hatte oder während eines Nachtdienstes von Tim, wird die Welt nie erfahren. Richtig ist jedoch, dass im Kopf eines

Mannes, der hart mit dem Hammer auf einen Nagel schlagen kann, ein Gedankenprozess in Bewegung geriet, dessen Ende niemand prognostizieren konnte. Eine Art von Reflexion, die viele einem Vertreter seiner Zunft gar nicht so recht zugetraut hätten.

Im März 2012 saßen Dr. Miriam und Dr. Tim Boeker im Publikum eines Diospi-Suyana-Interessententreffens, um sich völlig unverbindlich über die Details eines möglichen Einsatzes in Peru zu erkundigen. Ihre vielen Fragen am Ende der Veranstaltung ließen den Verdacht aufkommen, dass hier zwei Menschen mit Diospi Suyana liebäugelten – also mit dem Feuer spielten.

Im Frühjahr 2015 gaben sich die Boekers einen letzten Ruck. Ihren erstaunten Verwandten, Freunden und Arbeitskollegen teilten sie mit, wohin die Reise im Folgejahr gehen würde: nach Peru. Natürlich dabei ihre kleinen Söhne Sem, damals fünf, und Joah, ein Jahr alt.

Oberarzt Wagner versuchte Tim ins Gewissen zu reden: „Herr Boeker, Sie können doch operieren, bleiben Sie hier!“ Er suggerierte mit diesem Rat, dass medizinische Mission eher etwas für gescheiterte Individuen sei, bei denen die sogenannte Dritte Welt einen Fluchtweg zu einer halbwegs sinnvollen Tätigkeit eröffne. Und zugegebenermaßen ist ein Einsatz in Übersee selten das Sprungbrett für höhere Weihen auf der Karriereleiter.

Auch Prof. Schlickewei sah sich genötigt, mit seinem talentierten Assistenten unter vier Augen ein ernstes Wort zu sprechen. Der ehemalige Vorsitzende der deutschen Gesellschaft für Kindertraumatologie und Orthopädie wollte Tim seine romantischen Flausen austreiben: „Lassen Sie das mal lieber. In Peru würden Sie sich ganz schön umgucken!“, und mit ernstem Blick fügte er hinzu: „Dort haben Sie weder die Ausrüstung noch die teuren Transplantate für eine vernünftige Arbeit!“

Allein, es half nichts. Im September 2016 packten die Boekers ihren Hausrat zusammen und stiegen ins Flugzeug. In einem kleinen Tragekörbchen lag vor ihnen Liah, ein vier Monate altes Mädchen, ihr drittes Kind.

... Endlich stieg etwas Rauch auf, und zwischen den Bröckchen der Holzkohle kamen die ersten Flammen zum Vorschein. Tim blickte befriedigt auf den schwarzen Grill. Die lieben Gäste könnten nun anrücken, da klingelte sein Handy. „Dr. Tim, wir brauchen Sie sofort in der Notaufnahme!"

Im Vollsuff ohne Führerschein

Franziscus C. genehmigte sich ein letztes Bier und schaute nachdenklich auf das Auto am Straßenrand. Es gehörte seiner Familie und war trotz seines Alters immer noch fahrtüchtig. Der 78-Jährige besaß zwar keinen Führerschein, aber der Alkoholspiegel in seinem Blut war hoch genug, um ihm eine Menge Mut einzuflößen. Gegen eine kurze Fahrt durch Curahuasi war wirklich nichts einzuwenden. Es wäre nicht das erste Mal, dass er den Wagen für einen kleinen Ausflug nutzte. Bisher hatten sich die Polizisten im Ort immer großzügig zur Seite gedreht, wenn er aufkreuzte. „Ah, da kommt ja wieder Franziscus", hatten sie gelacht, „lassen wir ihn doch in Frieden!"

In Peru gibt es einen Satz, den man immer und immer wieder hört: „No pasa nada!" Das heißt ins Deutsche übersetzt: Es wird schon nichts schiefgehen. Hundert Mal ging alles gut, also wird auch beim nächsten Mal nichts passieren. Etwas schwankend trat Señor C. an den Wagen heran, öffnete die Fahrertür und ließ sich mit einem Plumps auf den gepolsterten Sitz fallen. Er zündete den Motor und lenkte sein Fahrzeug auf die Panamericana. So eine Fahrt der untergehenden Sonne entgegen war ein echtes Erlebnis. Franziscus trat beherzt auf das Gaspedal.

Ein Schatten kam plötzlich auf ihn zu. Immer schneller. Was war das? Franciscus kniff die Augen zusammen und versuchte sich zu konzentrieren. Doch zu spät. Der frontale Zusammenstoß mit einem Taxi zerstörte im Bruchteil einer Sekunde zwei Pkw. Franziscus schlug mit dem Kopf gegen die Windschutzscheibe, aber keiner seiner Knochen brach. Er hatte Glück im Unglück.

Im Taxi verhinderten die Sicherheitsgurte und Airbags für Fahrer und Beifahrer einen schlimmen Ausgang. Ganz anders sah es auf der Rückbank aus. Einer der beiden Fahrgäste hinten war Abraham K. Der Mittdreißiger schlief tief und fest, und deshalb fehlten ihm im Moment des Aufpralls jegliche Schutzreflexe. Er wirbelte völlig unkontrolliert durch den Wagen. Durch die Wucht der Kollision kam es zu ausgedehnten Quetschungen beider Beine. Sein rechter Oberschenkelknochen zersplitterte in vier Fragmente. Blut floss aus seinem Mund, da sich seine Zähne tief in das Zungengewebe gebohrt hatten.

Innerhalb von zehn Minuten brachte die Feuerwehr die fünf Verletzten in die Notaufnahme des Hospitals Diospi Suyana. Ärzte und Krankenschwestern kümmerten sich unverzüglich um die Versorgung der Patienten. Unsere Belegschaft hat ohnehin einen hohen Effizienzgrad, aber in Notfällen funktioniert unser Team wie ein Schweizer Uhrwerk. Während unsere Ärzte in Sekunden den körperlichen Status ermitteln, legt eine Krankenschwester einen venösen Zugang. Die Damen aus dem Labor nehmen die entsprechenden Blutproben ab. Wenn erforderlich, erhält der Patient einen Beatmungsschlauch in die Luftröhre, eine Magensonde sowie einen Urinkatheter.

Die Röntgenuntersuchungen und CT-Aufnahmen zeigten nur bei Abraham ernste Verletzungen, nämlich den oben beschriebenen Befund. Der Anruf bei unserem Traumatologen war reine Routine. Minuten später eilte Tim Boeker durch die langen Gänge in die Notaufnahme. Seine Geburtstagsfeier würde also ohne seine Beteiligung stattfinden.

Bald stand der Schlachtplan fest: Stabilisierung des Patienten und Operation des Oberschenkelknochens am nächsten Morgen.

Der Schwerverletzte arbeitete als Angestellter bei der örtlichen Gesundheitsstation, der *Posta,* einer Einrichtung des Staates. Damit hatte er Anrecht auf eine kostenlose Behandlung am Versicherungskrankenhaus „Essalud“ in Abancay, der Hauptstadt unseres Bundesstaates.

Um 8.30 Uhr erschien Victor V., Leiter der *Posta,* mit den Angehörigen bei unserem Traumatologen und bat um eine zügige Verlegung an das staatliche Spital. Dr. Boeker füllte die entsprechenden Formulare aus und schrieb eine Zusammenfassung der wichtigsten körperlichen Befunde und Labordaten. Auch die digitalen Röntgenaufnahmen wurden ausgedruckt und der Akte angeheftet. Einem Transport über die Berge nach Abancay stand nichts mehr im Wege.

Eine Dreiviertelstunde verstrich, und Victor V. meldete sich erneut auf der Krankenstation: „Ich habe eben bei Essalud angerufen“, berichtete er, „wegen der Festtage Santa Rosa finden dort in dieser Woche keine Operationen statt“, und an Dr. Boeker gewandt bat er, „bitte führen Sie den Eingriff durch. Das ist der Wunsch der Angehörigen und von mir!“

Tim besprach sich mit den anderen ärztlichen Kollegen, insbesondere mit unserer Anästhesistin Doctora Leslie Ichocan. Alle stimmten zu. Acht Operationen standen am Mittwoch, dem 29. August, auf dem OP-Plan. Man würde zunächst dem verletzten Kollegen der *Posta* helfen und die anderen sieben Fälle nach hinten schieben. Noch fehlte die Patientenaufklärung durch die Anästhesistin. Im Gespräch mit dem Patienten und seiner Lebenspartnerin kamen darin weitere wichtige Vorerkrankungen ans Tageslicht, die der Patient am Vorabend verschwiegen hatte: Er litt an chronischem Asthma und war wiederholt wegen Infektionen seiner ableitenden Harnwege in der *Posta* behandelt worden.

Die Operation dauerte über fünf Stunden. Mit einem Marknagel sowie einer Verdrahtung gelang es Dr. Boeker, die Knochenteile zu stabilisieren. Da der rechte Oberschenkel aufgrund des Traumas einen hohen Innendruck aufwies, musste der Traumatologe mit einem tiefen Schnitt an der Seite die Faszien spalten, um ein Kompartmentsyndrom zu verhindern. Nach der Abschwellung der Weichteile wäre dann ohne Risiko ein Verschluss der Wunde möglich.

Lassen Sie mich an dieser Stelle kurz erklären, was ein Kompartmentsyndrom ist. Die vielen Muskeln des Ober- und Unterschenkels sind durch straffe Faszien ummantelt. Wenn der Druck innerhalb des Faszienraums ansteigt, etwa durch eine Quetschung, muss der Chirurg umgehend für Entlastung sorgen. Das geht nur durch eine langstreckige Eröffnung der Faszien. Geschieht dies nicht innerhalb weniger Stunden, kann der steigende Druck die Gefäße und Nerven abdrücken und zum Absterben des Beines führen.

Am Abend des gleichen Tages freuten wir uns alle über das hervorragende Ergebnis der Operation. Aber man soll ja bekanntlich den Tag nicht vor dem Abend, sprich dem Wochenende loben.

Am Donnerstag, dem 30. August, entwickelte der Patient auch ein Kompartmentsyndrom auf der linken Seite. Und rechts war der Druck ebenfalls noch sehr hoch. In einer Not-OP musste Dr. Boeker beide Beine durch lange Schnitte eröffnen. Gegen Ende des Eingriffes kam es zum Herzstillstand, der aber sofort erfolgreich behandelt wurde.

Die Tage Freitag, Samstag und Sonntag waren gekennzeichnet durch starke Blutungen, bedingt durch eine völlig gestörte Gerinnung. Unsere Mitarbeiter, allen voran der Traumatologe selbst, spendeten die meisten der insgesamt 21 Blutkonserven und Plasmaprodukte, um den Hämoglobinwert bei Abraham einigermaßen zu stabilisieren. Trotz eines akuten Nierenversagens gelang es, durch regelmäßiges Feintuning den Kaliumwert in den Normalbereich zu bringen. Der Blutdruck blieb stabil. Ein Beatmungsgerät hielt die Sauerstoffsättigung des Blutes im oberen Bereich. Allerdings entwickelte sich eine starke Ödembildung aller Gewebe, und wir verzeichneten enorme Flüssigkeitsverluste über die Wunden. Tim wechselte fortlaufend die durchnässten Verbände und reinigte die Wundränder. Einen großen Teil der ersten Woche seines neununddreißigsten Lebensjahres verbrachte Dr. Boeker am Bettrand seines Patienten. Seine Gefühle konnte ich als Chirurg gut nachempfinden. Nach endlosen und kräfteraubenden Stunden im Operationssaal war eine innere Bindung entstanden, die den Kranken zu keinem Zeitpunkt aus den Augen lassen wollte.

Das Leben des Patienten hing mittlerweile am seidenen Faden. Die durch den Unfall ausgelösten Verletzungen, seine Vorerkrankungen und die Komplikationen machten einen positiven Ausgang immer unwahrscheinlicher. Mit sorgenvollen Gesichtern diskutierten wir jedes Detail und besprachen den Fall sogar mit zwei Intensivzentren in Deutschland. Tim und Miriam verständigten die Diospi-Suyana-Gebetskette. Und die meisten Missionare reihten sich ein und baten um Gottes Segen. Wir merkten, dass die Entscheidung über den Ausgang des Falles uns mehr und mehr aus den Händen glitt. Gott würde das letzte Wort sprechen.

Diffamierungen, Intrigen und Hass

Sonntagmorgen: Ricardo C., ein Zahnarzt der Gesundheitsstation von Curahuasi, rief im nationalen Radio- und TV-Kanal „*Exitosa*" an und verleumdete das Missionsspital. Er machte einige unerhörte Aussagen: Das Hospital Diospi Suyana verfüge über keinen Anästhesisten, und deshalb habe eine Krankenschwester in diesem besagten Fall die Narkose verabreicht. Weder den Angehörigen noch den Mitarbeitern der Gesundheitsstation sei der Zutritt zur Intensivstation gestattet. Und vor einem landesweiten Radiopublikum aus ganz Peru fragte der Zahnarzt, wieso unser Patient nach einer einfachen Verletzung auf der Überwachungsstation gelandet sei? Sicherlich läge ein Fall von ärztlichem Kunstfehler vor. Mit klagender Stimme jammerte er ins Telefon, die Ärztekammer und sogar die Gesundheitsministerin müssten aktiv werden und schleunigst einschreiten. Es ist möglich, dass um diese Zeit die meisten Peruaner noch fest schliefen, allerdings wurde der Beitrag am Montagvormittag, den dritten September, wiederholt, als der Sender *Exitosa* an den Arbeitsplätzen, in den Bussen und in den öffentlichen Einrichtungen in voller Lautstärke zu hören war.

Wir Mitarbeiter von Diospi Suyana gerieten in eine Art Schockstarre. Seit fünf Tagen rackerten wir Tag und Nacht um das Leben des Mannes. Wir spendeten unser eigenes Blut, verabreichten die teuersten Medikamente und taten alles in unserer Macht Stehende, um Abraham zu retten. Anstatt ein Dankeschön zu ernten, wurden wir in der Öffentlichkeit von einem Denunzianten verunglimpft. Sie kennen vielleicht das Sprichwort: „Wo Rauch ist, da ist auch ein Feuer!" Die Zuhörer der Radiosendung kannten natürlich keine Hintergründe, aber sicherlich vermuteten viele, dass an den Anschuldigungen schon etwas dran sein müsse. An den Krankenhäusern Perus sind Kunstfehler keine Seltenheit. Also lief wohl auch bei Diospi Suyana etwas aus dem Ruder.

Als Leiter unseres Missionsspitals mussten Tina und ich handeln. In brenzligen Situationen bete ich immer, dass Gott mir eingeben möge, was zu tun sei. Zwei Gedanken kreuzten an jenem Wochenende durch meinen Kopf. Ich erinnerte mich daran, dass in der hinteren Ecke der Intensivstation eine kleine unscheinbare Kamera hing, die aus Gründen der Sicherheit alles digital festhielt.

„Benjamin Azuero, ich brauche Ihre Hilfe!"

Der Chef unserer IT-Abteilung verstand mein Anliegen sofort: „Ja, das machen wir", versprach er, „wir werden die gesamte Woche genauestens auswerten und untersuchen, wer, wann und wie oft die Intensivstation betreten hat!"

Eine Mammutarbeit ohnegleichen! Des Weiteren wurde mir klar, dass wir den Chef der Gesundheitsstation sowie einige Kollegen zu einer Krisensitzung in mein Büro einladen sollten. Aus dem ersten Treffen ergab sich ein zweites, welches mit Wissen aller sogar mit dem Handy mitgeschnitten wurde. Der Direktor der *Posta* entschuldigte sich für die Anschuldigungen durch den Odontologen. Er könne ohnehin bestätigen, dass sowohl die Familienmitglieder als auch die Mitarbeiter der Gesundheitsstation regelmäßig Informationen über den Fortgang des Falles erhalten hätten. Es sei für alle offensichtlich, wie sehr sich unsere Mitarbeiter um das Leben ihres Kollegen bemühten.

In der Nacht vom vierten auf den fünften September verschlechterte sich der Zustand des Patienten erheblich. Und wir entschieden gemeinsam als Team, den Patienten an das *ESSALUD*-Krankenhaus nach Cusco zu verlegen. Oebele de Haan, die Anästhesistin Doctora Lesly Ichocan, Dr. Julian Swanson und Krankenschwester Maribel hielten den Patienten während der riskanten Fahrt durch die Berge am Leben. Es war ein vergeblicher Versuch, durch eine Dialyse vielleicht das Allgemeinbefinden des Todkranken zu verbessern.

Ich werde jenen Augenblick um 2.15 Uhr in der Nacht nie vergessen. Tina und ich saßen in der Intensivstation völlig ausgelaugt auf unseren Stühlen. Um uns herum sah es aus wie auf einem Schlachtfeld. Und genauso fühlten wir uns. Es war bitter, dass unser Patient drauf und dran war, seinen Kampf gegen den Tod zu verlieren. Der unglaubliche Krafteinsatz von Tim, Tina und den anderen Mitarbeitern in den vergangenen sechs Tagen und Nächten würde mit einer Niederlage enden. Und es war geradezu entsetzlich, obendrein noch angefeindet zu werden. Mit einem Gesichtsausdruck voller Kummer und Erschöpfung flüsterte Tina: „Sie werden uns jetzt fertigmachen!"

Im Buch der Bücher wird berichtet, wie Petrus auf dem Wasser lief und beim Anblick der hohen Wellen plötzlich von nackter Angst ergriffen wurde: „Herr, rette mich!" Bis heute hallt dieser gellende Schrei um Hilfe durch die Zeiten. Wehe, unser Glaube an die Allmacht Gottes erweise sich als trügerisch. Nichts wäre schlimmer als die Erfahrung, dass keine feste Hand da ist, um unseren ausgestreckten Arm zu ergreifen.

Vier Stunden nach Ankunft in Cusco verstarb der Patient. Wie wir hörten, hatte das Krankenhaus in Cusco kein Beatmungsgerät verfügbar gehabt, und die ganze Zeit über musste eine Schwester den Patienten mit einem Ambu-Beutel manuell mit Sauerstoff versorgen. Wahrlich keine guten Voraussetzungen.

Natürlich war uns klar, dass der feindselige Zahnarzt der *Posta* nicht alleine agierte. Seit Jahren ärgerten sich einige Mitarbeiter der Gesundheitsstation über den großen Erfolg von Diospi Suyana. Hunderttausende behandelte Patienten, der Besuch von 2 Staatschefs und 8 Ministern sowie 41 positive TV-Reportagen über „das Krankenhaus des Glaubens“ hatten den Neid kräftig geschürt. Seit Beginn unserer Tätigkeit 2007 vernahmen wir außerdem immer wieder dunkle Äußerungen aus dem Umkreis von Privatkliniken im Land. Wir waren auf einem kommerziell ausgerichteten Markt vielen Ärzten ein Dorn im Auge. Ein Krankenhaus, das die Ärmsten der Armen auf hohem Niveau behandelte und ständig in den Massenmedien Lob einheimste, war ein Fremdkörper im System, ein gewaltiges Ärgernis. Und mit seinem Stab von ehrenamtlichen Mitarbeitern aus dem Ausland diente es hervorragend als Feindbild.

Donnerstag, der 6. September: Unangemeldet stand eine Kommission der ärztlichen Gesundheitsbehörde *DIRESA* aus Abancay vor der Tür des Spitals. „Wir haben schlimme Dinge gehört und wollen der Sache nun auf den Grund gehen“, sagte man uns mit düsteren Minen. Die Sitzung in meinem Büro glich einem Tribunal. Die Stimmung war zum Zerreißen gespannt. Ein Beamter der *DIRESA* stand mitten im Raum und hielt seine Kamera direkt auf mich gerichtet, als wäre ich ein Schwerstkrimineller, der gerade dem Haftrichter vorgeführt wird. Doch als Tina und ich den hohen Herren die Entwicklung des Falls minutiös schilderten, änderte sich das Klima im Raum schlagartig.

„Das haben wir alles nicht gewusst!“, sagten die Ärzte aus Abancay. Unsere Gegenspieler von der *Posta* und sonstige Feinde hatten, das wurde jetzt deutlich, kräftig Falschinformationen unter das Volk gestreut. Nach einer Führung durch das Krankenhaus waren alle sichtlich angetan. Der Chef meinte zum Abschied: „Demnächst komme ich auch als Patient zu Ihnen.“

Freitag, der 7. September. Die Mitarbeiter der *Posta* machten nun in aller Öffentlichkeit das Missionsspital für den traurigen Ausgang verantwortlich und organisierten eine Demonstration. An der Spitze des Zugs sah man Victor V. mit beiden Armen wild schaufeln. Wie konnte das sein? Tag für Tag hatte er mit eigenen Augen unsere Mühen beobachten können. Nun versuchten er und die anderen Leiter der Gesundheitsstation, die Bevölkerung aufzuwiegeln. Für den Samstag planten sie unmittelbar nach der Beerdigung eine zweite Demo vor den Toren des Missionsspitals. Sie wollten achtzig Autos mobilisieren und mächtig Krawall machen. Die Devise lautete, sogar eines unserer Gebäude niederzubrennen. Der Ton und der Inhalt ihrer Plakate ließen an ihrer Gewaltbereitschaft keine Zweifel: „Gringo, wir werden jetzt mit dir abrechnen" stand auf einem großen Schild. Wilde Gerüchte gingen durch Curahuasi. Es wäre leicht, Campesinos, also Bergbauern mit geringer Schulbildung, aufzuheizen, besonders unter Alkoholeinfluss. Ohnehin ging es nicht um Fakten, sondern ausschließlich um Stimmungsmache.

Früh am Morgen flog ich nach Lima und unterrichtete die Anwälte von *Estudio Olaechea* über die Vorkommnisse. Die älteste Anwaltskanzlei Perus unterstützt Diospi Suyana seit 2008 mit kostenloser Rechtsberatung. Gleich vier Anwälte wurden am Wochenende aktiv. Sie bereiteten Anzeigen wegen Verleumdung in einem schweren Fall vor. Und zwei von ihnen begleiteten mich zum Fernsehsender *Exitosa*. Im Studio erläuterte ich live die Ereignisse der zurückliegenden Woche. Der bekannte Moderator Nicolás Lúcar stellte die Fragen. Er ließ mir ausreichend Zeit, die Beschuldigungen des Zahnarztes als unhaltbar zurückzuweisen.

Vor laufender Kamera präsentierte ich die eidesstattliche Erklärung unserer Anästhesistin, die von vierzehn Mitarbeitern als Zeugen bestätigt worden war. Frau Doktor Leslie Ichocan und niemand sonst hatte die Narkosen der Operationen geleitet. Höchst aufschlussreich war die Auswertung unserer Sicherheitskamera auf der Intensivstation. Mehrere unserer IT-Spezialisten hatten in einer langen Nachtschicht die Sequenzen auf der Festplatte ausgewertet. Die Ergebnisse der Analyse mussten jeden Zuschauer überzeugen: 28-mal hatten die Angehörigen während der sechs Tage Zutritt zum Patienten gehabt. Und beeindruckende 267-mal war unser medizinisches Personal – Ärzte, Krankenschwestern und Labormitarbeiter – an das Bett des Patienten getreten, um sich um den Schwerverletzten zu kümmern. Ich blickte direkt in die Kamera und betonte, dass es in jener Woche wohl keinen zweiten Patienten in Peru gegeben habe mit einer so gewissenhaften Überwachung und Pflege.

Anschließend erklärte ich die Schwere des Unfallhergangs und die einzelnen Phasen danach. Eine Liste von zwölf Seiten umfasste 532 Posten an Leistungen, die an unserem Spital für den Patienten getätigt worden waren: Labortests, Röntgenbilder, CT-Aufnahmen, Ultraschalluntersuchungen, Verbandswechsel, Infusionen, Blutkonserven, Medikamente und natürlich die schon erwähnten Operationen. Die astronomische Rechnung war – wie zu erwarten – von niemandem beglichen worden.

Eine weitere Tatsache klang geradezu einmalig. Während der angespannten Situation hatten dreißig Missionare von Diospi Suyana in einer Gebetskette rund um die Uhr für das Leben des Patienten gebetet. Es wurde wohl jedem Zuschauer deutlich, dass auch der dritte Vorwurf des Zahnarztes, nämlich einer Vernachlässigung des Patienten, geradezu grotesk anmutete. Die 20 Minuten im Studio warfen ein klares Licht auf die Schmutzkampagne der Gesundheitsstation, über deren Motive wir uns mittlerweile völlig im Klaren waren.

Auch andernorts gingen die Bemühungen um den Schutz des Spitals weiter. Dr. Jose Olaechea rief mich von seinem

Bett zu Hause an. Der Chef von sechzig Anwälten konnte wegen einer Grippe kaum reden. „Klaus, ich weiß, dass ihr in Curahuasi jetzt unseren Beistand braucht." Wegen seiner krächzenden Stimme war er kaum zu verstehen. „Ich werde einen Minister der Regierung anrufen und noch einen Colonel der Polizei. Der Staat muss euch schützen!"

Andere Freunde unserer Arbeit wurden ebenfalls aktiv. Selbst der Gouverneur des Bundesstaates intervenierte. Am Morgen trafen fünfundvierzig Polizisten in Curahuasi ein, um die lokalen Polizeikräfte zu unterstützen. Sie hatten die Aufgabe, Schaden vom Krankenhaus, seinen Patienten und Mitarbeitern fernzuhalten.

Da ich bruchstückhaft auf unserer Webseite informierte, falteten in vielen Ländern Christen ihre Hände und beteten für Diospi Suyana. Uns erreichten Solidaritätszuschriften aus Australien, Paraguay, Deutschland, der Schweiz und natürlich aus Peru. Einige Curahuasinos organisierten in der katholischen Kirche des Ortes eine Messe, in der für Diospi Suyana und sogar speziell für Tina und mich gebetet wurde.

Unsere Gegenspieler heizten die Stimmung weiter an. Bilder des Leichnams erschienen in den sozialen Medien mit der Bemerkung: „Von Diospi Suyana umgebracht!" Auf Facebook meldeten sich nun mehr und mehr Widersacher zu Wort. Unter ihnen die Inhaberin der Apotheke, die ich wenige Tage zuvor wegen ihrer kriminellen Beihilfe zu Abtreibungen angezeigt hatte.

Franciscus C. hatte den Unfall unter Alkoholeinfluss zu verantworten, aber er gehörte zur einflussreichsten Familie im Ort. Mitglieder der Familie C. saßen überall. In der Polizei, den Schulen, in der Gesundheitsstation, in den Reihen der Feuerwehr. Niemand sprach über den Schuldigen, stattdessen kreisten die heftigsten Diskussionen an den Stammtischen über die Rolle von Diospi Suyana. Eine furchtbar traurige Angelegenheit. Das Ganze erinnerte an ein perfekt inszeniertes Ablenkungsmanöver.

Ein Unheil kommt selten allein. Just zu diesem Zeitpunkt schickte uns die Stadtverwaltung ein Schreiben, um vom Krankenhaus eine Grundstückssteuer einzuziehen. Der Betrag war hoch und der Brief selbst eine bodenlose Frechheit. Schon im Jahr 2003 hatte sich das Bürgermeisteramt in einem Vertrag verpflichtet, auf eben diese Steuer zu verzichten. War das Krankenhaus doch der größte Segen für den Distrikt seit Menschengedenken. 200 Familien erhielten bei uns ihre Anstellung. Rund 100 Taxifahrer lebten vom Patientenshuttle von und zu den benachbarten Städten. Und über 50 Hotels und Restaurants machten ihr Einkommen an den Tausenden von Menschen, die aus allen Teilen Perus nach Curahuasi strömten, um am Spital behandelt zu werden. Und hatten wir bis dato nicht schon über 60.000 Serviceleistungen an Curahuasinos erbracht? Die Kuh namens Diospi Suyana sollte also nicht nur gemolken, sondern nun auch geschlachtet werden. Guten Appetit!

Tina und ich hatten die Nase gestrichen voll. Am Sonntag, den neunten September, besuchte ich das *Radio Horizonte* und wandte mich mit einer unmissverständlichen Botschaft an die Bevölkerung.

„Wenn man uns weiterhin diffamiert und unseren Dienst nicht schätzt, können wir das Spital auch schließen und in unsere Heimatländer zurückkehren!“ Mit dem nächsten Satz schlug ich in die gleiche Kerbe. Undankbare Patienten und ein wortbrüchiges Rathaus seien nicht dazu angetan, uns in Curahuasi zu halten!

Meine Worte gingen hoch wie eine Bombe. Überall saßen die Familien in den Häusern an den Radiogeräten und hielten die Luft an. Den Curahuasinos dämmerte, dass ihr Wirtschaftsleben und das Wohlergehen der Leute eng mit der

Gegenwart von Diospi Suyana verknüpft waren. Ohne das Hospital Diospi Suyana würde die Kleinstadt um mindestens fünfzig Jahre in ihrer Entwicklung zurückfallen.

Um meiner Aussage kräftig Nachdruck zu verleihen, sagte ich ruhig und bestimmt ins Mikrofon: „Meine Frau Martina und ich sind 57 Jahre alt. Wir haben seit 2004 alles für dieses Krankenhaus gegeben. Vielleicht ist es nun an der Zeit, dass wir uns verabschieden!"

Am folgenden Montag ging eine Bewegung durch Curahuasi. Einige Frauen durchkämmten die Straßen der Stadt und sammelten über 3.000 Unterschriften für Diospi Suyana – eine willkommene Rückendeckung. Die Taxifahrer kündigten eine Rallye zugunsten unserer Mission an. An Autos und Motorrädern hingen über Nacht Plakate, die unsere Mission würdigten. Der Höhepunkt lag aber noch vor uns. Angeführt vom Bürgermeister Danilo Valenza zog am Montag, den 17. September, ein langer Demonstrationszug durch den Ort und kam erst am Eingang unseres Spitals zum Stehen. Die Botschaft war unüberhörbar. „Wir brauchen Diospi Suyana, und wir stellen uns ohne Wenn und Aber auf die Seite dieses Spitals!"

Ich selbst hatte kurz zuvor eine Kommission des *Instituto Superior* empfangen. Die Einrichtung bildete Hilfskrankenschwestern aus und war auf die Ausbildungsplätze unseres Krankenhauses bitter angewiesen. Ich erläuterte meinen Gästen gerade die Entwicklung und Zielsetzung von Diospi Suyana, als die Menschenmenge vor unserem Krankenhaus skandierte. Ihre lauten Sprechchöre bekundeten eine uneingeschränkte Solidarität mit einem Werk, das wir mit Freunden aus der ganzen Welt im Vertrauen auf Gott aufgebaut hatten.

Draußen kletterte Tina auf einen Stuhl und griff zum Megafon. „Liebe Mitbürger", sagte sie, „seit 11 Jahren haben wir den meisten Curahuasinos in unserem Spital helfen können. Sie kennen uns genau. Wir haben alles getan, um das Leben dieses Patienten zu retten. Leider starb er dann doch an den Folgen seines Unfalls. Wir würden nie das Leben eines Menschen mutwillig in Gefahr bringen!“

Ihre spontane Rede wurde durch einen warmen Applaus unterbrochen. Aber noch war sie nicht am Ende ihrer Ausführungen. „Aber wir sind wirklich sehr besorgt über diese Schmutzkampagne. Auch das Rathaus möchte entgegen früherer Zusagen von uns die Grundstückssteuer einziehen, obwohl wir hier von Spenden leben und keine Gewinne machen!“

Dem Bürgermeister wurde sichtlich unwohl. Jetzt war er gefordert.

Er übernahm von Tina das Megafon und versprach, während seiner Amtszeit nie und nimmer gültige Verträge zu brechen. Diospi Suyana könne völlig unbesorgt sein.

An jenem Montag waren wir uns sicher, die moralische Luftüberlegenheit im Ort wiedererlangt zu haben. Noch lief dieses unsägliche Melodrama wie auf einer Freilichtbühne von einem Akt zum nächsten. Aber wir beteten mit bangen Herzen weiter um Gottes Eingreifen und um seine Gerechtigkeit.

Die Hochzeitsfeier des Jahres

Der Fall Abraham K. war der bisher gefährlichste Angriff auf den guten Ruf unserer Mission. Wir verstanden, dass es unseren Gegnern nicht um Recht und Gesetz ging, sondern einzig und allein darum, Diospi Suyana zu schaden. Wir standen unter Strom und manchmal lagen die Nerven blank.

Und mitten in dieser angespannten Situation – gewissermaßen als willkommene Abwechslung – feierten wir die

Hochzeit des Jahres. Es soll Leute geben, die behaupten, die Eheschließung zwischen Prinz Harry und Meghan Markle sei 2018 das wichtigste gesellschaftliche Ereignis gewesen. All jenen, die das meinen, kann ich nur sagen: „Haltet den Ball mal schön flach!“ Die heiligen Schwüre der Aristokraten haben nicht selten eine sehr kurze Halbwertszeit. Kaum sind die Paparazzi in ihre Autos gestiegen und die Fernsehbilder verblichen, dauert es nicht lange, und man kann die ersten schmutzigen Affären des Traumpaares in der Regenbogenpresse nachlesen.

Aus meiner Sicht hatte die goldene Hochzeit von Udo und Barbara Klemenz am 15. September deutlich mehr Gewicht und Aussagekraft. Den über 100 Gästen war die hohe Bedeutung des Anlasses bewusst, als die Klemenz' feierlich durch die festlich dekorierte Krankenhauskirche nach vorne schritten. Das großartige Musikprogramm von Christian van Rensen und Debora Centner ehrte zwei Menschen, die für viele, auch für mich, zu Vorbildern im Glauben geworden sind.

In meiner Festansprache beschrieb ich zunächst den Werdegang des außergewöhnlichen Jubelpaars. Bezug nehmend auf einen Vers aus dem Galaterbrief (Gal 5,1) sprach ich über die Freiheit, zu der Christus uns alle berufen hat. Durch die Kraft Gottes könnten Christen von religiösen Zwängen frei werden und die allgemeine Angst vor dem Tod überwinden. Als letzten Punkt stellte ich die Frage, ob es möglich sei, den eigenen Egoismus in die Knie zu zwingen. Auf der Suche nach positiven und überzeugenden Beispielen fielen mir natürlich sofort die Klemenz' ein ...

Es war der 14. Februar 2005. Wie jede Woche hatten Barbara und Udo Klemenz ihren christlichen Gesprächskreis besucht. Es ging um die Aussendung der zweiundsiebzig Jünger im Neuen Testament. Als sich alle an der Tür verabschiedeten, sagte eine Freundin: „In der kommenden Woche sollte sich jeder überlegen, zu welcher Aufgabe Gott ihn aussenden möchte!"

Dienstag, der 15. Februar. Barbara und Udo saßen am Frühstückstisch. Barbara brachte das Gespräch auf den Willen Gottes. „Udo, wir müssen jetzt darüber nachdenken und beten!" Und das taten sie.

Mittwoch, der 16. Februar. Die beiden Rentner griffen das Thema erneut auf. Plötzlich wurde ihnen der Wille Gottes unglaublich wichtig. „Gott, zeige uns den Weg", beteten sie, „wir sind bereit, ihn zu gehen. Gleichgültig, was du von uns willst!"

Zeitgleich saß ich in meiner Heimatstadt Wiesbaden mit einem Anwalt zusammen. Im Gespräch erwähnte er beiläufig, dass er einen Baufachmann mit großer internationaler Erfahrung kenne.

Bei diesem Hinweis wurde ich sofort hellwach. Hatten meine Frau und ich doch die Absicht, in Peru ein Krankenhaus für die arme Landbevölkerung zu errichten. Aber wir suchten noch einen Bauingenieur als Consulting Partner. Einen Mann mit viel Know-how und bereit, kostenlos mit uns zu arbeiten.

Zwei Minuten später griff ich zum Telefonhörer und wählte die Nummer der Klemenz'.

Udo und Barbara hielten sich noch in ihrer Küche auf. Sie hatten gerade „Amen" gesagt, als plötzlich das Telefon klingelte.

Die Geschichte, die folgte, habe ich über 2.700-mal auf meinen Vortragsreisen um den Erdball erzählt. Hunderttausende haben sie aus meinem Mund gehört und Millionen haben sie in den Massenmedien gelesen.

Udo und Barbara Klemenz reisten am 3. August 2005 nach Peru, um den Bau des Spitals zu leiten. Aber das ist eine ziemliche Untertreibung. Udo hat nämlich nicht nur das Hospital Diospi Suyana gebaut, sondern auch die Augen- und Zahnklinik. Er hat das Kinderhaus errichtet und die Schule auf 8.500 Quadratmetern verewigt. Schließlich hat er das Krankenhaus in vielen Schritten erweitert und die Bettenkapazität verdoppelt und viele kleine und große Projekte nebenher. In seinem Brief an eine Gruppe von Christen in Rom schrieb Paulus: „Gebt euren Körper hin als ein Opfer, das lebendig, heilig und Gott wohlgefällig ist!" Genau das haben Barbara und Udo Klemenz getan. Sie beteten: „Gott, unser Geld, unsere Zeit, unsere Ambitionen gehören dir. Tu mit uns, was du willst!"

Über die Klemenz' könnte ich zu jeder Zeit aus dem Stegreif eine Anekdote zum Besten geben. Bei Udo fällt mir gleich seine Saharadurchquerung ein. Nach einem mehrjährigen Arbeitseinsatz für den Baukonzern Philipp Holzmann in Libyen machten sich Udo und drei Freunde am zweiten Januar 1977 an die ultimative Herausforderung. Mit zwei Allradwagen und „voller Bewaffnung" fuhr die Expedition von der Hafenstadt Marsa el Brega am Mittelmeer in den Süden. Innerhalb von vier Wochen legten sie 2.000 Kilometer zurück, bis sie schließlich etwas außerplanmäßig von tschadischen Regierungstruppen in Qunianga Serir gefangen genommen wurden. Nach fünf Wochen unter Militärbewachung und einigen diplomatischen Verwicklungen gelangten die Abenteurer wieder in die Freiheit.

Einem Wüstenfuchs wie Udo kann man so ziemlich alles zutrauen. Und keiner wird je bezweifeln, dass der lang gediente Ingenieur genau der Richtige war, um Diospi Suyana in Beton und Stein zu formen. Der Niederbieler ist furchtlos und verfügt über ein gesundes Selbstvertrauen. Bei seiner Frau Barbara liegt die Sachlage etwas anders. Mit drei Jahren verlor sie ihre Mutter. Und viel Lob hat sie von ihrer Stiefmutter nicht erhalten. Wenn immer Barbara an ihre Kindheit zurückdenkt, werden schmerzhafte Erinnerungen wach. Verständlicherweise leidet ihr Selbstwertgefühl bis heute unter diesen traumatischen Erlebnissen. Aber das, was Gott aus ihr gemacht hat, ist geradezu fantastisch. 1987, in einer persönlichen Umbruchphase, fragte sie sich: Was ist mein Leben wert? Und es war die Aussage des deutschen Schauspielers Heinz Rühmann aus dem Film „Der Hauptmann von Köpenick“, die sie zum Nachdenken brachte: „Was sagst du einmal deinem Gott!“

Und an dem Tag, als sie verstand, Gott liebt mich, so wie ich bin, wurde ihr Leben hell und hoffnungsvoll.

Von 2005 bis 2019 haben die Klemenz' in der Summe 10 Jahre in Peru verbracht. Ihre Opferbereitschaft reichte meilenweit. Während ihrer ersten Tage in Curahuasi halfen sie meiner Frau und mir, in unserem Haus Taubendreck zu entfernen. Da guter Wohnraum Mangelware war, lebten sie 4 Monate in einem billigen Hotel. Ohne Privatsphäre und ständig dem Lärm der ankommenden und abreisenden Gäste ausgesetzt. Durch alle Krisen, die wir bei Diospi Suyana durchstehen mussten, haben uns Barbara und Udo begleitet. Sie haben uns ermutigt, für uns gebetet und extrem hart geschuftet. Ohne ihre totale Hingabe hätte der kometenhafte Aufstieg von Diospi Suyana nicht stattgefunden. Sie waren und sind Werkzeuge in Gottes Hand, die ihr Gebet von damals entschieden und treu ausgelebt haben: „Gott, hier sind wir. Mache mit uns, was du willst!“

„Hat Diospi Suyana den Patienten umgebracht?“

Patientenschlangen versammelten sich an der Auffahrt zum Krankenhaus wie eh und je. Die Straßenhändler errichteten ihre fliegenden Stände, um Kekse, belegte Brötchen und

Getränke feilzubieten. Der normale Alltag war wieder eingekehrt. Auf dem hinteren Areal des Geländes bauten die Mannen um Udo Klemenz am zweiten Stock des Mediengebäudes. Udo machte Dampf, denn er wollte vor Anbruch der Regenzeit die Dachdeckerarbeiten abschließen. Außerhalb des OP-Traktes setzten einige Maurer Stein auf Stein. Nach dem Wanddurchbruch würde das Ergebnis ihrer Bemühungen die Anzahl unserer Operationssäle auf sechs erhöhen.

Die Zeit heilt Wunden und aufgewühlte Gefühle kommen früher oder später zur Ruhe. Das ist nicht immer so, aber oft. Zwar hörten wir hin und wieder versteckte Drohungen aus dem Umfeld des Gesundheitspostens, aber mittlerweile wurden wir von der täglichen Routine und den ewigen bürokratischen Schikanen der Behörden ziemlich abgelenkt.

Ich selbst reiste im Rahmen einer Vortragsreise durch die Niederlande und war damit beschäftigt, jeweils pünktlich an den Vortragsorten anzukommen. Am 31. Oktober gab ich etwas abgeschlafft meine letzte Präsentation an einer Hochschule in Zwolle, packte meine Sachen zusammen und bestieg meinen Mietwagen in Richtung Wiesbaden. Die Nachricht, die ich am Abend von Tina am Telefon hörte, tat weh.

Die Staatsanwaltschaft hatte um die Mittagszeit ein Schreiben in der Verwaltung des Krankenhauses abgeben lassen, in dem sie die Herausgabe sämtlicher Akten im Fall Abraham K. verlangte. Die Anklage der hinterbliebenen Lebenspartnerin lautete auf fahrlässige Tötung, und der uns bekannten Staatsanwältin oblag es nun, diesen ungeheuerlichen Vorwurf auf seine Berechtigung zu überprüfen. Eine Aufgabe, der unsere oberste Gesetzeshüterin nur allzu gerne nachkam. Erst zwei Monate zuvor hatte ich sie mit meinen Kontakten zum Justizministerium gezwungen, ihre guten Bekannten wegen Beihilfe zu illegalen Abtreibungen anzuklagen. Der vorliegende Fall bot ihr nun eine hervorragende Gelegenheit, eine offene Rechnung mit uns zu begleichen.

Bei ihrer mündlichen Anklage erschien die Freundin des Verstorbenen in der Staatsanwaltschaft, der *Fiscalia,* in Begleitung eines Mannes, der von den Begriffen Kompartmentsyndrom, Gerinnungsstörung und Nierenversagen so wenig verstand wie die meisten Laien. Er war Zahnarzt von Beruf und hatte zwei Monate zuvor bereits mit einer schlimmen Diffamierung auf sich aufmerksam gemacht. Sein Name: Ricardo C.

Die Hauptangeklagten waren unser Traumatologe, meine Frau Tina und ich als Direktor des Spitals. Wie uns schriftlich angekündigt wurde, würde die Staatsanwältin zehn unserer Mitarbeiter durch einen ihrer Juristen befragen lassen. Niemand hat gegen ein Interview etwas einzuwenden. Doch die Kreuzverhöre zogen sich stundenlang hin bis zur Erschöpfung, bei gereizter Atmosphäre. Tim Boeker betrat am 5. Dezember um 15 Uhr mit unserer Anwältin Dr. Maria Gutierrez den Befragungsraum. Gegen 21 Uhr – also sechs Stunden später – fuhr ich mit dem Auto vor das Gebäude, in der Hoffnung, dass die beiden bald bei mir einsteigen würden. Doch es wurde für Tim, unsere Anwältin und für mich eine lange Nacht. Im Lichtschein der Bürolampe konnte ich ihre Umrisse im Fenster erkennen. Immer wieder hoffte ich auf ein Ende der Befragung. Vergeblich. Erst um 1 Uhr in der Nacht wurde der Traumatologe entlassen. Die zehn Stunden extremer psychischer Belastung waren im Protokoll nur mit dreien registriert. Bei Tina dauerte dieses unangenehme Frage-und-Antwort-Spiel sogar elf Stunden. Auch meine Frau verließ die Staatsanwaltschaft spät am Abend völlig ausgelaugt und innerlich verletzt.

Die Strategie der Ermittlungsbehörden zielte darauf ab, zwischen den interviewten Personen Widersprüche herauszukitzeln, die man als belastendes Material gegen Diospi Suyana verwenden könnte. In informellen Gesprächen mit unserer Anwältin äußerte sich die Staatsanwältin verärgert über den großen Einfluss, den Diospi Suyana in der Gesellschaft innehabe. Man müsse uns mal etwas in die Schranken weisen. Eine selbst auferlegte Pflicht, die sie nun munter erfüllte.

Mit welchem Verbrechen hatten wir so eine wochenlange Drangsalierung eigentlich verdient? Patienten können nach schweren Verkehrsunfällen versterben, in jedem Krankenhaus der Erde. Bei einer gründlichen Literatursuche stießen wir auf einen Artikel der renommierten Fachzeitschrift „Lancet“ aus England. Die Experten aus Großbritannien ermittelten das Risiko eines Patienten nach einem Kompartmentsyndrom des Oberschenkels (meist ist nur der Unterschenkel betroffen), seinen Komplikationen zu erliegen, mit 47 Prozent. Bei Abraham K. hatte die Wucht des Aufpralls bei beiden Oberschenkeln ein solches Syndrom ausgelöst.

Der Grund, warum unser Patient noch sechs Tage am Leben geblieben war, konnten wir eigentlich nur mit der gewissenhaften Versorgung durch unser Team erklären.

Tina und ich sprachen in Lima mit dem Direktor der nationalen Blutbank über unser Management bei der Verabreichung der vielen Blutprodukte. Auch bei dieser Fragestellung hatte die Staatsanwaltschaft aus Unkenntnis etwas zu bemängeln gehabt. In einem ausführlichen Rechtsgutachten befand er unsere Vorgehensweise für richtig. Dr. Celada war nicht irgendwer, sondern auf diesem Feld die höchste Autorität in Peru.

Wir bekamen Unterstützung von zwei erfahrenen Intensivmedizinern aus Deutschland, die unsere Behandlungswege Schritt für Schritt begleitet hatten. Ihre Gutachten, ins Spanische übersetzt, lagen bei der *Fiscal* auf dem Tisch, wohl ohne ihre geschätzte Aufmerksamkeit zu finden.

Bei Tim und seiner Frau Miriam machte sich eine tiefe Verbitterung bemerkbar. Die beiden Mediziner leisteten in Curahuasi als Missionsärzte harte Arbeit, ohne vom Krankenhaus bezahlt zu werden. Auf ausdrücklichen Wunsch der Patientenfamilie waren die Eingriffe erfolgt. Die Traumatologen des Versicherungskrankenhauses hatten wegen der Feiertage blaugemacht. Sein versäumtes Geburtstagsfest und sein eigenes gespendetes Blut fielen für Tim kaum ins Gewicht. Auch die endlosen Stunden im Operationssaal und auf der Intensivstation konnte er wegstecken. Das, was schmerzte, waren die Undankbarkeit und Böswilligkeit unserer Ankläger.

Die *Fiscal* schob ihre Entscheidung, ob eine offizielle Untersuchung vonnöten wäre, auf die lange Bank. Sie ließ alle Fristen verstreichen und tat so, als hätte die Anzeige irgendeinen Kern an Rechtfertigung.

Weihnachten feierte Franziscus C. gemütlich im Kreise seiner Verwandten. Er hatte zwar in Volltrunkenheit den Unfall mit Todesfolge ausgelöst. Aber er gehörte zur einflussreichen Familie C. – und die *Fiscal* sah keinerlei Notwendigkeit, gegen ihn zu ermitteln.

Auch im 21. Jahrhundert ist Peru leider noch weit von einem Rechtsstaat entfernt. Zeitgleich, als wir am Pranger standen, berichteten die peruanischen Zeitungen vom Freispruch eines Vergewaltigers durch einen der obersten Richter Limas, natürlich gegen ein „anständiges“ Bestechungsgeld. Warum sollte es auf der untersten Ebene im Distrikt von Curahuasi anders sein.

Mir kommt ein interessantes Gespräch mit einem erfahrenen Rechtsanwalt aus Cusco in den Sinn. „Was meinen Sie“, hatte ich den Juristen interessehalber gefragt, „wie viele Prozesse werden in Peru geführt ohne Einflussnahme von außen, ohne Druck, ohne Schmutzkampagnen oder Bestechungsgelder?“

Der Anwalt ließ sich viel Zeit und wiegte mit seinem Kopf hin und her. „Vielleicht 10 Prozent", lautete seine ernüchternde Antwort.

Als wir am Heiligen Abend die Kerzen anzündeten, schwebte nach wie vor ein unerhörter Vorwurf über unseren Köpfen. Aber der Frieden, den Gott schenkt, ist nicht abhängig von äußeren Gegebenheiten. „Der Frieden Gottes ist höher als jede menschliche Vernunft", schrieb Paulus vor langer Zeit aus einem Kerker in Rom. Es sollte sein letzter Brief sein, bald danach wurde er nämlich hingerichtet. Ob uns im übertragenen Sinne ein ähnliches Schicksal erwarten würde? Feinde hatten wir genug.

Am Rande der Legalität

Wie in jedem Land der Welt benötigt auch ein peruanisches Krankenhaus eine Lizenz. Ohne diese staatliche Betriebserlaubnis darf im Spital kein Patient behandelt werden. Und so muss es auch sein. Stellen Sie sich vor, Sie würden in irgendeiner Absteige von dunklen Gestalten operiert, die ohne entsprechende Ausbildung und ohne Genehmigung an Ihnen herumwerkelten. Ein unangenehmer Gedanke. Bevor einige zwielichtige Personen Sie in den Narkoseschlaf versetzten, würden sie mit einem Auge noch sehen, wie eine gierige Hand an einer langen Rechnung schreibt. Und vor Verlassen dieses Etablissements müssten Sie diese fragwürdigen Leistungen bezahlen. Und zwar bar auf die Kralle. Wahrscheinlich hätten Sie am Folgetag den dringenden Verdacht, dass Sie in einer Räuberhöhle bösen Abzockern auf den Leim gegangen wären.

Am sechzehnten Mai 2018 saß ich in Lima in einem Wartesaal und lauschte den Ausführungen des Dekans der peruanischen Odontologen. Er erklärte im Fernsehen, dass in Peru 6.000 Peruaner als Zahnärzte ihr Geld verdienten, obwohl sie gar keine seien. Solche Quacksalber wollen natürlich nicht die allgemeine Gesundheit des Landes verbessern, sondern illegal Geld machen. Für einen Europäer sprengen solche Zustände schon die Fantasie des Möglichen. Der frühere Präsident von *Adifan*, ein Zusammenschluss von siebzehn peruanischen pharmazeutischen Unternehmen, verkündete meiner Frau und mir, dass etwa 30 Prozent der Medikamente auf dem peruanischen Markt keinen Wirkstoff beinhalten würden. Der Käufer bezahle also nur die Verpackung und die Zuckerpillen. Hier trifft der Satz ins Schwarze: „Außer Spesen nichts gewesen!"

Also, wir sind uns sicher alle einig, dass ein Lizenzierungsprozess absolut notwendig ist. In Peru gibt es nun die Besonderheit, dass alle drei Jahre eine Kommission der Gesundheitsbehörde nach einer Inspektion vor Ort eine neue Klassifizierung vornimmt. Dann erhält die Krankenhausdirektion einen festen Karton mit der aufgedruckten Genehmigung. Hört sich eigentlich nicht weiter tragisch an.

Unsere Lizenz würde am 22. Mai 2018 auslaufen. Da die Mühlen der Bürokratie auch in Peru etwas langsamer mahlen als die Brotmühlen der Müller, haben unsere eifrigen Damen aus der Verwaltung schon am 21. Dezember 2017 den Antrag auf Verlängerung gestellt. Sie taten dies online auf einer Webseite und, weil es irgendwie mit dem Verfahren nicht voranging, noch einmal als umfangreiches Schreiben im Januar 2018. Als Missionskrankenhaus wollten wir auf keinen Fall etwas anbrennen lassen. Deshalb heißt unsere Devise: Lieber früher als später.

Wenn Sie jetzt meinen, unser Gesuch hätte auf den Fluren der Beamten hektische Aktivitäten ausgelöst, dann muss ich Sie enttäuschen. Nichts geschah. Unsere Assistentinnen Yessica Herreras und Claudia Hugo blieben wacker am Ball und schickten regelmäßig Erinnerungen über die Bergkette in die Landeshauptstadt. Doch E-Mails hin und Anrufe her, es blieb bei der Gesundheitsbehörde ziemlich still.

Am 6. Juli, also sechs Wochen nach Ablauf unserer Lizenz, bequemten sich drei Inspektoren nach Curahuasi. Sie wandelten durch unsere Abteilungen und machten sich Notizen. Gut zehn Tage später erhielten wir auf dem Postweg ein Dokument, das uns sofort den Schreck in die Glieder jagte. Die vier Seiten waren gefüllt mit Beanstandungen in kleiner Schrift. Jeder Leser musste bei der Durchsicht unwillkürlich an eine Bruchbude denken, keinesfalls an ein Krankenhaus aus dem 21. Jahrhundert. Merkwürdig. Hatte nicht der Staatspräsident Ollanta Humala bei seinem Besuch mit der Gesundheitsministerin 2014 das Hospital Diospi Suyana als das beste Südperus bezeichnet? Und wieso lobten alle TV-Reportagen unsere Einrichtung in höchsten Tönen? Sie beschrieben unser Missionskrankenhaus als sauber und freundlich, die Gerätschaften als modern und innovativ und die Qualität der Pflege als richtungsweisend für das ganze Land.

Ich rief einen der führenden Leiter der Gesundheitsbehörde an und brachte meine herbe Enttäuschung zum Ausdruck: „Sie wollen uns kaputt machen!“, rief ich erbost in den Hörer, „Hunderttausende von Patienten aus allen Bundesstaaten sind bisher nach Curahuasi gereist und stehen in langen Schlangen vor unserem Krankenhaus, weil sie mit unserer Arbeit zufrieden sind!“

„Ihre großen Zahlen bedeuten gar nichts“, unterbrach mich Dr. A., „Sie müssen die Mängel auf der Liste beheben, sonst kriegen Sie von uns keine neue Lizenz!“ Das Gespräch endete abrupt.

Natürlich irrte der Kollege. Große Zahlen bedeuten viel. Patienten stimmen mit den Füßen ab. Nicht ohne Grund fahren sie während ihrer Reise nach Curahuasi an zahllosen Kliniken vorbei. Dort, wo sie gut und mit Erfolg behandelt werden, investieren sie ihr Vertrauen, dort stellen sie sich in die Schlange und dort hoffen sie auf Heilung.

Der wahre Grund für die unglaubliche Kollektion von Kritikpunkten lag natürlich ganz woanders. Nicht wenige staatliche Ärzte ärgerten sich in Abancay über die funktionierende Infrastruktur unseres Spitals. Es leuchtet geradezu von seinem Plateau aus in den Himmel. Es steht für eine gerechtere Welt, in der Medizin kein Mittel zum skrupellosen Gelderwerb ist, sondern praktizierte Nächstenliebe auf hohem Niveau. Und natürlich fällt Störenfried Diospi Suyana mit seinem Ansatz aus dem Rahmen des üblichen Kommerzes.

Die Beamten saßen in ihren Stuben am längeren Hebel. Sie hatten alle erdenklichen Möglichkeiten, uns mit immer neuen Auflagen hinzuhalten und zeitlich in die Illegalität zu drücken. Eine Verordnung der Regierung gab allen Krankenhäusern der Region bis zum 31. Dezember eine Art Schonfrist, ihre Papiere in Ordnung zu bringen. Ein Dreivierteljahr war seit unserer ersten Antragstellung verstrichen. Bis zum Jahresende verblieben nur noch drei Monate, eine kurze Zeitspanne in Anbetracht des Schneckentempos der peruanischen Bürokratie.

Mir war sonnenklar, dass wir auf dem Verhandlungswege nicht weit kommen würden. Ich müsste unbedingt die Gesundheitsministerin einschalten. Aber wie? Im April 2018 hatte wieder einmal ein Wechsel an der Spitze des Ministeriums stattgefunden und ich hatte bisher keinen persönlichen Kontakt zur Ministerin Dr. Silvia Pessah herstellen können.

Also riefen wir in Lima an und baten um ein Gespräch. Wir machten schriftlich auf den Ernst unserer Lage aufmerksam. Mir sagte mal ein Großindustrieller: „Hartnäckige Höflichkeit hilft!“ Ich denke, da ist was dran. Zumindest versuche ich mich seit Jahren an diese Empfehlung zu halten.

Für den siebzehnten August wurde mir eine kurze Audienz mit dem Vizeminister Dr. Diego Rolando angeboten. Er und ein anderer Beamter, den ich nicht kannte, waren zugegen. Kaum hatte ich mit meinen Ausführungen begonnen, klingelte sein Telefon und weg war er, der Vize. Schade!

In unserer Regionalhauptstadt Abancay kamen wir etwas weiter. Der Gouverneur war bereit uns anzuhören. Außer unserer Abordnung saß auch der Direktor der Gesundheitsbehörde Dr. Diaz im Sitzungssaal. Dr. Wilmer Venegas, Chef unseres Bundesstaates, durchschaute die Sachlage innerhalb von Sekunden. Er wandte sich an den Leiter der Behörde und fragte: „Dr. Diaz, wie viele Krankenhäuser Apurimacs erfüllen alle Auflagen der Regierung?“

„Keines“, lautete die spontane und ehrliche Antwort.

„Also warum machen Sie es Diospi Suyana so schwer?“, lautete die zweite Frage des Gouverneurs. „Jeder weiß, dass dieses Spital ein Segen für Tausende von Hilfesuchenden geworden ist.“ Das betretene Schweigen, das folgte, sprach Bände. Dr. Diaz wurde vom Chef der Landesregierung angehalten, uns schnell bei der Lizenzierung zu helfen. Wir schöpften etwas Mut, aber die Riege der Bürokraten in seiner Behörde schaltete auf stur.

Nun versuchte ich es wieder in Lima. Der Chef der Anwaltsgruppe *Olaechea* kannte Roger Valencia, den Minister für Außenhandel und Tourismus, persönlich. Am Dienstag, dem 18. September, begleitete mich ein Anwalt von *Olaechea* zu dieser Unterredung. Die Zeit war knapp und der Minister auf dem Sprung zum Präsidentenpalast. In wenigen Minuten zeigte ich einige Fotos und brachte dann mein Anliegen vor. „Herr Minister, ich brauche dringend eine Audienz bei der Gesundheitsministerin, aber ich weiß nicht, wie ich das anstellen könnte!“

Roger Valencia hatte, wie sich herausstellte, schon vor Jahren beste Kommentare über Diospi Suyana gehört. „Dr. John, ich werde Silvia Pessah morgen im Kongress treffen“, erklärte er, „ich denke, Sie werden noch in dieser Woche von ihr eingeladen!“

Bevor wir uns zu einem Gruppenbild aufstellten, gab mir der Minister noch einen guten Rat: „Erzählen Sie der Gesundheitsministerin nichts vom Glauben oder von Gott. Sie ist liberale Jüdin und wohl Atheistin. Konzentrieren Sie sich nur auf Ihr Thema!“ Hm, das gefiel mir gar nicht. Jeden meiner Vorträge beende ich mit einem glasklaren Bekenntnis meines Glaubens. Ich verkaufe mich nie als Humanisten oder Entwicklungspolitiker, sondern zeige mich als überzeugten Christen. Das Kreuz Jesu und sein leeres Grab sind meine einzige Hoffnung. Eine andere habe ich nicht.

Im Gästehaus unserer Mission wartete ich auf weitere Nachrichten.

Roger Valencia hatte mir nicht zu viel versprochen. Wie mir die Sekretärin von Silvia Pessah bald mitteilte, dürfte ich schon zwei Tage später, also am Donnerstag, dem 20. September, bei ihr im Büro erscheinen.

Gegen Mittag gestatteten mir die Wächter an der Pforte den Zutritt. Im vierten Stock führte mich eine Angestellte in den großen Sitzungssaal, und sofort verkabelte ich vorsorglich meinen Laptop. Ich war bereit.

12.30 Uhr, die getäfelte Tür öffnete sich, und die Gesundheitsministerin in Begleitung des Vize stürmte in den Raum. Aus Höflichkeit stand ich gleich auf und machte einen Schritt nach vorne. Ohne meinen Gruß zu erwidern, schimpfte Silvia Pessah auf mich ein: „Das war ziemlich gemein von Ihnen,

Minister Valenza zu sagen, ich hätte bisher keine Zeit für Sie gehabt!" Ihre dunklen Augen schauten mich strafend an. „Neulich hat Sie doch der Vizeminister empfangen. Was wollen Sie eigentlich noch?" Sie wandte sich zu Diego Rolando. Der Vize nickte.

„Dr. John, ich bin über Sie wirklich sehr verärgert!"

Ich fühlte mich wie vom Blitz getroffen.

„Sagen Sie, was Sie zu sagen haben. Aber machen Sie es kurz, denn ich habe wenig Zeit!"

So ein Donnerwetter war in all den Jahren noch nie über mich herniedergegangen. Ich hatte auf die Sympathien der Ministerin gehofft, nicht auf eine Schimpfkanonade.

„Frau Ministerin", antwortete ich mit zitternder Stimme, „ich habe einige Bilder für Sie vorbereitet, um Ihnen zu erläutern, wo bei uns das Problem liegt!"

„Ich will keinen Vortrag sehen", bemerkte die Ministerin unwirsch.

„Nur einige Bilder!", beschwichtigte ich schnell.

Nun ließ sie mich gewähren, als ich meinen Laptop vor ihr auf den Tisch setzte und auf die erste Folie klickte. „Das ist meine Familie und der Kleine da in der Mitte bin ich im Alter von drei Jahren. Wir waren eine Bäckerfamilie in Wiesbaden!" Die Ministerin blickte immer noch böse aus ihrer feinen Garderobe. Ihre Gestik und Mimik waren eine klare Aufforderung, umgehend zur Sache zu kommen.

Hier saßen wir beieinander. Links der Vizeminister, in der Mitte die Ministerin und ich rechts daneben. Eine jüdische Wissenschaftlerin und ein deutscher Missionsarzt. Wer konnte schon wissen, inwieweit diese besondere Konstellation unser Gespräch beeinflusste. Ich schickte ein Stoßgebet nach dem anderen zum Himmel, während ich mich nervös durch die ersten dreißig Bilder arbeitete.

Und plötzlich passierte etwas, das ich in dieser Form so

noch nie erlebt habe. Geschah es nach fünf oder sechs Minuten? Ich weiß es nicht mehr. Ihr Gesicht nahm einen gütigen, fast schon liebevollen Ausdruck an.

Ihre Augen sprachen einen Satz, den ich aus ihrem Mund noch nicht gehört hatte: „Dr. John, ich kann Sie jetzt verstehen. Es tut mir leid!"

Ich entschleunigte mein Tempo und holte nun etwas weiter aus. Am Ende präsentierte ich ihr das vierseitige Schreiben der Gesundheitsbehörde aus Apurimac und sagte: „Frau Ministerin, wir sind am Ende unseres Lateins angekommen!"

Die hochgebildete Jüdin mit doppelter Staatsbürgerschaft verfügte über einen weiten Horizont. Sie kannte die Welt und auch das Klientel ihrer Kollegen, die peruanische Ärzteschaft. „Dieser Brief der *Diresa* ist eine pure Unverschämtheit!" Silvia Pessah machte aus ihrem Herzen keine Mördergrube. „Ich werde mich da sofort einschalten. In der nächsten Woche schicke ich eine Kommission nach Curahuasi, um Ihnen zu helfen!"

Beim Vizeminister klingelte wieder das Handy und er wurde nach draußen gerufen.

„Frau Ministerin", flüsterte ich leise, als wir beide alleine waren, „man sagt, dass Sie keinen Glauben haben und nicht mit Gott rechnen. Ist das wahr?"

Vielleicht würde sie meine Bemerkung als unverschämt oder tollkühn bezeichnen. Ich kann nur sagen, der Satz kam einfach aus meinem Herzen.

„So, sagen das die Leute?" Silvia Pessah wirkte nachdenklich. „Dr. John, Gott bedeutet mir sehr viel, erst gestern habe ich mit meinem Mann Yom Kippur gefeiert!"

Vierzig Minuten waren vorbei, die in fröstelnder Atmosphäre begonnen, aber mit dem warmen Gefühl der Verbundenheit geendet hatten.

Die Ministerin schickte mir noch zwei persönliche E-Mails

in jener Woche. In der zweiten, die sie kurz vor einem Flug nach Washington schrieb, versicherte sie mir ihre volle Unterstützung zu: „Wir werden alles in dieser Woche klären, damit Ihre exzellente Arbeit weitergeht!“ Und dann las ich eine Bitte, über die ich mich noch mehr freute: „Beten Sie für mich!“

Am nächsten Tag fuhren Tina, unsere Assistentinnen Claudia und Yessica und ich zur Gesundheitsbehörde nach Abancay. Durch die Unterstützung der Ministerin hatten wir die moralische Oberhand gewonnen.

Am 24. September würde eine Delegation aus Lima anrücken, die von der obersten Chefin des Ministeriums nur einen Auftrag hatte, nämlich Diospi Suyana sofort und gründlich bei der Lizenzfrage beizustehen.

In den folgenden acht Wochen fanden noch mehrere Konferenzen statt, und in langen Sitzungen konnte die gesamte Kritik der Gesundheitsbehörde aus dem Weg geräumt werden. Am 28. November schrieb ich Silvia Pessah: „Frau Ministerin, obwohl wir alle Anforderungen erfüllt haben, fehlt die Aushändigung der Lizenz!“ Die Beamten zierten sich immer noch, ihrer Pflicht nachzukommen. Wir warteten täglich auf den endgültigen Bescheid. Doch in Abancay war immer noch Sendepause angesagt.

Um Mitternacht des 31. Dezember würde die Frist ablaufen und Diospi Suyana von diesem Moment an in die Illegalität abstürzen.

Am Mittwochabend, dem 26. Dezember, wandte ich mich mit einer gewissen Verzweiflung an die Ministerin, mit einer Kopie an den Vizeminister.

„Ich wünsche Ihnen ein schönes Weihnachtsfest und den Segen Gottes für das nächste Jahr. Trotz all unserer gemeinsamen Anstrengungen fehlt immer noch die positive Resolution der DIRESA bezüglich unserer Lizenz. ... Es erscheint mir notwendig, am nächsten Dienstag die Schließung unse-

res Krankenhauses anzuordnen, um etwaige legale Risiken für unsere Einrichtung zu vermeiden. Es wäre zu schade ..., denn besonders im Januar stehen lange Schlangen von Patienten vor unserem Krankenhaus!"

In Erwartung Ihrer Antwort mit vielen Grüßen, Klaus-Dieter John."

Um 22.20 Uhr antwortete mir der Vizeminister. Die Ministerin schwieg, wurde aber in der Nacht hinter den Kulissen aktiv. Und am nächsten Morgen riefen uns die Bürokraten aus Abancay an. „Ihr könnt die Lizenz abholen. Das Schriftstück ist doch schon längst fertig!"

Am 27. Dezember 2018 hatten wir den Kampf nach einem 13-Monate langen Behördenkrieg gewonnen.

Die Frau, die unseren Sieg ermöglichte, Silvia Pessah, trat eine Woche später von ihrem Amt zurück. Aus persönlichen Gründen.

In meinem Leben habe ich mit vielen Ministerinnen und Ministern gesprochen. Für keine von ihnen empfinde ich mehr Liebe und Dankbarkeit als für Silvia Pessah, die Jüdin aus Israel.

Eine beispiellose Firmentour und das, was wirklich zählt

Seit dem Januar 2004 bis heute fand im Durchschnitt an jedem 4. Tag eine private Aktion zugunsten von Diospi Suyana statt. Hausfrauen und Pfadfinder, Schüler und Rentner haben sich über alle Maßen engagiert, um unser Werk in Peru zu unterstützen. Drei Viertel unserer Spenden erhielten wir von „einfachen Leuten“, nur rund 25 Prozent der Zuwendungen kamen von den Großfirmen. Diese Tatsache kann man gar nicht oft genug erwähnen.

Trotzdem möchte ich an dieser Stelle auf eine einzigartige Woche im Januar 2019 eingehen. Mitten im kalten Winter hatte ich mir fünf Tage Zeit genommen, um bei acht Unternehmen persönlich vorzusprechen. Bei fröstelnden Temperaturen führte mich die Fahrt 4.000 Kilometer durch die Schweiz und Deutschland. Irgendwie war es möglich, in dieser kurzen Zeitspanne mit so vielen einflussreichen CEOs, Direktoren und Vorständen zu reden. Die Tour begann bei der *MVV* in Mannheim und endete bei den Inhabern des *Lautenschläger*-Unternehmens in Köln.

Die *MVV*-Energie AG und Unternehmer Fred Jung von *JUWI* tauschten unsere Fotovoltaik-Anlage aus. Nach einer Betriebszeit von zehn Jahren eine notwendige Maßnahme. Das Schweizer Hilfswerk *Hiob International* half uns bei der Ausstattung des Medienzentrums mit Möbeln. Am 29. Januar raste ich 1.000 Kilometer in den Norden, geriet gegen 23 Uhr in eine Vollsperrung auf der A5, aber um die Mittagszeit am nächsten Tag ging ich pünktlich durch den Haupteingang der *Dräger*-Werke in Lübeck. Ich hatte die seltene Gelegenheit, dem Konzernchef Diospi Suyana in allen Farben zu schildern. Stefan Dräger nahm sich für mein Anliegen sehr viel Zeit und sagte die Spende von neuen Narkosegeräten, OP-Lampen und Intensiv-Monitoren zu.

Es ging sofort weiter nach Berlin. Frau Dr. Donner von *Friedrichs-Aufzüge* war nach eigenen Worten so geflasht von dem, was in Peru entstanden war, dass sie *GAT*, eine Genossenschaft von 70 Aufzugsherstellern, aktivierte. Dieser Firmenverbund finanzierte einen Außenaufzug für unsere Augenklinik als großartige Gemeinschaftsleistung.

Schmitz & Söhne in Wickede spendete zwei neue OP-Tische

und reichhaltiges Zubehör, und *Lautenschläger* half mit einem großen Sterilisationsgerät für den OP-Betrieb. In der Summe lagen die Zuwendungen bei 650.000 Euro. Mich überkommt gelegentlich ein ungläubiges Staunen über dieses sensationelle Ergebnis, und ich habe nicht den geringsten Zweifel, dass Gott selbst die hochrangigen Treffen arrangiert hat.

Aber wenn ich an diese hektische Woche denke, sticht eine Begegnung heraus, die mich und vielleicht auch Sie daran erinnert, was wirklich zählt.

Es war kurz vor 13 Uhr. Fred Jung und ich warteten auf der 15. Etage der *MVV* auf die Ankunft zweier Vorstände. Der Himmel hing in dunklen Wolken, und unten floss der Neckar wie ein graues Band neben dem Hochhaus vorbei. „Da hinten siehst du die Universitätsklinik von Mannheim", sagte Fred und wies mit der rechten Hand in die Ferne, „dort haben sich die Ärzte vergeblich um das Leben von Joshua bemüht!".

Ich sah Fred in die Augen und nickte. Ich war mit diesen dramatischen Geschehnissen, die bereits fünf Jahre zurücklagen, vertraut. Eine Tragik, wie sie schlimmer nicht hätte sein können, und zugleich eine wunderbare Intervention aus der jenseitigen Welt. Ein Blick auf die andere Seite des Vorhangs, der uns Normalsterblichen meist verwehrt bleibt.

Fred Jung ist ein Firmengründer mit dem Gefühl für den richtigen Moment. Mit seinem Geschäftspartner leitete er das Unternehmen *JUWI*, das im Jahr 2012 einen Umsatz von 1 Milliarde Euro aufwies. Ein Mann, der im übertragenen Sinne in der ersten Liga spielte. Einer, der es bis nach oben geschafft hatte. Doch der Rheinland-Pfälzer aus Wörrstadt vergötterte den Erfolg keineswegs. Als Vater von sechs Kindern hatte er sich bewusst für eine andere Prioritätenliste entschieden. Erst Gott, dann die Familie und schließlich an dritter Stelle das Firmenimperium.

Am 1. März 2014 war er auf dem heimischen Hof mit dem

Gabelstapler zugange. Seine Kinder, vor allem der knapp 2-jährige Joshua befanden sich außerhalb der Gefahrenzone. Doch da passierte es. Beim Rückwärtsrangieren kam Joshua unter die Räder. Wie war es möglich, dass der Kleine in Sekunden aus der sicheren Reichweite plötzlich hinter dem schweren Gerät auftauchte? Nur Gott weiß es.

Der Unfall ereignete sich um 11.15 Uhr, und Minuten später raste Fred mit dem schlaffen Körper seines Blondschopfs vor die Notaufnahme des Stadtkrankenhauses von Kirchheimbolanden. Seine Frau Claudia – auch Ärztin – traf zeitgleich mit ihm ein und erkannte sofort den Ernst der Lage. Umgehend füllte sich der Schockraum des Spitals mit medizinischem Personal, das alles dransetzte, um ein junges Leben zu retten. Claudia und Fred gingen auf dem Flur unruhig auf und ab. Die überzeugten Christen verständigten in wenigen Minuten Freunde und Bekannte mit der Bitte um Fürbitte. „Jesus Christus", rief Fred innerlich, „bitte übernimm du die Kontrolle!"

Dr. Horst Fleck arbeitete normalerweise an ebendiesem Krankenhaus als Chefarzt der Traumatologie. Aber in jenen Tagen hatte er sich in ein Kloster im hessischen Gnadenthal zurückgezogen, um eine Auszeit zu nehmen.

Als er um die Mittagszeit die Uhrzeit abfragen wollte, stieß er auf die Sprachnachricht seines Freundes Fred. „Joshi hatte einen Unfall. Bitte bete einfach mit!" Horst, dessen Frau Christine seit Jahren Diospi Suyana mit ihrem Müsliverkauf unterstützt, hatte keine Ahnung, wo das Unfallopfer sich überhaupt aufhielt. Er kannte keine Details, aber die bebende Stimme von Fred klang in höchstem Maße alarmierend. Es war etwas Schlimmes vorgefallen. Horst glitt am Bettrand auf die Knie und fing an zu beten.

Und plötzlich wurde er Zeuge eines Vorgangs, der sich 100 Kilometer entfernt im Schockraum seines Krankenhauses abspielte. Er sah Joshua auf dem OP-Tisch liegen. Umringt von Ärzten und Krankenschwestern, die unter Hochdruck das Unmögliche versuchten. Ein Kampf, wie er Tag für Tag in den Notaufnahmen entbrennt, wenn immer das Schicksal eines Kleinkindes auf dem Spiel steht.

Es war das erste Mal in seinen 55 Jahren, dass der Facharzt eine Vision erlebte. Glasklare Szenen zogen vor seinem inneren Auge vorbei. Die Spannung zum Greifen. Ein fataler Ausgang zeichnete sich ab. Horst schaute auf den leblosen Körper, an dem von allen Seiten die Ärzte fieberhaft hantierten. Und dann standen unversehens zwei Engel als helle Lichtgestalten neben Joshua und entschwanden mit ihm nach oben in eine andere Welt. Das Gesicht des Kleinen leuchtete wie die Sonne. Auf dem Tisch im Diesseits verblieb eine leblose Hülle.

Ein Hubschrauber wurde angefordert und Joshua notfallmäßig in die Universitätsklinik Mannheim verlegt. Als Fred mit seiner Frau Claudia nach 45 Minuten in die Notaufnahme lief, kommunizierte der starre Augenausdruck des diensthabenden Arztes auch ohne Worte die schreckliche Nachricht.

In der Nacht vom ersten auf den zweiten März erschien Joshua seinem Vater im Traum, der völlig real anmutete. Sein Antlitz strahlte: „Papa, mach dir keine Sorgen, ich bin jetzt bei Jesus!"

Solche Träume trösten, aber der Skeptiker schüttelt zweifelnd seinen Kopf. Es ist unmöglich, Träume zu verifizieren. Dr. Fleck konnte am folgenden Montag allerdings den Inhalt seiner Vision überprüfen. Er hatte einen Anästhesisten gesehen, der eigentlich am Unfalltag freihatte. Wie Fred ermittelte, war der Kollege aber wegen der lebensbedrohenden Situation um Hilfe gerufen worden. Der Hergang entsprach exakt dem, was Horst fernab mitverfolgt hatte.

Am 7. März fand die Trauerfeier für Joshua in Kirchheimbolanden statt. Vor 800 Teilnehmern berichteten Fred Jung und Claudia Jung sowie Horst Fleck von ihrem Blick in die andere Welt, wo der Tod endgültig der Vergangenheit angehört. Es ist der Ort, wo Gottes Gegenwart regiert und nichts und niemand uns von der Fürsorge des allmächtigen Vaters trennt.

Als Konfirmand hatte Fred einige Verse aus dem Römerbrief auswendig gelernt. Nun wurden diese Worte des Apostel Paulus für ihn und seine Frau Claudia zum Rettungsanker im Sturm: „Denn ich bin gewiss, dass weder Tod noch Leben, weder Engel noch Mächte noch Gewalten, weder Gegenwärtiges noch Zukünftiges, weder Hohes noch Tiefes noch irgendeine andere Kreatur uns scheiden kann von der Liebe Gottes, die in Christus Jesus ist, unserm Herrn!“

Entscheidung zum Aufbruch

In der voll besetzten Festhalle von Aglasterhausen klatschten 100 Zuhörer artig Beifall. Ich verließ das Podium und fand in einer der vorderen Reihen einen freien Platz. Daniel Müller und seine Eltern hatten den Vortrag vorbereitet. Nun schritt der Orthopädie-Techniker nach vorne, um dem Publikum für sein Kommen zu danken.

„Braucht ihr bei euch auch Urologen?“ Ein junger Mann neben mir schaute freundlich zu mir hinüber. Normalerweise werde ich bei solchen Anfragen gleich hellhörig, aber diesmal winkte ich ab: „Eigentlich nicht“, antwortete ich spontan, „wir haben einen hervorragenden Urologen, und der heißt David Brady!“ Dieses kurze Gespräch fand am 19. April 2017 statt. Bevor wir auseinandergingen, notierte ich mir vorsichtshalber seine E-Mail-Adresse. Zwei Wochen später schrieb ich dem werten Kollegen, dass ich bei David Brady mal nachfragen würde, bis wann er und seine Frau bei Diospi Suyana mitarbeiten wollten. Ich hoffte, dass sich zwischen den beiden ein Kontakt ergeben würde. Man weiß ja nie. Missionsärzte sind ziemlich schwer zu finden. Nach dieser Mail verschwand der Kollege wieder im Nebel der unzähligen Personen, mit denen ich vor oder nach meinen Präsentationen einige Worte wechsele. Manche Gesichter kann ich mir merken, die meisten leider nicht.

So ziemlich aus heiterem Himmel wandte ich mich um die Mittagszeit des 6. März 2018 an unseren Urologen: „David, Hand aufs Herz, wie lange bleibt ihr noch?“ Ich weiß auch nicht, warum ich plötzlich diese Frage mit so einer Vehemenz stellte.

„Bis zum Sommer 2020“, kam die Antwort, wie sie klarer nicht hätte sein können, „dann gehen wir nach Deutschland zurück, damit unsere Älteste die Oberstufe besuchen kann!“ Fast schien es, als hätte der Österreicher auf meine Frage geradezu gewartet.

Sommer 2020 … In meinem Kopf begannen die Rädchen zu drehen. Ich müsste also alles unternehmen, um innerhalb der nächsten zwei Jahre einen Ersatz für David zu finden. Es wäre doch zu schade, wenn wir die urologische Abteilung einmotten müssten. Irgendwo in einer hinteren Gehirnwindung wurde der Name Benjamin Zeier freigelegt. Hm, ich halte mich stets an die Devise, nichts unversucht zu lassen. Mit schnellen Schritten ging ich in mein Büro und suchte unter Outlook die E-Mail des Baden-Württembergers, mit dem ich gut 11 Monate zuvor einen kurzen Plausch gehalten hatte. In der Zwischenzeit hatte ich mir einen neuen Laptop zugelegt und nicht alle früheren E-Mails waren abgespeichert. Ich befürchtete schon, ich hätte sie verloren.

Ich nickte befriedigt, als die Suchfunktion meines Programms die Adresse auf den Bildschirm zauberte. Sofort brachte ich meine Anfrage auf den Weg. Kurz und knapp: „Lieber Herr Zeier, unter welcher Telefonnummer könnte ich Sie mal erreichen. Herzliche Grüße aus Peru, Klaus John!“

Im 10.000 km entfernten Mosbach lag Lena Zeier mit Wehen im Kreißsaal. Ihre fünfte Schwangerschaft bewegte sich ihrem hoffentlich guten Ende entgegen. Es war der 6. März, kurz nach Mitternacht, und Benjamin zitterte bei jeder schmerzhaften Muskelkontraktion seiner Frau mit. Manche behaupten sogar, eine Geburt sei für den Vater anstrengender als für die Mutter. Die könne ja schließlich in das Geschehen aktiv eingreifen, ihr Mann sei zum Zuschauen verdammt. Ich weiß, wovon ich spreche, denn ich habe diese Nervenanspannung dreimal selbst am eigenen Leib erfahren.

Da erschien ein kleines behaartes Köpfchen im Geburtskanal, und Jonas Kilian Zeier machte mit einem lauten Schrei auf sich aufmerksam. Ein Aufatmen ging durch den Raum. Der Urologe, der auch als Notarzt lange Schichten schiebt, screente mit einem Blick das kleine Geschöpf. Sein jüngstes Kind war ein kerngesunder Bub mit rosiger Gesichtsfarbe. Die Hebamme widmete sich den üblichen Handgriffen, und eine weitere Geburt ohne Komplikationen konnte den Meldebehörden mitgeteilt werden.

Gegen 1.15 Uhr in der Nacht verabschiedete sich Benjamin von seinen Lieben und stieg ins Auto. Er steuerte sein Fahrzeug durch die Dunkelheit bergaufwärts. Nach einigen Minuten hatte er sein Ziel erreicht. Er schaltete den Motor ab und öffnete die Fahrertür. Oben auf dem Hügel stand, versteckt zwischen den Nadelbäumen, ein Kreuz. Nach jeder Geburt seiner Kinder hatte er hier ein Dankgebet gesprochen. So sollte es auch diesmal sein.

Benjamin kniete andächtig im feuchten Gras und lauschte in

sich hinein. Und dann brach sich seine tiefe Dankbarkeit Bahn. Er dankte Gott für seine Frau und seinen Jonas Kilian, für alle seine Kinder und für sein erfülltes Leben. Plötzlich hörte er sich zwei weitere Sätze sagen, über die er selbst erstaunt war: „Lieber Vater, ich weiß, dass das Kapitel der Reproduktion für uns abgeschlossen ist. Bitte zeige mir, was das nächste Kapitel in unserer Familiengeschichte ist!“ Er öffnete verwundert die Augen und lief durch die nächtliche Kühle zurück zum Auto. Seltsam, das Gebet hatte ganz anders geendet, als er sich das zu Beginn gedacht hatte. Der Zeiger der Turmuhr von Mosbach stand auf halb zwei. Zeit ins Bett zu gehen.

Am Abend schritt Benjamin nach einigen Erledigungen im Ort durch die Eingangstür. Am frühen Morgen hatte die Klinik Lena nach Hause entlassen. Sie war ohne Zweifel hart im Nehmen. Mit vorsichtigen Schritten kam sie die Holztreppe von oben herunter.

Müde schaute Benjamin zu ihr hoch. „Schatz, ich hatte in der Nacht ein merkwürdiges Erlebnis!“

Lena hörte zu und fragte dann unvermittelt: „Benjamin, hast du schon deine E-Mails durchgeschaut? Eben hat Klaus dir geschrieben, der Klaus-Dieter John aus Peru!“ In diesem Augenblick stand Benjamins Welt für einige Sekunden still.

Mit keiner Silbe hatte ich in meiner Anfrage erwähnt, warum ich die Zeiers eigentlich kontaktieren wollte. Aber das junge Ehepaar verstand den Zusammenhang sofort. Lena hatte ihre Entscheidung längst getroffen. An Benjamin gewandt fragte sie: „Wann geht es los?“

Über ihre Berufung nach Peru hat Benjamin ein Buch geschrieben mit dem Titel „Entscheidung zum Aufbruch“, das er auf der Leipziger Buchmesse im Frühjahr 2019 vorstellte.

Er schreibt darin: „Seit diesem Moment im März 2018 hat sich das meiste in unserem Leben verändert. Jede Entscheidung hat eine neue Zielkoordinate bekommen, und für uns als Familie ist eine neue Zeitrechnung angebrochen!" Papier ist geduldig. Man kann viel reden und schreiben. Von echtem Interesse sind am Ende nur die Konsequenzen in der Praxis.

Die Zeiers bewarben sich bei Diospi Suyana zur langfristigen Mitarbeit in Peru und wurden von uns mit offenen Armen angenommen. Danach kündigte der Arzt seine Teilhaberschaft an einer florierenden urologischen Praxis. Die Zeiers verkauften ihre Liegenschaft, die aus einem stattlichen Haus mit Pool und Garten bestand. Sie machten sich an den Aufbau eines Freundeskreises und publizierten ihre „Entscheidung zum Aufbruch" in lokalen Tageszeitungen. Am 23. April 2019 standen sie einer Reporterin von SWR4 Rede und Antwort. Sowohl Lena als auch Benjamin erklärten in diesem Interview ihre Beweggründe mit ihrem gelebten Glauben. Meine E-Mail, aus einem Impuls heraus verschickt, traf einen Arzt, der nachts vor einem Kreuz um Klarheit bezüglich seines Lebenswegs gebetet hatte. Als die Antwort umgehend eintraf, folgten die Zeiers der Einladung nach Peru. Ohne Wenn und Aber.

Vermutlich würden die meisten Menschen so ein Gebet, wie Benjamin es formulierte, lieber scheuen. Wir beten zwar das Vaterunser, in dem vom Willen Gottes die Rede ist, der im Himmel und auf Erden geschehen möge. Tief drinnen verfolgen wir aber lieber unsere eigenen Pläne. Sobald ein Christ jedoch aus Überzeugung persönliche Opfer bringt, sorgt das selbst in den Medien für Aufsehen. Ich denke, das hat Jesus Christus gemeint, als er vom Preis und vom Kreuz der Nachfolge sprach. Ein Wohlfühlglaube oder Angst-vor-dem-Tod-Glaube wird nicht dazu beitragen, den Willen Gottes in unserer dunklen Welt umzusetzen. „Nichts schreit lauter als die Tat", sagte im letzten Jahrhundert Pfarrer Ernst Jakob Christoffel, der Gründer der Christoffel-Blindenmission. Und wir alle wissen, dass er mit dieser Aussage recht hatte.

Juristische Streitigkeiten, die sich in die Länge ziehen, haben das Potenzial, Magengeschwüre und Schlafstörungen zu verursachen. Sie können Menschen ins Burn-out treiben und zur Aufgabe zwingen. So auch in unserem Fall. Staatsanwältin Rene C. ignorierte alle Fristen und ließ uns an der langen Leine zappeln. Wochen und Monate voller Ungewissheit.

Schließlich wandten sich unsere Anwälte an die übergeordnete Instanz in Abancay und baten um ein Machtwort. Frau Dr. Maria Gutierrez und Dr. Luis Velarde, unsere Freunde von *Olaechea,* reisten am Mittwoch, dem 3. April, nach Abancay, um der Sitzung beizuwohnen. Sie begann mit einem Paukenschlag: Unsere *Fiscal,* unsere Staatsanwältin aus Curahuasi, fehlte im Saal. Sie war wegen Korruption und Inkompetenz ihres Amtes enthoben worden. Goldrichtig. Diese Entscheidung war unserer Meinung nach längst überfällig gewesen. Ihr Nachfolger trat ausgerechnet an jenem Morgen seine Arbeit an und wurde zum ersten Mal mit der Streitsache Abraham K. konfrontiert. Der Richter gab ihm eine Woche Zeit, um zu entscheiden, ob wirklich Verdachtsmomente für eine fahrlässige Tötung vorlägen oder nicht.

Keine leichte Aufgabe für einen neuen *Fiscal.* Zumal einige Tage später Zahnarzt Ricardo C. in seinem Büro erschien: „Wenn Sie den Fall archivieren“, drohte er unverhohlen, „werden wir die Bevölkerung gegen Sie aufhetzen!“ Der Mann konnte seine schmutzigen Intrigen einfach nicht sein lassen und seine Lügerei auch nicht. „Diospi Suyana steht völlig isoliert da“, log er, „aus Curahuasi geht kaum noch jemand ins Spital!“ Wer sich in ein Gewirr aus Lügen verstrickt, verliert irgendwann jeglichen Bezug zur Wirklichkeit. Tatsache war nämlich, dass wir 2019 auf ein Rekordergebnis von 58.000 behandelten Patienten zusteuerten, fast 25 Prozent mehr als im Vorjahr. Und 9.000 von ihnen waren Curahuasinos, die uns buchstäblich die Bude einrannten.

Dr. Arcangel blieb gelassen. Er studierte unbefangen alle Dokumente der Anklage und Verteidigung, und da er nicht das geringste Fehlverhalten bei Diospi Suyana entdeckte, schloss er sang und klanglos die Akte. Auch er hatte mittlerweile verstanden, dass es gar nicht um das Ableben eines Patienten ging, sondern lediglich um den Versuch einer gewissenlosen Interessengruppe, Diospi Suyana zu schaden. Tina und ich, aber auch die Boekers, hatten allen Grund für ein Dankgebet aus der Tiefe unseres Herzens.

Doch wir hatten uns zu früh gefreut. Fünf Tage später legte der Anwalt der Gegenseite Berufung ein, und die Unterlagen wurden doch zur Revision nach Abancay geschickt. Es zeigte sich bald, dass man seine Gegner nie unterschätzen darf. Natürlich wusste mittlerweile jeder, der mit diesem Fall vertraut war, mit welch außergewöhnlichem Einsatz unsere Ärzte um das Leben des Patienten gekämpft hatten. Diese Anklage war absurd im wahrsten Sinne des Wortes. Also veränderten Ricardo und seine Kumpanen den Fokus ihrer Beschuldigungen. Nun stellten sie das Recht unseres Spitals infrage, solche Operationen durchzuführen. Ferner wollten sie wissen, ob Dr. Boeker, trotz seiner 10-jährigen Erfahrung in der Traumatologie überhaupt die notwendige Lizenz für Eingriffe dieser Art hätte.

Die Erweiterung der Anklage stellte uns vor gewisse Probleme. Lizenzangelegenheiten sind in Peru äußerst kompliziert. Jeder, der in Peru als Arzt tätig ist, weiß das. Es erschien mir also ratsam, mit der neuen Gesundheitsministerin, Frau Dr. Zulema Tomas, und der Dekanin der nationalen Ärztekammer zu sprechen. Wir riefen an und schickten Briefe. Vergeblich. Wir versuchten es über gute Kontakte, aber ernteten immer nur vertröstende Antworten. Man schickte uns schließlich aus dem Ministerium eine dürre E-Mail mit einer Absage. Auch bei der Dekanin der nationalen Ärztekammer stießen wir nur auf taube Ohren. Keiner der hohen Herrschaften wollte sich für uns und unsere Angelegenheiten persönlich engagieren. Wir waren mit unseren Sorgen mutterseelenallein. Aber nicht ohne Gott. Er registrierte unsere Gebete und sah unsere heimlichen Tränen.

Unsere Reise nach Lima im Mai war ein notwendiges Übel, zu dem wir wirklich keine Lust hatten. Tina, Tim, unsere Anästhesistin Leslie und ich gaben im Gericht der Hauptstadt unsere Stellungnahmen ab. Ich hatte gegen den Zahnarzt Anzeige wegen schwerer Verleumdung erstattet. Die Anklageschrift von *Olaechea,* mustergültig formuliert, beantragte für den Halunken eine hohe Geldstrafe und sogar einen Freiheitsentzug von zwei Jahren. Bei seiner Anhörung in der Hauptstadt war der trickreiche Schwindler allerdings abwesend. Er versuchte, durch bloßes Ignorieren der Vorladung seinen Kopf aus der Schlinge zu ziehen. Wir konnten es kaum abschätzen, ob so eine Strategie in einem Land wie Peru vielleicht sogar funktionieren würde.

Am 22. Mai warteten wir vier am Flughafen von Lima auf unseren Rückflug nach Cusco. Über 12 Millionen Fluggäste werden an diesem Dreh- und Angelpunkt im Jahr abgefertigt. Längst sind die Gebäude viel zu klein, um dem Massenansturm gerecht zu werden. So sind Menschentrauben und lange Schlangen das übliche Bild in den Abflughallen.

Wir waren gerade im Begriff, an Bord zu gehen, als Leslie ganz aufgeregt auftauchte: „Stellt euch vor“, verkündete sie ihre Neuigkeit, „dort hinten sitzt auf einer Bank der Premierminister Salvador del Solar. Ich habe sogar ein Selfie mit ihm gemacht!“ Voller Stolz zeigte sie uns ihr Bild, das keine zwei Minuten alt war.

Ich studierte das Gesicht des Premiers auf dem kleinen Display. Es kam mir irgendwie bekannt vor. Er war erst vor Kurzem mit diesem hohen Amt betraut worden. Es ist schon lustig, dachte ich, dass man sich in Peru mitten im Getümmel mit dem Chef des Kabinetts ablichten lassen darf.

Tina und ich fanden ganz hinten im Flugzeug unsere Sitzplätze. Der Flug nach Cusco dauerte wie gewöhnlich eine Stunde. Als wir in der Dunkelheit landeten und dann am Gate andockten, wäre ich am liebsten sofort aus dem Flugzeug gestürmt. Auf dem Gepäckband würden gleich zwei Koffer mit Endoskopen erscheinen. Wir hatten sie in Lima reparieren lassen, und ihr Wert lag bei mehreren Tausend Dollar. Jeder medizinisch Vorbelastete könnte sich mit einem Griff ihrer bemächtigen und das Gebäude verlassen. Ich hatte also jeden Grund zur Eile. Aber leider, leider, leider befand sich unser Handgepäck einige Meter vor uns im Ablagefach. Die Stewardess hatte den 170 Fluggästen soeben mitgeteilt, dass sie vorne und hinten aussteigen dürften. Und jetzt drückte ein langer Pulk von Passagieren nach hinten dem Ausgang entgegen. Es war sinnlos, gegen den Strom zu schwimmen. Wir hatten keine andere Wahl, als uns in Geduld zu fassen. Als alle draußen waren, holten wir unsere Bordcases und verließen etwas genervt den Flieger.

Auf meinem Weg zur Empfangshalle sah ich das Gesicht wieder. Ich erkannte es sofort dank Leslies Selfie. An der Seite des Ganges stand, ins Gepräch vertieft, der peruanische Premierminister. Er hatte, wie mir eben klar wurde, mit seinen Begleitern den gleichen Flug gewählt: LA 2061. Entweder erste Klasse auf den vordersten Plätzen oder sogar bei den Piloten im Cockpit. Das war die Chance meines Lebens. Mit zwei, drei Schritten trat ich an ihn heran und stellte mich als Direktor des Hospitals Diospi Suyana vor. „Dürfte ich Ihnen mal im Regierungspalast unsere Arbeit erläutern?"

Salvador del Solar schaute mich überrascht an und blickte

dann zu Tina hinüber, die in diesem Augenblick neben mir auftauchte. Sein Gesicht hellte sich auf. „Ich kenne Sie doch“, rief er, „ich habe Kuczynski 2017 zu Ihrem Jubiläum begleitet. Damals war ich Kulturminister. Sie haben wirklich ein tolles Spital!“

Und an seine Beraterin gerichtet sagte er: „Ja die sollen ruhig in mein Büro kommen. Die leisten eine super Arbeit!“

Auf der Rückfahrt im Auto war bei uns von Müdigkeit nichts zu merken. Ganz im Gegenteil. Wir analysierten die vergangenen Szenen immer und immer wieder. Wie groß ist die Chance, am Flughafen von Lima den Premier zu treffen? – Null. Aber Leslie hatte uns mit einem Foto auf ihrem Smartphone vom Gegenteil überzeugt. Und wegen unserer so ungüngstig verstauten Gepäckstücke waren wir zehn Minuten im Flugzeug aufgehalten worden. Aber aufgrund dieser „ärgerlichen“ Verzögerung hatten wir ihn getroffen. Und obendrein stellte sich heraus, dass er uns und unsere Arbeit von einem persönlichen Besuch her kannte. Der Hauptgewinn im Lotto ging an uns.

Am Montagabend, dem 24. Juni, begrüßten wir uns freundlich im Regierungspalast. Am Morgen desselben Tages war der Verteidigungsminister an einem plötzlichen Herzinfarkt verstorben, und bis zuletzt hatten Tina und ich unsere Zweifel, ob der Premier trotz seines guten Willens uns empfangen könne. Doch genau das geschah. Man kann den Namen „Salvador del Solar“ etwas frei mit „Retter des Sonnensystems“ übersetzen. Dieser Ausdruck ist auch für einen Premier etwas hoch gegriffen, aber *unser* Retter wurde er allemal. Noch während unserer Sitzung, die 45 Minuten dauerte, rief er die Gesundheitsministerin an und arrangierte für uns ein Gespräch mit der peruanischen Leiterin des Gesundheitswesens. Zum Abschied reichte er uns seine Visitenkarte mit seiner privaten Handynummer.

Zwei Tage darauf versammelte sich ein hochkarätiges Publikum im ehrwürdigen Sitzungssaal des Gesundheitsministeriums, um die Geschichte von Diospi Suyana in Wort und Bild zu erleben. Neben mir saß unser stellvertretender Direktor Dr. Jens Haßfeld. Auch er staunte nicht schlecht.

Mitte Juni hatte man mir noch mitgeteilt, dass ein persönliches Treffen mit der Ministerin – wegen eines engen Terminplans – nicht möglich sei. Nun winkte sie mir vom Kopfende der langen Tafel zu und ermunterte mich, mit meinen Ausführungen zu beginnen. Ebenfalls zugegen waren die beiden Vizeminister und etwa zehn Direktoren aus den verschiedenen Abteilungen.

Mit der gefühlten Rückendeckung des Premiers ließ ich die Fotos von Diospi Suyana über die Leinwand fliegen. Alle hörten aufmerksam zu. Als ich am Ende angelangte, sagte ich: „Frau Ministerin, das war eben die schöne Geschichte, jetzt folgt leider die hässliche!“ Meine zweite Powerpoint beschrieb detailliert die Widerstände durch die Gesundheitsbehörde *Apurimacs* bei der Lizenzvergabe. Und dann näherte ich mich dem Höhepunkt, dem Fall Abraham K. mit all seinen Verleumdungen, Tücken und Machenschaften.

„Mit unseren günstigen Preisen, dem täglichen Patientenansturm und den guten Ergebnissen sind wir den Privatkliniken Südperus ein Dorn im Auge. Wir haben viele Feinde!“ Dieser Satz, den ich noch einmal wiederholte, stand nun im Raum. Er war eine Anklage und eine Bitte um Hilfe zugleich. Ich blickte hoffnungsvoll zur Gesundheitsministerin.

„Ja, da haben Sie natürlich recht“, antwortete Dr. Zulema Garcia, „leider ist das so in Peru. Ich werde Sie in der übernächsten Woche in Curahuasi besuchen!“

Im Gästehaus unserer Mission setzten Jens und ich uns ins Wohnzimmer und dankten Gott für eine Woche, die wir aus unserer Sicht als Befreiungsschlag verstanden. Im 42. Psalm heißt es: „Ständig verspottet man mich und fragt: ‚Wo bleibt er denn, dein Gott?' Warum nur bin ich so traurig? Warum ist mein Herz so schwer? Auf Gott will ich hoffen, denn ich weiß: Ich werde ihm wieder danken. Er ist mein Gott, er wird mir beistehen!"

Außer einigen Polizisten, Krankenschwestern und Taxifahrern schliefen die Einwohner der Hauptstadt Lima. Mitten in der Stille der Nacht verließ eine Frau um 2 Uhr ihr Bett und machte sich ausgehfertig. Einige Minuten später wurde sie von einem Chauffeur abgeholt und zum Flughafen gefahren. Die Gesundheitsministerin wollte an diesem Dienstag, dem 9. Juli, ein Versprechen einlösen, das sie Jens und mir gegeben hatte. Mit einer Delegation flog sie mit dem Jet nach Cusco und traf gegen 9.45 Uhr am Missionsspital ein. Sie hatte die leitenden Beamten der staatlichen Gesundheitsbehörde Apurimacs einbestellt, um gemeinsam mit allen Entscheidungsträgern unser Spital zu inspizieren.

Um 10 Uhr hieß ich Frau Dr. Zulema Garcia und ihre Begleiter in meinem Büro willkommen.

Vor einem kleinen Imbiss griff ich zu meiner Taschenbibel und las einen Abschnitt aus dem 61. Kapitel des Propheten Jesaja vor. Am Tag des ersten Spatenstichs, dem 24. Mai 2005, hatte ich diese Verse meiner Ansprache vorangestellt: „Der Geist Gottes des Herrn ist auf mir, weil der Herr mich gesalbt hat. Er hat mich gesandt, den Elenden gute Botschaft zu bringen, die zerbrochenen Herzen zu verbinden, zu verkündigen den Gefangenen die Freiheit, den Gebundenen, dass sie frei und ledig sein sollen; zu verkündigen ein gnädiges Jahr des Herrn!". Doctora Zulema Tomas lauschte konzentriert, als ich fortfuhr: „Werte Ministerin, in diesem Spital arbeiten freiwillige Mitarbeiter aus der ganzen Welt, weil sie genau das umsetzen möchten, was Jesaja damals verkündigte. Wir wollen helfen, lindern und heilen!"

Tina und ich führten die Ministerin mit ihrem Tross von Beamten über zweieinhalb Stunden lang durch alle Abteilungen. In den vollen Wartesälen stellte sich Dr. Zulema Garcia mit lauter Stimme selbst vor. „Ich bin die Gesundheitsministerin!“ Das Echo der Wartenden drückte deren Enttäuschung mit einem insuffizienten Gesundheitssystem aus. Patienten aus mehreren Bundesstaaten meldeten sich zu Wort, manche mit Verbitterung und andere sogar mit Tränen in den Augen. Sie sagten: „Frau Ministerin, so wie Diospi Suyana müsste jedes Krankenhaus in Peru funktionieren. Hier behandelt man uns mit Liebe und Respekt!“

Im Zahnlabor beschrieb Elisabeth Franke die großen Vorteile einer automatischen CAD/CAM-Maschine. Als ein kleiner Keramikblock vor den neugierigen Augen aller sich in eine perfekte Zahnkrone verwandelte, waren die Beamten schwer beeindruckt. „Frau Ministerin, hier stehen Geräte im Wert von vielen Zehntausenden“, sprach ich in die erstaunte Runde, „aber das Beste sind nicht die teuren Maschinen, sondern das ist unsere Missionarin aus Deutschland, die schon vier Jahre ihres Lebens für die Menschen Perus eingesetzt hat!“

In ihrem Interview im TV-Studio von Diospi Suyana äußerte sich die Ministerin hochzufrieden und sagte uns jegliche Unterstützung zu. Beim Mittagessen rief sie über den Tisch zum Direktor der staatlichen Gesundheitsbehörde von Apurimac: „Sie müssen Diospi Suyana immer unterstützen, und zwar bei allem!“ Eine unmissverständliche Aufforderung.

Die Ministerin hatte im Minibus Platz genommen, aber der Fahrer wartete untätig hinter dem Steuer. Was war los? „Wir machen noch einige Filmaufnahmen mit unserer Drohne!“, erklärte mir ein Journalist beiläufig. Ungläubig blickte ich zum Himmel empor. Tatsächlich, in großer Höhe über dem Spital flog der kleine Hubschrauber und filmte die gesamte Anlage bei strahlend blauem Himmel. So ein Flugobjekt hatte ich in Peru noch nie zu Gesicht bekommen. Nach einigen Minuten Dreharbeiten fiel die Seitentür ins Schloss und unsere Besuchergruppe rollte dem Ausgang entgegen. Wir winkten zum Abschied und ahnten, dass die vergangenen Stunden ein positives Nachspiel haben würden.

„Lasst uns Gott noch danken", forderte ich die Umstehenden auf. Tina, Doris, Daniel Müller und ich gruppierten uns im kleinen Wartesaal der Orthopädie-Werkstatt. Die Dankgebete waren für uns keine Pflichtübung, sondern ein echtes Bedürfnis. Einen ganzen Tag hatte die Ministerin eingesetzt, um uns die Ehre ihres Besuchs zu erweisen. Ein einzigartiger Vorgang.

Am Mittwochabend erhielt Doris, die Leiterin unseres Medienzentrums, einen Link zu einem offiziellen Video des Ministeriums. Es dauerte nur 75 Sekunden, aber es zeigte unser Spital in voller Schönheit. Die Drohne hatte bei den Luftaufnahmen atemberaubende Sequenzen geliefert. Die Ministerin selbst kommentierte die Szenen und lobte Diospi Suyana über den grünen Klee. Nachdem sie die Abteilungen unseres Krankenhauses aufgezählt hatte, fasste Doctora Zulema Garcia ihre Eindrücke zusammen: „Ich muss sagen, das, was hier getan wird, ist bewundernswert. Die Mitarbeiter arbeiten mit so viel Liebe, so viel Humanität. Man sieht Patienten aus den Bundesstaaten Puno, Cusco, Huánuco, Lima und aus Tacna. All die Hilfesuchenden von dort kommen hierher mit dem Ziel, gesund zu werden!" Ein höheres Maß an Wertschätzung für unser Spital hätten wir uns nicht erhoffen können.

In seiner Diffamierung im Radio hatte Zahnarzt Ricardo C. öffentlich gefleht, die Gesundheitsministerin solle mal das Hospital Diospi Suyana unter die Lupe nehmen. Sein Wunsch war in Erfüllung gegangen – aber mit einem völlig anderen Ausgang, als von ihm gedacht.

Das Video der Ministerin übergaben wir in der gleichen Woche feierlich dem Staatsanwalt von Curahuasi und schickten es mit tiefer Genugtuung an den Ministerpräsidenten Salvador del Solar. Nur wegen unserer Gepäckstücke am ungünstigen Platz im Flugzeug hatten sich unsere Wege gekreuzt. Und in kürzester Zeit kamen wir der Lösung des Falls „Abraham K." ein gutes Stück näher.

Diospi Suyana in Zahlen

An Besuchern mangelt es nie. Sie schauen bei Diospi Suyana vorbei und erzählen nach der Rückkehr in ihre Heimatländer mit Begeisterung von ihren Eindrücken vor Ort. Nach all den Jahren verfügen wir über einen großen Schatz von Erlebnissen, die geeignet sind, Emotionen zu wecken. Das ist für ein Spendenwerk wie das unsrige wichtig. Dieses kurze Kapitel will allerdings nicht positive Assoziationen hervorrufen, sondern lediglich zuverlässige Daten liefern, um den Istzustand korrekt zu beschreiben.

Seit Oktober 2007 bis zum Oktober 2023 haben unsere Ärzte und Krankenschwestern über 515.000 Patienten behandelt. Dabei haben wir uns im Laufe der Zeit enorm gesteigert. Während im ersten Jahr rund 18.000 Patienten in den Genuss einer Behandlung kamen, waren es 2019 etwa 58.000. Bei den meisten Hilfesuchenden handelte es sich um Quechua-Indianer und andere Bedürftige aus den Bergdörfern der südlichen Anden Perus.

Das Gesamtbudget des Hospitals Diospi Suyana lag im Herbst 2023 bei etwas über 460.000 US-Dollar pro Monat. Diese Zahl wirkt geradezu Furcht einflößend. Woher kommt nun das benötigte Geld?

Etwa 220 Langzeitmissionare haben seit Beginn unserer Mission in Curahuasi als freiwillige Helfer am Spital, an der Schule und im Medienzentrum mitgearbeitet. Die meisten von ihnen investierten drei Jahre ihres Lebens in diese ehrenamtliche Tätigkeit. Unterstützt wurden sie dabei durch Freundeskreise, die sie vor der Ausreise nach Peru selbst aufgebaut hatten. Da die Spenden niemals die Höhe des Gehaltes erreichen, das unsere Missionare in ihren Heimatländern zuvor verdient hatten, erreichen ihre finanziellen Opfer eine schwindelerregende Höhe. Wichtig für Diospi Suyana ist, dass die vielen Unterstützer der Missionare indirekt 22 Prozent des Monatsbudgets bezahlen.

Fast 1.200 Menschen helfen Diospi Suyana durch monatliche Überweisungen. Diese Förderer und viele Freunde, die nach meinen Vorträgen Kollekten zusammenlegen, schultern 31 Prozent der realen Ausgaben des Spitals. Und sie bilden das Rückgrat unserer finanziellen Absicherung. 230 Firmen haben uns bisher mit Gerätschaften und Materialien unter die Arme gegriffen. Wenn man diese Schützenhilfe auf den Monat umrechnet, tragen die Unternehmen mit 19 Prozent zum Kuchendiagramm mit bei.

Die Patienten, die vor der Tür in langen Schlangen auf ein Ticket warten, bezahlen gerade mal 4 Soles, etwa 1 Euro. Je nach ihren ökonomischen Möglichkeiten leisten sie unterschiedliche Beiträge zum Budget. Derzeit begleichen unsere Patienten real nur 28 Prozent der tatsächlichen Ausgaben des Krankenhauses. Es dürfte auf der ganzen Welt kein zweites Missionsspital geben, das arme Patienten auf so hohem Niveau behandelt, aber nur zu einem kleinen Teil von den Patienten selbst finanziert wird. Dass dem so ist, verdanken wir unseren treuen Freunden. Und wir danken Gott, der diese höchst erstaunliche Entwicklung ermöglicht hat.

Bis zum Oktober 2023 haben Freunde und Firmen eine

Summe von über 43 Millionen US-Dollar an Geld- und Sachspenden geleistet. Es verdient einer besonderen Erwähnung, dass die Unterstützung von privater Seite etwa 75 Prozent des gesamten Spendenvolumens ausmachte. Ein gewisser Teil dieser Spenden fließt an die Diospi-Suyana-Schule und an das Medienzentrum unserer Mission.

Rund 130.000 Bücher sind von den verschiedenen Verlagen mittlerweile zum Thema „Diospi Suyana" gedruckt worden. Durch über 600 Medienberichte im Fernsehen, Radio und der Presse haben nach vorsichtigen Schätzungen über 100 Millionen Menschen von Diospi Suyana gehört. Jede Präsentation und jeder wichtige Artikel zum Thema „Diospi Suyana" wird von uns in einer Datenbank registriert.

Natürlich ist die Meinung unserer Patienten für uns ein besonderes Anliegen. Seit 2012 legen wir unseren stationären Patienten den folgenden Fragebogen vor:

Würden Sie sagen, dass die Ärzte Sie freundlich behandelt haben?

Sind Sie mit der Behandlung durch die Krankenschwestern zufrieden?

Sind Sie mit der Qualität Ihrer Behandlung zufrieden?

Das Krankenhaus möchte die Liebe Jesu weitergeben. Sind Sie der Meinung, dass wir diesem Anspruch gerecht werden?

Wollen Sie in Zukunft unser Spital wieder aufsuchen, wenn Sie krank werden?

Werden Sie unser Spital Ihren Freunden und Nachbarn weiterempfehlen?

Befragt werden Patienten, also Männer und Frauen, die mindestens eine Nacht in einem Krankenzimmer des Spitals verbracht haben. Am letzten Tag ihres Aufenthalts können die Patienten diesen Fragebogen ausfüllen. Niemand wird dazu gezwungen. Viele haben es eilig und verzichten darauf, ihre Meinung kundzutun. Da die Patienten wenige

Minuten später das Krankenhaus verlassen, müssen sie nach einer negativen Stellungnahme keine Repressalien befürchten. Niemand schaut beim Ausfüllen auf ihr Blatt. Man kann die Umfrage anonym oder mit Namen beantworten. Es herrschen also optimale Bedingungen, um ein echtes Meinungsbild zu ermitteln.

In der Verwaltung haben wir die ersten 4.037 Fragebogen ausgewertet. Die Ergebnisse überraschen: 91,2 Prozent der Patienten haben alle sechs Fragen mit Ja beantwortet. Sie waren rundherum mit dem Service des Hospitals Diospi Suyana zufrieden.

Insgesamt wurden 24.222 Fragen gestellt, nämlich 4.037 mal 6. Nur 469 Fragen (1,9 Prozent) wurden negativ beantwortet. Das heißt, dass 23.753 Fragen (98,1 Prozent) eine positive Beurteilung seitens der Patienten erhielten.

98,1 Prozent Zustimmung ist ein Ergebnis, das kein europäisches oder US-amerikanisches Spital jemals erreichen dürfte. Und in Peru erst recht nicht.

„Ein Lebenswerk, das Leben rettet“

Eine PR-Beauftragte eines deutschen Unternehmens sagte mir vor Jahren: „Herr John, ich bin immer wieder erstaunt darüber, wie es Ihnen gelingt, das Thema „Diospi Suyana“ in den Medien zu platzieren. Als ob das spielend einfach wäre, dabei weiß ich, Pressearbeit ist ziemlich schwer!“

Ich sehe für unseren Erfolg in den Medien zwei Faktoren. Der erste ist die radikale Transparenz. Wir geben uns so, wie wir sind. Vor Christen und Nichtchristen halten wir die gleiche Präsentation. Wir hängen uns kein frommes Mäntelchen um, wenn wir vor einem kirchlichen Publikum berichten, und kein säkulares in den Wohltätigkeitsklubs und Hörsälen. Dabei bin ich mir sicher, dass unsere eigene Sehnsucht nach Gott, nach Gerechtigkeit und Hoffnung andere ansteckt, auch wenn die Zuhörer sich dessen vielleicht gar nicht bewusst sind. Atheistische Journalisten haben oft ausgezeichnete Artikel über uns geschrieben und dem Aspekt des Glaubens breiten Raum gelassen. Sie wollten zwar Gott als Ursache für die rätselhafte Entwicklung bei Diospi Suyana nicht akzeptieren, hatten aber auch keine andere Erklärung anzubieten.

„Ich weiß es einfach nicht!", sagte mir ein Reporter auf meine Frage, welchen Reim er sich auf die vielen Fügungen in unserem Leben mache. Und er fuhr sinngemäß fort: „Spielt auch keine Rolle, denn die Geschichte ist einfach gut!"

Und da kann ich nur ergänzen: „Was gut ist, setzt sich durch!"

Am 19. Februar 2013 wurde ich in Asunción in Paraguay 40 Minuten im beliebten Radiosender *„1° de Marzo"* interviewt. Zur besten Sendezeit im Fünfuhrverkehr befragte mich der Moderator zu meinem Glauben an Gott. Der UKW-Kanal *„1° de Marzo"* ist säkular aufgestellt, und man kann ihm keine Vorlieben für religiöse Themen nachsagen. Während ich unsere Erfahrungen mit Gott schilderte, sah ich vor meinem inneren Auge, wie Tausende von Paraguayer in voll besetzten Autos und Bussen auf dem Weg nach Hause waren und meine Ausführungen hörten.

Der zweite Grund ist die Einflussnahme Gottes. Vor fast allen Pressegesprächen bete ich um seinen Segen. Ich rechne fest damit, dass Gott die Umstände lenken und eine Atmosphäre schaffen kann, die für einen guten Bericht förderlich ist. Dabei bin ich nicht in eigener Sache unterwegs, sondern verstehe mich als Botschafter Gottes. Regelmäßig bitte ich die Medienvertreter, ihre Berichterstattung über uns nicht auf den Traum eines Ehepaars zu reduzieren. „Damit ist niemandem gedient“, betone ich. „Aber wenn Sie schreiben, die Johns sind überzeugt, dass Gott in ihr Leben eingreift, dann kann das eine Relevanz für den Leser, Zuschauer oder Hörer haben!“ Denn jeder Mensch braucht Orientierung und Zuversicht.

In den letzten Jahren habe ich im Umgang mit den Medien immer wieder Unglaubliches erlebt. Am 8. September 2014 sprach ich vor 75 Mitarbeitern der Firma *BBraun* in Sheffield, England. Meine Art von Humor kam bei den Herrschaften gut an und es wurde kräftig gelacht. Im Februar 2015 erhielt ich aus heiterem Himmel eine E-Mail von Patrick Horstmann. Der Profi-Basketballspieler war damals bei den *Sheffield Sharks* in der ersten Liga engagiert und außerdem *bei BBraun* für die Abteilung „Soziale Verantwortung“ tätig. Er hatte meinem Vortrag beigewohnt und wollte mich unbedingt treffen. Dabei suchte er nach Wegen, Diospi Suyana in den britischen Medien bekannt zu machen.

Und tatsächlich, zwei Wochen später während eines kurzen Englandaufenthaltes saßen wir beide in einer Pizzeria zusammen und beratschlagten. „Kommen Sie doch nach Curahuasi, und bringen Sie ein TV-Team mit“, riet ich ihm, „dann können wir ganz schnell Öffentlichkeit schaffen!“ Um es kurz zu machen: Aus diesen Plänen wurde nichts, und ich habe nie wieder von diesem Sportler gehört. Doch diese Begegnung nahm eine wunderbare Wendung, von der Patrick Horstmann gar nichts weiß. Im Gästehaus von *BBraun* kam er mit Hanna Boucsein-Jäger ins Gespräch. Die 18-jährige Verwandte der Braun-Familie absolvierte in Sheffield gerade ein sechsmonatiges Praktikum. Sie war von den Schilderungen Horstmanns über Diospi Suyana so begeistert, dass sie mir im Mai des gleichen Jahres ein ausführliches Schreiben elektronisch zuspielte. Wie sie mir mitteilte, hatte sie mein erstes Buch gelesen und wollte uns gerne in Peru besuchen. Da ihre Jockey-Partnerin Maya als Redakteurin bei der Nürnberger Zeitung tätig sei, würde sie diese gleich mitbringen. Die Reise der beiden jungen Damen fand statt. Und am 23. Oktober 2015 füllte ein Artikel über Diospi Suyana die gesamte Seite 3 der Nürnberger Zeitung. Die Überschrift lautete „Ein Lebenswerk, das Leben rettet!“.

Auch das nächste Beispiel ist außergewöhnlich. Für den 13. Mai 2016 hatte Anästhesist Tobias Malisi für mich einen Kontakt beim Chefredakteur der Sächsischen Zeitung arrangiert. Erwartungsvoll schritt ich pünktlich an die Rezeption des Hauptbüros in Dresden und stellte mich vor. Aber die Chefsekretärin nahm mir umgehend allen Wind aus den Segeln. „Herr John, leider ist Herr Vetterick verhindert“, bedauerte sie, „unerwartet kam eine Sitzung mit der Geschäftsleitung dazwischen!“ Wie ein begossener Pudel zog ich von dannen und setzte mich wieder in meinen Mietwagen. Depressive Gedanken gingen mir durch den Kopf. „Wäre ich ein Brad Pitt mit einer neuen Geliebten im Bett, dann stünden die Reporter Schlange, um den Quatsch zu hören“, sagte ich mir, „aber ich bin nur ein Missionsarzt, und obwohl wir die tollsten Dinge erleben, interessiert das kein Schwein!“ Traurig blickte ich durch das Autofenster in den grauen Himmel. Da packte es mich plötzlich und ich fing an zu beten: „Gott, du kannst alles wenden, bitte tue etwas!“

Seltsam, mich überkam das Gefühl, dass Gott in der Tat eingreifen würde. Ich stieg aus dem Wagen und setzte mich in der gleichen Straße in ein ukrainisches Restaurant. Ich war der einzige Gast. Bei einem Cappuccino arbeitete ich an meinem Laptop drauflos und wartete. Auf was eigentlich, wollen Sie vielleicht wissen? Nun, ich ahnte, dass Gott handeln würde. Ich wusste nur nicht genau, wie und wann. Da klingelte mein Handy. Der Chefredakteur war höchstpersönlich dran: „Herr John, sind Sie vielleicht noch in der Nähe?".

„Ja" antwortete ich wahrheitsgemäß.

„Dann kommen Sie sofort in mein Büro!"

Während Uwe Vetterick auf einem Sessel saß, erzählte ich stehend am Bildschirm unsere Geschichte. Nach einer Pause äußerte sich der Journalist: „Diospi Suyana ist ein Beispiel mehr für die alte Wahrheit, dass die Verrückten die Welt verändern!"

Am 11. Juni erschien der Artikel über uns in der Mantelausgabe der Sächsischen Zeitung. 630.000 Leser hatten Gelegenheit, sich über Diospi Suyana auf einer ¾ Seite zu informieren. Die Überschrift sprach Bände: „Gott, der Baumeister". Und in großen Lettern stand der Satz: „Zufälle gibt es für Klaus John nicht. Gott hält er für den Architekten seiner Klinik!" Verfasst war der Text von Christina Wittig-Tausch.

„Herr John, das ist ein ziemliches Experiment", versicherte sie mir, „denn die meisten unserer Leser sind Atheisten!"

Aber unabhängig von der Leserschaft hatte die Journalistin in aller Ausführlichkeit über unsere tiefste Überzeugung geschrieben. Ein Absatz lautete: „Sechs Monate im Jahr reist Klaus John in Europa, Amerika und Australien umher. Um Unterstützung für die Klinik zu finden und neue Mitarbeiter. Aber auch, um über Gott zu sprechen. ‚Was glauben Sie?', fragt er nahezu jeden, dem er begegnet. Er hat sich darüber mit Christen aller möglichen Glaubensrichtungen unterhalten, mit Buddhisten, Muslimen, Atheisten; mit Bauern aus den Anden genauso wie mit Fließbandarbeitern bei VW oder Konzernchefs. Dieser Tage stellt er die Frage in Dresden, Schneeberg und Pirna. Denn in Sachsen gibt es viele Menschen und Gemeinden, die das Projekt ‚Diospi Suyana' unterstützen. Der Ausdruck stammt aus der Indio-Sprache Quechua und heißt so viel wie ‚Vertrauen auf Gott'."

In meinem ersten Buch erwähnte ich eine Begebenheit, die sich im April 2004 in Kleinmachnow, einem Edelvorort von Berlin, zutrug. Meine Frau und ich hatten vor feinen Herrschaften der deutschen Hauptstadt von unserem Traum berichtet, ein Krankenhaus für die Indianer der peruanischen Anden zu gründen. „Wenn Sie so viel von Gott reden, werden Sie nie in ein säkulares Fernsehprogramm kommen. Also lassen Sie das mal lieber!" Der Ratschlag der Damen und Herren im voll besetzten Wohnzimmer war gut gemeint. In den folgenden Jahren haben wir diesen Tipp gewissenhaft ignoriert. Trotzdem beschäftigten sich über 60 TV-Produktionen – die meisten säkular – mit unserem Lebenswerk.

Berlin, 7. Dezember 2019. Auf Einladung des ZDF nahmen Tina und ich an der Spendengala „Ein Herz für Kinder" teil. Vor einem Live-Publikum von 70 deutschen Stars im Festsaal und von 3,7 Millionen Zuschauern in den Wohnzimmern der Republik wurden wir von Johannes B. Kerner interviewt. „Kommen Sie nie an Ihr Limit?", fragte er Tina.

„Eigentlich immer", antwortete meine Frau und strahlte, „aber mit Gottes Hilfe machen wir mutig weiter!"

In der Doku, die kurz zuvor über unser Leben gezeigt worden war, wie auch auf der Webseite des ZDF zur Sendung hatte unser Glaube an Gott seinen gebührenden Platz erhalten.

Niemals wollen wir unseren Hut mit fremden Federn schmücken. Wenn Gott etwas Großartiges getan hat, muss er als Initiator auch geehrt werden und nicht wir. Tina und ich verstehen uns nur als Werkzeuge in der Hand des Meisters.

Kampf gegen Coronaviren und andere widrige Umstände

Freitag, 13. März 2020. Müde quälte ich mich gegen 10 Uhr am Vormittag aus dem Bett. Ich fühlte mich von den Strapazen des vergangenen Tages noch wie gerädert.

Nach einer aufregenden Präsentation vor Schweizer Bankern und Intellektuellen in Zürich war ich unter Zeitdruck durch permanente Staus zum zweiten Vortrag nach Konstanz gefahren. Trotz der allgegenwärtigen Corona-Gefahr hatten sich am Abend noch 100 Zuhörer im Kultursaal der Stadt eingefunden. Doch eines wurde offensichtlich: Die Stimmung in Deutschland und auch in der Schweiz war urplötzlich gekippt. Angst breitete sich aus. Zwischen 2 und 3 Uhr in der Nacht fiel ich in Wiesbaden todmüde ins Bett. An jenem Freitag hoffte ich mich etwas zu regenerieren und in Ruhe meine Koffer zu packen. Noch standen vier Vorträge auf meinem Programm. Karin Straßheim von unserem Heimatbüro hatte meine Rundreise generalstabsmäßig geplant. 22 offizielle und inoffizielle Termine an 16 Tagen laugen jeden Konferenzredner aus, auch mich. Kein Zweifel: Nach den letzten Veranstaltungen würde ich am folgenden Montag an Bord des Flugzeugs schlafen wie ein Murmeltier.

Ich setzte mich an den Schreibtisch und schaltete meinen Laptop ein. Die Online-Nachrichten der FAZ zum Thema Corona klangen unheilvoll. Ich überflog gerade die Überschriften, als das Telefon klingelte. Karin Straßheim teilte mir mit, dass das erste der letzten vier Events vom Veranstalter abgesagt worden war. Man könne das Risiko eines vollbesetzten Vortragssaals nicht mehr verantworten. Bald folgte die zweite und dann die dritte Absage.

„Na gut“, dachte ich, „dann werde ich mich halt vor meiner Rückreise schon etwas ausruhen!" Mein Festnetztelefon schrillte erneut. Doris Manco meldete sich aus Peru. „Klaus, soeben hat der Staatschef angeordnet, dass am Wochenende die Grenzen des Landes geschlossen werden." Ich saß augenblicklich hellwach auf dem Stuhl. „Wenn du noch nach Peru einreisen möchtest, musst du jetzt los!"

„Alles klar", sagte ich, „ich werde es versuchen!", und legte auf.

Es war eine Sache von Sekunden, und ich hatte Herrn Fett vom gleichnamigen Reisebüro in Norddeutschland an der Strippe. Der Reiseunternehmer verstand augenblicklich die Sachlage. Rund um den Globus machten die Länder die Schotten gerade dicht. Es war wie eine Kettenreaktion, die mit gewaltiger Wucht das öffentliche Leben unserer Welt in Windeseile herunterfuhr.

Während Herr Fett sich auf den Webseiten der Airlines schlaumachte, griff ich zum Bordcase. Unterwäsche und Strümpfe packte ich ein und drei Hemden zusätzlich. Höchstwahrscheinlich würde mich in Südamerika eine zweiwöchige Quarantäne in einem Spital oder Privathaus erwarten. Mein Koffer musste leider zurückbleiben. Ohne zu wissen, ob und wann ein Flug für mich möglich wäre, traf ich alle Vorbereitungen für einen unmittelbaren Aufbruch. Und wieder besprach ich mit Herrn Fett unsere Strategie. Ich würde gleich drei Flugtickets benötigen, um meine Chancen auf eine Einreise zu erhöhen. Vielleicht würden die Peruaner den Flugzeugen aus Europa gar keine Landeerlaubnis mehr erteilen. Also brauchte ich einen Einzelflug in ein Drittland. Brasilien bot sich an. Es wäre sicherlich um einiges leichter, aus einem südamerikanischen Land nach Lima zu reisen. Falls die brasilianischen Behörden dazu aber aus Peru kein grünes Licht erhalten sollten, könnten sie mich auch postwendend nach Deutschland zurückschicken. Das musste mit einem weiteren Flugticket verhindert werden. Herr Fett beschaffte mir deshalb noch ein Ticket mit der Quatar Airlines nach Doha im Nahen Osten. Es trug den 30. März als Datum. Jene zwei Wochen würde ich dann nutzen, um mich auf dem Landweg nach Peru durchzuschlagen. 4.000 Kilometer Abenteuertrip durch den Amazonas. Ich hatte keine andere Wahl, ich musste nach Curahuasi zurück, egal auf welchem Schleich- oder Umweg. In dieser Krisenzeit, das ahnte ich, war meine Präsenz an der Seite von Tina gefordert.

Um es kurz zu machen, die Rückreise klappte wider Erwarten problemlos. Die Quarantäne durfte ich mit offizieller Erlaubnis in unserem Haus in Curahuasi absitzen. Für mich spielte es auch keine große Rolle, ob ich in meinem Büro im Spital am Hörer hing oder zu Hause. Ich telefonierte mit meinem Handy wie ein Weltmeister.

Es gab eine Unmenge an Vorkehrungen zu treffen. Die Sauerstoffproduktion unserer Generatoren galt es zu verdoppeln. Sicherlich würden weitere Beatmungsgeräte von Nöten sein. Teststreifen für die Blutgasanalyse fehlten in ausreichender Stückzahl. In einer Nacht- und Nebelaktion, die einem Geheimagenten alle Ehre gemacht hätte, überredete Karin Straßheim einen Lufthansapiloten, 1.000 dieser Tests in seinem Privatgepäck mitzunehmen. Eigentlich flog die Lufthansa seit Jahren nicht mehr nach Lima. Aber im Zuge eines Rückführungsprogramms von 4.000 Deutschen hatte die Bundesregierung mehrere Flüge angesetzt. Ich setzte mich mit der Firma Löwenstein und der Bauder Stiftung in Verbindung. Als Ergebnis erhielten wir 13 neue Geräte für die invasive und Maskenbeatmung. Der Wert dieser Unterstützung lag bei über 70.000 Euro.

Am Sonntag, dem 22. März, spürte ich ein enormes Engegefühl in meinem Brustkorb. Ob sich bei mir eine Corona-

Erkrankung anbahnte? Ich wusste es nicht. Wahrscheinlich hatte die Beklemmung eher mit dem Besuch des Gouverneurs und Leiter der Gesundheitsbehörde zu tun. Mit einer Vorwarnung von nur einer Stunde beehrte die hochrangige Delegation unser Spital. Tina und Dr. Thomas Tielmann führten die Gäste durch die Abteilungen unseres Krankenhauses. Mir schwante Böses. Bald würden im ganzen Land Intensivbetten und Beatmungsgeräte fehlen. Eine Woche zuvor hatte der Staatschef Martín Vizcarra den allgemeinen Ausnahmezustand verhängt. In dieser Krisensituation wäre jedes Szenario denkbar. Selbst die Verstaatlichung aller privaten Spitäler rückte in den Bereich des Möglichen.

Die Regionalpolitiker waren höchst zufrieden: Auf unseren beiden Intensivstationen könnten 10 Patienten gleichzeitig beatmet werden. Außerdem stellten wir im regulären Bettenhaus 40 weitere Betten mit Sauerstoffanschlüssen zur Verfügung. Unser Spital sollte, wie sich bald zeigte, die Hälfte der Intensivkapazitäten des gesamten Bundesstaates anbieten.

Die ungebetenen Gäste zogen nach 90 Minuten wieder ab. Über eine Einflussnahme des Staates war kein Wort gefallen. Doch keine zwei Tage später präsentierte Dr. Omar Merino Lopez, Kongressabgeordneter von Apurimac, im Parlament einen besorgniserregenden Gesetzentwurf: In Zeiten von Corona solle es dem Staat erlaubt sein, die Kontrolle über den gesamten medizinischen Privatsektor Perus zu übernehmen. Vor meinem inneren Auge sah ich schon, wie die lokale Ärzteschaft freudestrahlend unsere gespendete Hightech abtransportierte – unter dem Vorwand, unsere Ausstattung in den Dienst des Staates zu stellen. Pausenlos sprach ich über Telefon mit den Anwälten der Kanzlei *Olaechea*. Sie teilten meine Einschätzung, dass uns gefährliche Zeiten bevorstanden. Der Gesundheitsminister Victor Zamora sei ein waschechter Marxist, der schon in früheren Zeiten die Verstaatlichung privater Einrichtungen befürwortet habe. Jetzt saß er in der Kommandozentrale neben dem Präsidenten.

Aber Tina und mich drückte nicht nur die Sorge um den Schutz unserer Einrichtung. Von einem Tag auf den anderen blieben die Patienten weg. Wo sonst Hunderte von Hilfesuchenden in langen Schlangen die Eingänge des Spitals verstopften, herrschte nun gähnende Leere. Die Polizei und die Armee hatten alle Straßen zwischen den Bundesstaaten blockiert. Die Krankenhäuser sollten sich – so die Anordnung der Regierung – nur noch auf die zu erwartende Flut der Corona-Opfer einstellen. Faktisch wurden damit die Krankenhäuser für den Normalbetrieb geschlossen. Das Gleiche galt für alle Schulen. Über zehn Millionen Schüler wurden in ihren Häusern festgehalten. Unsere Einnahmen brachen um über 80 Prozent ein. Doch unsere Ausgaben gingen sogar noch in die Höhe. 217 peruanische Angestellte hofften auf ihre Löhne. Mit allen Nebenkosten belief sich diese Summe auf rund 400.000 Soles (130.000 US-Dollar). Natürlich Monat für Monat! Mehrere Hunderttausend Soles investierten wir in den Kauf von Gerätschaften, Schutzanzügen und Medikamenten.

Auf YouTube sahen unsere Missionare die entsetzlichen Bilder aus Norditalien und Madrid: sterbende Patienten, völlig überforderte Krankenhäuser und sogar weinende Ärzte. Sollte sich Diospi Suyana wirklich auf einen Kampf gegen die Corona-Viren unter den schweren Bedingungen eines Schwellenlandes einlassen? Unter den Mitarbeitern machten sich kritische Stimmen bemerkbar, natürlich motiviert durch die große Sorge um Leib und Leben ihrer Familien. Die Moral unseres Arbeitsteams stand in Gefahr. In einem ausführlichen Rundschreiben wandten wir uns an alle Missionare: Jeder könne umgehend von den Pflichten im Missionscamp entbunden werden. Es würden wahrscheinlich schlimme Zeiten auf uns zukommen. Es sei deshalb jedem freigestellt, das Evakuierungsangebot der europäischen Botschaften anzunehmen. 43 Missionare entschieden sich, trotzdem zu bleiben, und sahen ihren Platz an der Seite ihrer peruanischen Kollegen. Tina und ich atmeten auf. Mit einer tiefen Entschlossenheit legten sich alle mächtig ins Zeug, um das Krankenhaus für den kommenden Ansturm zu wappnen. Das Werkstattteam um Oebele de Haan und Matthias Kügler stand an vorderster Front bei der Sauerstoffversorgung. In der Orthopädiewerkstatt stellten andere mithilfe eines 3-D-Druckers Schutzschirme her, und fleißige Hände nähten Plastiküberschuhe für die Intensivstationen.

Die Anwälte von *Olaechea* verfassten mit uns einen Entwurf für einen Vertrag mit der Landesregierung von Apurimac. Das Schriftstück garantierte uns einen gewissen Rechtsschutz und stellte obendrein klar, dass Personal und Geräte des Missionsspitals für den Staat absolut tabu wären. Die vielen Details des Abkommens spiegelten genau unsere Position wider. Als der Gouverneur und Chef der Gesundheitsbehörde in einer langen Sitzung dieses Dokument mit ihren Unterschriften verschönerten, fiel uns ein schwerer Stein vom Herzen. Noch ahnten wir nicht, was uns bevorstand.

Samstag, der 25. April. Der erste Corona-Patient war ein 42-jähriger Lastwagenfahrer aus dem Bundesstaat Cusco. Auf seiner langen Fahrt von Lima nach Quillabamba war ihm am Ortsausgang von Curahuasi plötzlich die Luft weggeblieben. In der Notaufnahme des Spitals rang er nach Atem. Seine Sauerstoffsättigungvon nur 75 Prozent sowie das Röntgenbild der Lunge zeigten die Schwere der Erkrankung. Elf Tage lang erhielt er auf der Isolierstation Sauerstoff und alle notwendigen Medikamente. Die Behandlung rettete sein Leben.

Unseren Teil des Kooperationsvertrags hielten wir ein und bereiteten das Spital auf die kommende Welle vor. Doch leider war das bei den Funktionären in Abancay nicht der Fall. Der vereinbarte Geldbetrag des Staates blieb aus. Wir riefen regelmäßig an uns wurden stets auf die nächste Woche vertröstet. „Es fehlt noch ein Zusatzdokument", hörten wir schließlich von den Beamten, „dann ist aber alles unter Dach und Fach!" Die Anwälte beider Seiten legten sich ins Zeug und am 30. April unterschrieben wir das zweite Schriftstück. Wir klopften uns gegenseitig auf die Schultern. Eine schwere Geburt war endlich glücklich über die Bühne gegangen. So dachten wir, doch wieder hielt die Landesregierung ihr Wort nicht. Stattdessen forderten die Funktionäre Ende Mai die Ratifizierung eines dritten Vertrags, dessen Inhalt den Behörden das Recht einräumte in die inneren Prozesse unseres Spitals einzugreifen. Nie und nimmer wären wir bereit so ein Abkommen zu akzeptieren. Und nun ging es plötzlich um das Überleben unseres Krankenhauses. Wenn der Staat unser Spital mit seinen Patienten füllen würde, ohne seine Rechnungen zu begleichen, könnte dieses Szenario in wenigen Monaten zum Bankrott unserer Einrichtungen führen. Außerdem bestand die akute Gefahr, dass sich die Gesundheitsfunktionäre in unseren Mauern breit machten und unsere Mission torpedierten, wo immer sie wollten. Außer einer kleinen Gruppe von Eingeweihten war niemanden klar, dass Diospi Suyana durch diese ungünstige Entwicklung seinem Ende entgegensteuerte.

Am 29. Mai war für uns die rote Grenze erreicht. Tina und ich wandten uns in einer Botschaft von 20 Minuten über unseren eigenen Radiokanal an das peruanische Volk. Die Botschaft lautete: „Bis hierher und nicht weiter. Wir lassen uns nicht von korrupten Politikern an der Nase herumführen!"

Unmittelbar nach Ausstrahlung unserer Erklärung schickten die Mitarbeiter unseres Medienzentrums die Nachricht über die Presseverteiler ins ganze Land. Das Echo sollte nicht nur uns selbst, sondern auch die politische Prominenz Perus restlos beeindrucken. Noch vor 23 Uhr in der Nacht las Staatspräsident Martín Vizcarra unseren Text. Doch das war nur der Anfang. In wenigen Tagen besuchten 1,5 Millionen Peruaner unsere Webseiten in den sozialen Medien. In Tausenden Kommentaren machten die Menschen ihren Unmut über ein insuffizientes Gesundheitssystem Luft und stärkten uns gleichzeitig den Rücken. Unsere Telefone standen nicht mehr still.

Am 1. Juni fuhren Verwaltungsleiter Steven de Jager und ich 14 Stunden nach Lima. Die öffentliche Unterstützung der Bevölkerung hatte uns die moralische Luftüberlegenheit beschert und damit ein dichtgepacktes Programm in der Hauptstadt. Der Präsident des Parlamentes Manuel Merino de Lama nahm sich zwei Stunden für uns Zeit. Wir präsentierten unsere Sorgen vor dem Premierminister Vicente Antonio Zevallos und trafen uns mit dem Gesundheitsminister. Wir gaben Interviews für Radio- und TV-Sender und konnten gar nicht alle Kongressabgeordnete sehen, die uns um einen Gesprächstermin baten. Diospi Suyana war in kürzester Zeit zur Chefsache im Regierungspalast und zu einem Politikum in Peru geworden.

Für das Hospital Diospi Suyana war Covid-19 eine Herausforderung von historischem Ausmaß. Die potenziellen Gefahren für unsere Mitarbeiter, die immensen finanziellen Verluste und die unterschwellige Befürchtung einer staatlichen Bevormundung sollten uns für Monate begleiten. Wir durchlitten eine Krise, deren Ausgang völlig ungewiss war. Und immer und immer wieder klammerten wir uns an die Treue Gottes.

Hier finden Sie die richtigen Lösungen

Als aufmerksamer Leser ist Ihnen sicherlich nicht entgangen, dass in diesem Buch einige Fragen offengeblieben sind. Und ganz im Stil eines Rätselheftes können Sie hier die Auflösungen nachlesen.

Leider hat die vietnamesische Firma *Bitel* trotz ihrer Ankündigung unser Werk nicht mit *Breitbandinternet* versorgt. Hilfe kam von unerwarteter Seite. Mittlerweile genießen Krankenhaus, Schule und Medienzentrum über Breitband-Anschlüsse über lokale Firmen und Starlink.

Was wurde eigentlich aus unserem *Logo*? Im Dezember 2017 haben wir unser Logo in Deutschland neu registriert. Es trägt einen 30-prozentigen Schatten. Das DRK hat auf einen Widerspruch verzichtet. Seit dem 9. Juli 2018 ist unser Emblem wieder markenrechtlich geschützt.

Der Korruptionsfall in unserer *Optiker-Werkstatt* wurde von uns in aller Gründlichkeit aufgeklärt. Bis zum Jahresende 2019 hat Americo V. zwei Drittel der betrogenen Patienten entschädigt.

Prof. Schlickewei hatte *Dr. Tim Boeker* dringend von einem Einsatz in Peru abgeraten. Er war sich sicher, dass der Freiburger am Missionsspital weder die notwendige Ausrüstung noch die erforderlichen Metalltransplantate zur Verfügung haben würde. Aber er war mit seiner Annahme auf dem Holzweg. Im Oktober 2015 nahm Dr. Boeker am Deutschen Kongress für Unfallchirurgie und Orthopädie in Berlin teil. In der Ausstellungshalle kam er mit Herrn Orschler, dem Inhaber der Firma *Königssee Implantate,* ins Gespräch. Das Unternehmen sponserte eine komplette Ausstattung an Materialien und brachte das Hospital Diospi Suyana in der Unfallchirurgie auf den Stand eines europäischen Kreiskrankenhauses. Der Wert dieser neuwertigen Sachspende lag im sechsstelligen Bereich. Im August 2017 publizierte Tim Boeker einen siebenseitigen Artikel in der Fachzeitschrift „Der Unfallchirurg“. Darin beschreibt er den erfolgreichen Aufbau seiner Abteilung an unserem Krankenhaus.

Christiane Klatt wurde wegen ihrer Krebserkrankung in Deutschland umfassend behandelt. Im Januar 2019 trat die Familie – um ein Jahr verschoben – ihren Einsatz in Curahuasi an. Sowohl die OTA Christiane als auch ihr Mann Markus, ein Elektroniker, erfüllen wichtige Aufgaben am Spital. Im August 2021 kehrten die Klatts nach Deutschland zurück.

Diospi Suyana war drauf und dran, seine *UKW-Frequenz in Puno* zu verlieren. Unser Anwalt erhob Einspruch, und ein übergeordnetes Tribunal gab uns recht. Seit dem 2. April 2019 sendet unser 50 Meter hoher Turm von einem Berg vor Puno rund um die Uhr. Wir schätzen, dass eine Viertelmillion Menschen in dieser Gegend Perus unser Programm empfangen können.

Das Patent- und Markenamt *Indecopi* verbot der *Klinik Hampina Wasi* in der Stadt Andahuaylas, unser Logo für ihre Zwecke zu missbrauchen. Der Inhaber von *Hampina Wasi* legte Beschwerde ein. In seiner Stellungnahme behauptete er dreist, die gelbe Sonne mit dem roten Kreuz sei seit dem Jahr 2000 in seiner Verwendung. Im Oktober 2023 warten wir noch auf den endgültigen Entscheid der Behörde.

Im Fall *Abraham K.* liegt ein Rechtsgutachten des Präsidenten der Gesellschaft für Traumatologie aus dem Bundestaat Cusco vor. Nach sorgfältiger Prüfung kam er zum Schluss, dass Diospi Suyana sich bei seinen Behandlungsstrategien an internationale Regeln gehalten habe. Der Tod des Patienten wurde durch den schweren Autounfall mit nachfolgenden Komplikationen hervorgerufen, keinesfalls aber durch medizinische Fahrlässigkeit. Die Staatsanwälte in Curahuasi wurden seit 2017 schon zweimal ausgetauscht. Ende September 2022 begründete ein Richter auf 38 Seiten das Ende des Falles. Ein fahrlässiges Verhalten hätte nie vorgelegen.

Der Prozess gegen den Verleumder C. zieht sich in Lima seit vier Jahren in die Länge. Aber wir sind zuversichtlich, dass die

Beweise ausreichen, um mit Geduld und Gebet seine Verurteilung zu erreichen.

Das böse Erwachen aus der Traumwelt

Alpacas grasen friedlich auf den grünen Wiesen. In der Ferne leuchten die Gletscher im Licht der untergehenden Sonne. Warme Rottöne fluten über die geschwungenen Höhenzüge der Kordilleren. Auf den Wegen treiben Quechuas in bunten Ponchos ihr Vieh nach Hause. Das Tagwerk ist geschafft. Nun werden sie den Abend bei Tanz und Musik gemütlich ausklingen lassen. Menschen, die im Einklang mit der Natur leben und sich an der Idylle einer heilen Welt erfreuen. Auf einem Plateau unweit von Machu Picchu steht ein rot-weiß gestrichenes Krankenhaus, dessen Personal stets hilft und heilt, wenn es jemandem wehtut. Wie die Frauenzeitschrift *Tina* es ihren 3 Millionen Leserinnen zu berichten wusste, nennt die Bevölkerung die Ärzte, die dort dienen, wegen ihres selbstlosen Einsatzes „Engel". Und das Boulevard-Magazin *Lisa* ergänzte, dass für diese Engel das Lächeln ihrer Patienten der schönste Dank sei. Das ist das Reich der Anden, wo Liebe und Dankbarkeit regieren. Ein Stückchen Himmel auf Erden.

Es klingt hart, aber der eben beschriebene Schmus hat mit der Wirklichkeit Perus nichts zu tun. Das Land leidet an einer Korruption, die ihresgleichen sucht. Fünf Staatspräsidenten in Folge wurden wegen Bestechlichkeit im schweren Fall angeklagt. Sie sind in Sicherheitsverwahrung, waren im Gefängnis bzw. haben sich dem Gefängnis durch Selbstmord entzogen.

Eine staatliche Untersuchungskommission ermittelte im Mai 2020 gegen 334 peruanische Richter und Staatsanwälte wegen Verdachts auf Korruption auf nationaler Ebene. Aber korrupte Politiker spiegeln nur eine Gesellschaft wider, in der Regelverstöße die Regel und nicht die Ausnahme sind. Der Taxifahrer, der den Polizisten besticht, um einen verdienten Strafzettel verschwinden zu lassen, tut das Gleiche im kleineren Rahmen. Auch die Mutter, die den Lehrer gefügig macht, damit ihr Sohn trotz miserabler Leistungen in die nächste Klasse versetzt wird, spielt auf der Tastatur des Unrechts.

Pilatus fragte vor 2.000 Jahren: „Was ist Wahrheit?" In Peru muss die Frage gestellt werden: „Gibt es überhaupt Wahrheit und Rechtschaffenheit im öffentlichen Leben?" Eine Kongressabgeordnete gab in den Medien zu Protokoll, dass man durchaus lügen dürfe, da Lügen kein Delikt sei. Zwei Drittel der 120 Kongressabgeordneten der Wahlperiode 2010 bis 2015 wurden wegen schwerwiegender Vergehen gerichtlich belangt.

Zur Bestechlichkeit allüberall gesellt sich der tiefe Egoismus. Das Konzept eines Gemeinwohls fehlt weitestgehend in allen Gesellschaftsschichten Perus.

„Ist das in Ihrem Land auch so", fragte mich ein Taxifahrer in Lima, „dass man Krankenwagen mit Blaulicht nicht durchlässt?" Vor unseren Augen spielte sich genau diese hässliche Szene ab. Ich schüttelte entgeistert meinen Kopf.

Was ich hier beschrieben habe, trifft nicht immer zu, bietet aber den großen Orientierungsrahmen für das gesellschaftliche Miteinander von 33 Millionen Menschen.

Im peruanischen Staat zählt das Gesetz wenig, Beziehungen umso mehr. Richtig ist, dass oben in der Pyramide einige kräftig absahnen und ihre Untergebenen mit Füßen treten. Aber auch „die da unten" werden schuldig, indem sie ihr eigenes Schäflein ins Trockene bringen auf Kosten anderer.

Ein Wort gilt nichts. Ein Vertrag ist kaum etwas wert, und selbst Dokumente, mit allen Siegeln und Stempeln der Obrigkeit versehen, haben selten einen bindenden Charakter. Mit unseren Nachbarn oberhalb des Krankenhauses haben wir vor Jahren ein detailliertes Abkommen über die Verteilung des Wassers unterzeichnet. Das Schriftstück trägt die Unterschriften fast aller 60 Anwohner. Es wurde sogar notariell beglaubigt. Doch nach fünf Jahren ernten wir nur ein müdes Achselzucken, wenn wir auf die Einhaltung der Absprachen pochen.

Es fehlt im Land an jeglicher Kontinuität. Von 2003 bis 2023 habe ich mit vierzehn Gesundheitsministern konferiert. Die Halbwertszeit der Minister lag im Schnitt bei 18 Monaten. Mit jedem Würdenträger, der sein Amt antrat, wurden die meisten Schlüsselpositionen in den Ministerien neu verteilt. Es ist klar, dass unter diesen Bedingungen eine langfristig ausgerichtete Politik nicht möglich ist.

Unsere Schule ist ein Segen für Curahuasi. Das Krankenhaus Diospi Suyana hat sogar eine ganze Region zum Positiven verändert. Wir bieten Gesundheitsversorgung, Arbeitsplätze, eine erstklassige Ausbildung und gute Informationen über unser Mediennetzwerk. Die meisten unserer Patienten wissen unsere Hilfeleistungen zu schätzen. Doch nicht wenige Bürger Curahuasis geben sich einer Anspruchshaltung hin, die irritiert. Im Durchschnitt wurde jeder Curahuasino schon dreimal am Hospital Diospi Suyana behandelt. Doch statt Dank hören wir oftmals Klagen, weil sich die lokale Bevölkerung nicht in die Warteschlange einreihen möchte. Dabei haben es die Menschen vor Ort so viel leichter als die 80 Prozent unserer Patienten, die eine weite Anreise bewältigen müssen.

Zwischen einer hochtrabenden Rhetorik der Führungsfiguren und der Praxis im täglichen Leben klafft eine Lücke, wie sie tiefer und weiter nicht sein könnte. Es hat keinen Sinn, diese bitteren Realitäten zu verschweigen. Allerdings ist auch in Peru die Welt nicht schwarz-weiß, sondern weist viele Schattierungen auf. Kein Land Lateinamerikas hat den Odebrecht-Skandal so gründlich aufgearbeitet wie Peru. Und bis zum Jahresende 2019 hat der Andenstaat schon fast eine Million Flüchtlinge aus Venezuela aufgenommen. Diese Leistungen verdienen Anerkennung.

Wir tun gut daran, uns an die eigene Nase zu fassen, bevor wir die Peruaner für ihr Fehlverhalten verurteilen. Waren es nicht Manager in Europa und den USA, die sich noch Boni auszahlen ließen, als die Aktionäre ohne Zahl ihr Erspartes in diversen Finanzkrisen verloren? Wie steht es um die Ehrlichkeit bei der Steuererklärung? Schummeln scheint erlaubt, solange man nicht erwischt wird. Und wenn niemand hinschaut, ist auch die Hemmschwelle zur Fahrerflucht nach einem Unfall ziemlich niedrig.

Was ich sagen möchte, ist Folgendes: Der Egoismus ist die Wurzel des Problems – in jeder Gesellschaft und in jeder Epoche. Wenn es gelänge, die brutale Selbstbezogenheit des Menschen zu überwinden, kämen wir tatsächlich dem vom Kommunismus beschriebenen Ideal eines Paradieses einen Schritt näher. Leider zeigt das Studium der Geschichte, dass alle Versuche, den Menschen umzuerziehen, gescheitert sind. Wir können zwar durch Kampagnen und Aufklärung bestimmte Verhaltensweisen modifizieren, aber nicht den Egoismus beherrschen.

In der Bibel ist davon zu lesen, dass es eine Macht gäbe, diese Selbstliebe doch in den Griff zu kriegen. Es existiere eine Kraft, die im Neuen Testament „Heiliger Geist" genannt wird. Sie hätte das Potenzial, Einstellungen zu verändern und neue Eigenschaften zu verleihen. Paulus schreibt, dass Liebe, Geduld, Freundlichkeit und sexuelle Treue möglich sind – unter dem Einfluss des Geistes Gottes. Wir alle werden unseren eigenen Ansprüchen nicht gerecht. Wir fallen hin und versuchen wieder auf die Beine zu kommen. Dabei verstehen wir mehr und mehr, dass wir als sterbliche Menschen Vergebung brauchen, damit ein echter Neuanfang gelingt. Deshalb starb Jesus Christus nach eigener Aussage an einem Kreuz in Jerusalem.

Bei Diospi Suyana habe ich persönlich viele Mitarbeiter und Unterstützer kennengelernt, die ihr Umfeld zum Guten verändert haben. Sie liebten Gott mehr als ihr Geld und ihre Karriere. Und sie fanden die notwendige Stärke für diese erstaunliche Haltung in ihrem Glauben an Gott.

Hat Gott sich versteckt?

In seinem Film „Expelled: No Intelligence Allowed" interviewt der Journalist Ben Stein den bekannten Atheisten Richard Dawkins vor dem hypothetischen Szenario, eines Tages vor Gott erscheinen zu müssen: „Was würden Sie Gott antworten, wenn er fragt, warum hast du nicht an mich geglaubt?" In seiner Erwiderung zitierte Dawkins den Philosophen Bertrand Russel: „Ich würde sagen, warum, Gott, hast du dich immer so gut vor uns versteckt?"

Ein interessantes Argument. Warum zeigt sich der Allmächtige nicht im Fernsehen? „Hier bin ich", könnte er auf allen TV-Kanälen in die Weltöffentlichkeit hinausposaunen, „hat noch irgendjemand Fragen bezüglich meiner Existenz, dann soll er sich jetzt melden!"

Die Bibel beschreibt im Alten und im Neuen Testament, dass Gott redet und handelt. Er ist erfahrbar für jeden, der ihn sucht. Auf meinen Reisen um die Welt haben mir Menschen aus aller Herren Länder nach meinem Erfahrungsbericht ihre eigene Geschichte erzählt. Ich bin mittlerweile zu der festen Überzeugung gelangt, dass sich im Leben eines jeden übernatürliche Dinge ereignen, die uns als Fingerzeige auf Gott dienen sollen. Christen und Nichtchristen, Gläubige und Atheisten werden Zeugen von Fügungen, die sich mit Wahrscheinlichkeiten oder Zufällen nicht erklären lassen.

Ein Botschafter eines westlichen Landes bezog sich im Gespräch mit mir auf den roten Faden, den jemand in seine Biografie gelegt habe, im Sinne einer höheren Macht. In Zwickau sprach mich vor meinem Vortrag ein Unbekannter an. „Herr John, als 12-Jähriger bin ich einmal mit dem Fahrrad einen Abhang hinuntergefahren. Ich verlor meinen Halt und stürzte mehrere Meter im freien Fall in die Tiefe. Plötzlich sah ich neben mir eine Lichtgestalt, die mich festhielt und unten sanft absetzte!"

In Mannheim berichtete mir eine Dame aus der gesellschaftlichen Oberklasse, die mit Kirche und Glaube nicht viel zu tun hatte, die folgende Begebenheit. „Ich habe mein erstes Kind durch einen spontanen Abort verloren. Als ich erneut schwanger wurde, litt ich an panischer Angst, dass sich das Gleiche wiederholen könnte. In meinem Kummer suchte ich einen Pfarrer auf und klagte ihm mein Leid. Er gab mir ein dünnes Buch mit Bibelversen und schickte mich nach Hause. Im Wohnzimmer öffnete ich die Lektüre aufs Geratewohl. Da stand ein Satz aus der Bibel, der sinngemäß lautete: ‚Gott wird das Gebet einer Mutter nicht verachten!' Plötzlich leuchteten die Wände des Raumes in einem übernatürlichen Licht. Ich fühlte mich geborgen und getröstet!"

Wie so oft saß ich an Bord eines Flugzeugs zwischen Europa und Südamerika. Die Frau neben mir wollte auf den Galapagos-Inseln Urlaub machen. Wie ich bald erfuhr, war sie Biologin, die auf eine lange Karriere bei der englischen Schulaufsichtsbehörde zurückblickte. „Ich bin überzeugte Atheistin", versicherte sie mir. Für mich war ihre Erklärung Grund genug, ihr während des Flugs über den Atlantik einige der Gebetserhörungen bei Diospi Suyana zu schildern. Ich gab mir richtig Mühe, die Britin zu überzeugen, dass es mehr gäbe, als mit unseren Messgeräten erfassbar wäre. Die Stunden verstrichen, doch sie blieb skeptisch. Schließlich sagte ich: „Wahrscheinlich werden Sie mir aber zustimmen, dass sich um den Todeszeitpunkt vieler Menschen herum oft unerklärliche Phänomene abspielen." Und nun nickte meine Sitznachbarin. „Ja, da haben Sie recht, das kann ich bestätigen!"

Bis kurz nach dem zweiten Weltkrieg lebten meine Vorfahren mütterlicherseits in Pommern. Eines Abends, als die Familie meiner Oma das Abendessen einnahm, hörte sie, wie sich die Haustür öffnete und jemand mit schweren Schritten die Treppe in den ersten Stock hinaufging. Aber wer sollte das sein? Man schaute oben nach, ohne jemanden anzutreffen. Merkwürdig, fast schon unheimlich. Unwillkürlich blickte man auf die Uhr an der Wand und prägte sich die Uhrzeit ein. Einige Tage später brachte der Postbote einen traurigen Brief vorbei. Der Lieblingsbruder meiner Oma war exakt in jenem Augenblick an einem anderen Ort verstorben.

Fast 30 Jahre habe ich mit einem Jogging-Partner dem Laufsport gefrönt. Wann immer sich die Gelegenheit bot, rannten wir beide auf dem Sportplatz 5 Kilometer, um uns und dem Platzwart zu beweisen, dass wir noch so fit wären wie in alten Zeiten. Jetzt habe ich's im Knie und Uli laboriert mit seinen Füßen herum. Nun, 1996, lag seine jüngere Schwester im Wiesbadener Horst-Schmidt-Klinikum, und ein Ende war abzusehen. Uli, seine ältere Schwester und seine Mutter hatten sich für den Nachmittag verabredet, um die Kranke zu besuchen. Nach Aussage der Mediziner war ihre körperliche Verfassung zwar schlecht, aber stabil. Gegen 10 Uhr am Vormittag überkam ihn eine große Unruhe. Instinktiv zog es Uli zur Klinik. Im Eingangsbereich tauchten gleichzeitig seine Mutter und seine Schwester auf. Jede von ihnen war völlig unabhängig vom selben Gefühl übermannt worden. Als die drei oben die Intensivstation betraten, sagte der diensthabende Arzt: „Sie kommen im richtigen Augenblick, ihre Tochter und Schwester liegt gerade im Sterben!“ Eine halbe Stunde später hauchte sie ihren letzten Atemzug.

Tief in uns existiert eine gewisse Intuition von einer unsichtbaren Welt. Eigene Erlebnisse und Erzählungen aus der Familie bestätigen unser Bauchgefühl, dass es jenseits der Bühne unseres Lebens eine Realität gibt, die uns nach dem Tod erwartet.

In der Bibel lesen wir, dass Jesus Christus das sichtbare Abbild des unsichtbaren Gottes ist. Seine Lehren und Taten stehen einsam über allem, was sich in der Weltliteratur angesammelt hat. Selbst außerchristliche Geschichtsschreiber erwähnen seine Kreuzigung. Hunderte von Augenzeugen bestätigten vor zwei Jahrtausenden seine Auferstehung. Und Millionen von Menschen haben seitdem erklärt, die Macht des Auferstandenen persönlich erlebt zu haben.

In meinen Büchern finden sie über 100 Begebenheiten, die unseren normalen Erfahrungsrahmen sprengen. Gott wurde sichtbar. Meine Frau und ich sowie unsere Freunde haben unzählige Male in der Hoffnung gebetet, dass Gott eingreifen und uns zu Hilfe eilen möge. Und er tat es. Die Ergebnisse liegen auf dem Tisch und sind verifizierbar. Man sagt gemeinhin, dass wir das glauben, was wir glauben wollen. Bis zu einem gewissen Grad sind wir alle festgelegt. Und für niemanden ist es einfach, seine eigene Denkweise infrage zu stellen. Ich hoffe, ich trete Ihnen jetzt nicht zu nahe, wenn ich sage: Falls Sie den Gott der Bibel bisher ignoriert haben sollten, geben Sie ihm doch eine Chance!

Es war der 31. August 2006. Vor einem Gesprächskreis in Wiesbaden-Sonnenberg referierte ich über Diospi Suyana. In der Runde der Zuhörer saß ein Geschäftsmann, auf den unsere Erfahrungen weltfremd wirkten. „Das sind doch studierte Leute“, dachte er, „wie kann es sein, dass die Johns konkret beten und so naiv sind anzunehmen, dass ein Gott auf so etwas reagiert!"

Doch die Geschichte hatte es in sich. Fügungen jenseits jeglicher Vorstellungskraft. Förmlich aus dem Nichts entstand ein modernes Krankenhaus. „Es war, als ob die Präsentation in meinem Kopf einen Schalter umlegte", erinnert sich der Wiesbadener heute. „Noch viele Tage später musste ich daran denken. Gott und Gebet. Diese Begriffe waren für mich ganz weit weg. Schließlich sprang ich über meinen Schatten und fing an zu beten. Ganz konkret. Und tatsächlich, schon am nächsten Tag hat Gott unmissverständlich auf mein Gebet reagiert!" Seit jenem Ereignis vertraut Herr Vogel auf Gott.

Im Februar 2018 standen meine Frau und ich vor der gleichen Gesprächsgruppe. Die erstaunliche Entwicklung von Diospi Suyana hatte sich nicht als Hype oder Eintagsfliege entpuppt. Vielmehr waren die Gebetserhörungen, die von der Realität Gottes zeugen, weitergegangen.

Ich möchte Sie ermuntern, die Frage nach Gott nicht hinauszuzögern, denn das Boot, in dem Sie sitzen, befindet sich in einem jämmerlichen Zustand.

Wenn das Boot leckschlägt – ein offenes Wort

Es entzieht sich meiner Kenntnis, wie Sie weltanschaulich ticken. Möglicherweise denken Sie, dass Ihre eigenen Lebensumstände einen gefährlichen Gang auf dem Wasser nicht erfordern. Sie bleiben vielleicht lieber im sicheren Boot sitzen und erfreuen sich an dem Geplätscher des sanften Spiels der Wellen. Sie verstehen, was ich damit meine: Essen, Genießen und den Rest auf sich zukommen lassen.

Doch auch Sie müssen die Frage klären, ob Sie auf dem Wasser laufen können oder nicht. Denn früher oder später wird der Wind zunehmen und das beschauliche Panorama in eine schwere See verwandeln. Beunruhigt werden Sie feststellen, dass Ihr Boot zudem leckgeschlagen ist. Trotz aller Versuche, das Loch zu stopfen, steigt der Wasserspiegel an Bord. Ihre vermeintlich sichere Zufluchtsstätte verwandelt sich in ein sinkendes Schiff, mit dem Sie unweigerlich untergehen werden. Es sei denn, Sie können auf dem Wasser laufen.

Familiäre Tragödien bleiben niemandem erspart. Und verlassen Sie sich bitte nicht allzu sehr auf Ihre finanzielle Absicherung. Über Nacht können die Aktienkurse ins Bodenlose fallen und Millionen von Menschen in den finanziellen Ruin stürzen. Die Richtigkeit dieser Aussage hat sich 2020 in der Corona-Krise vor den Augen der gesamten Weltöffentlichkeit bewahrheitet. Wenn die Strudel Sie nach unten ziehen, machen sich „gute“ Freunde gerne rar. Eines ist ganz sicher, es kommt der Tag, an dem der besorgte Blick des Arztes auf Ihnen ruht, wenn er seine niederschmetternde Mitteilung macht: „Es tut mir leid!“

Ich erinnere mich an einen Schulkameraden aus alten Zeiten. Wir hatten in der Grundschule dieselbe Klasse besucht. Wie zufällig kreuzten sich unsere Wege nach zwei Jahrzehnten. Wir beide waren noch keine dreißig und steckten voller Tatendrang. An diesem netten und geselligen Abend sprachen wir „Hobby-Philosophen“ über unsere eigenen Lebensentwürfe. Der junge Unternehmer hatte eine klare Vorstellung davon, wie man sich langfristig abzusichern habe. „Man darf seine Pfunde nicht nur auf ein Pferd setzen“, bemerkte er weise, „sonst schwimmen einem unter Umständen alle Felle weg!“

Zwei Jahre später hörte ich von seiner Beerdigung. Ein plötzlicher Herzstillstand hatte ihn von einer Sekunde zur nächsten hinweggerafft.

Wenn die Planken Ihres Kahns sinken, nützt es nichts, sich an ihnen festzuklammern. Unlängst starb der Vater einer Schulfreundin. Er hatte die 90 schon überschritten und auf der Intensivstation regelrecht mit dem Tod gerungen. Er hatte die Ärzte gebeten, jegliche erdenkliche Maßnahme durchzuführen, um einen Exitus zu verhindern. Seine Frau und seine Kinder hatten die Hoffnung für sein irdisches Leben längst aufgegeben. Er selbst kannte keine Zuversicht auf ein Leben danach. In einem solchen Fall ist die Nulllinie im EKG der Schritt in ein dunkles Nichts. Ein fürchterlicher Gedanke.

Sie mögen einwenden, so sehe das menschliche Schicksal aus. Jeder von uns müsse einmal für immer Abschied nehmen, sei es auf einem weißen Kissen, auf dem OP-Tisch oder am schmutzigen Straßenrand. Dann wäre unsere Identität ausgelöscht und wir verschwänden im Reich der Vergessenen. Glücklicherweise weiß ich, dass das nicht stimmt.

... Eigentlich gab mein Terminplan diesen Abstecher nach Süddeutschland nicht her. Aber irgendwie fand ich doch ein kleines Zeitfenster, um 30 Minuten mit ihr zu verbringen. Dafür nahm ich zwei Stunden Autobahn mit einem durchgetretenen Gaspedal gerne in Kauf.

Einige Monate zuvor hatte ich die junge Anwältin bei einem Vortrag kennengelernt und ein wenig aus ihrer Vergangenheit gehört. Leider war bei ihr der Tumor in der Bauchspeicheldrüse zurückgekehrt. In Anbetracht der vielen Metastasen bestand keine Chance auf Heilung. Endlich saß ich an ihrem Bett. Ich wünschte, ich hätte mehr Zeit und meine Worte könnten trösten. Betroffen sprach ich ein Gebet und befahl die Patientin bewusst der Obhut Gottes an.

Als Arzt habe ich so viele Menschen sterben sehen, und das Gefühl der Unentrinnbarkeit schmeckt bitter. „Wie kann es einen Gott geben, der eine junge Frau so leiden lässt?" Das waren die Worte ihres Onkologen gewesen. Aber das, was sich in jenem Zimmer abspielte, hatte mit Verzweiflung nichts zu tun. Schon als ich meinen Kurzbesuch telefonisch ankündigte, war mir das klar geworden.

Die hübsche Frau mit dem aufgequollenen Körper strahlte mich an. „Du machst doch sicher deine Ups und Downs durch?“, hatte ich sie gefragt. Ihre Erwiderung sollte mich verblüffen. „Nein, ich fühle mich in jedem Augenblick von Gott getragen!“

Wie so viele in meiner Generation kenne ich die heimliche Angst vor der Krebsdiagnose. Der dicke Lymphknoten, der plötzlich auftaucht und nicht schmerzt. Und die eingebildete Sehstörung, die alles bedeuten kann. Die Frau vor mir war da, wo keiner von uns hinwill, und doch strömte ein tiefer Frieden von ihr aus. Vier Tage vor ihrem Ableben rief ich sie ein letztes Mal vom Frankfurter Flughafen an: „Nicole, wie geht es dir?“

Ihre Antwort wird mich für immer begleiten: „Mir geht es gut, Gott ist bei mir. Er ist einfach genial!“

Für die Traueranzeige hatte Nicole Otto einen Vers aus dem Buch der Bücher gewählt: „Von allen Seiten umgibst du mich und hältst deine schützende Hand über mir!“ (Psalm 139,5).

Die schlauen Worte, die als letztes Statement eines Menschen in der Zeitung abgedruckt werden, haben manchmal recht wenig mit der Wirklichkeit zu tun. Oft sind sie eher ein Ausdruck von bekümmerter Hilflosigkeit. Bei Nicole traf diese Aussage der Bibel ins Schwarze. Nicole hatte sich Jesus Christus anvertraut, der von sich sagt: „Wer an mich glaubt, wie die Schrift es sagt, der wird leben, selbst wenn er stirbt!“

Im festen Glauben an den Auferstandenen verließ Nicole das Boot und ging auf dem Wasser. Und sie machte die erstaunliche Entdeckung, dass das Wasser trägt. Übernatürlich, tröstlich und hundertprozentig real.

Eine persönliche Stellungnahme

Nun sind Sie am Ende meines dritten Buches angelangt. Die Chronologie der Ereignisse, die ich so gewissenhaft wie möglich dokumentiert habe, deckt einen Zeitraum von über 40 Jahren ab. Auf insgesamt 750 Seiten wollte ich darlegen, dass der Glaube an den Gott der Bibel mehr ist als ein bloßes Weltbild. Seine innewohnende Kraft erklärt sich nicht mit autosuggestiven Methoden, sondern mit einer Macht, die weit über uns steht. So war es das Handeln Gottes und nicht unser Wunschdenken, das bei Diospi Suyana Berge versetzt hat.

Im Herbst 2004 wurde ich in das deutsche Entwicklungshilfeministerium eingeladen. Nach einem Treffen mit der damaligen Ministerin Heidemarie Wieczorek-Zeul sollten die Beamten ausloten, inwieweit sie unser Projekt unterstützen könnten. Als sie die wahre Tragweite unseres Vorhabens verstanden, hielten die Experten das Ganze für ziemlichen Blödsinn. Ich sehe noch heute ihre spöttischen Gesichter vor mir. „Da haben Sie sich aber viel vorgenommen", bemerkten sie in herablassendem Ton und grinsten, „aber Sie hoffen ja auf die Hilfe von oben, nicht wahr?"

Die hohen Damen und Herren hatten weder eine Vorstellung von der Allmacht Gottes noch genügend Fantasie, um zu ahnen, dass man mit dem Allerhöchsten handfest rechnen kann. Glaube nicht als Träumerei, sondern als Realpolitik.

Ich wünschte, ich könnte der Kommission von damals mit einer Powerpoint-Präsentation erläutern, wie sich Diospi Suyana von der Theorie eines Projektentwurfs zu einem der bekanntesten Missionsspitäler entwickelt hat. Von unserer Schule und den Radiotürmen ganz zu schweigen. Alles, was in Curahuasi in wenigen Jahren entstanden ist, geschah ohne die Millionenzahlungen einer Regierung und ohne die großzügige Förderung seitens der UNO. Aber es dürfte wohl kaum ein staatliches Entwicklungshilfeprojekt geben, das es mit der Produktivität und der Nachhaltigkeit von Diospi Suyana aufnehmen könnte.

An dieser Stelle möchte ich ein Geständnis ablegen. Ich bin beileibe nicht so mutig, wie es vielleicht den Anschein haben mag. Wer mich näher kennt, weiß, dass ich eher ein ängstlicher Mensch bin. Oft habe ich Angst um meine Kinder und um meine Frau. Und in langen Nächten quälen mich manchmal die Sorgen um das Werk, das wir mit Gottes Hilfe aufgebaut haben. Besonders die vergangenen 25 Jahre wurden für meine Frau und mich zu einer Abenteuerreise mit großen Risiken. Nicht nur einmal gerieten wir in Panik, in den Fluten der Bedrängnis zu versinken.

In diesem Buch haben Sie von den unterschiedlichsten Menschen gelesen, die alle erdenklichen Absicherungen hinter sich ließen und im festen Vertrauen auf Gott kühne Schritte wagten. Auf der Titelseite sehen Sie meine Frau und mich bei stürmischer See auf dem Wasser. Unter uns lauern die Haifische. Die peruanische Künstlerin Eunice Espinoza hat diese Atmosphäre meisterhaft getroffen. Neider und Feinde haben immer wieder versucht, Diospi Suyana zu zerstören. Korrupte Politiker, gleichgültige Bürokraten und sogar Kriminelle brachten uns gelegentlich in große Gefahr.

Ein peruanischer Arzt hatte mich für Freitag, den 19. Juli 2019, nach Lima eingeladen, um seinem erweiterten Freundeskreis Diospi Suyana zu erläutern. Für mich ein Event wie hundert andere. Doch spät am Donnerstagabend wurde es unerwartet mysteriös. Eine Gruppe von Unbekannten meldete sich bei Dr. Kcam, um den genauen Veranstaltungsort zu erfahren. Ihre E-Mail war anonym und der Inhalt besorgniserregend. Was führten diese Leute im Schilde? Wollten sie die Versammlung stören oder planten sie sogar meine Entführung? In jener Woche hatte ich auf unserer Webseite von einigen Großspenden für unsere OP-Abteilung berichtet. Noch in der Nacht beschäftigte sich die Polizei mit der Angelegenheit. Die E-Mail-Adresse des Absenders war längt abgeschaltet, das Gmail-Konto gelöscht. Unmöglich, den Drahtziehern auf die Spur zu kommen. Wer stand hinter dieser Aktion?

Dr. Haßfeld war noch wach, als ich ihn anrief. „Egal, was passiert", sagte ich unserem Vizedirektor, „Diospi Suyana zahlt grundsätzlich keine Lösegelder!" In der Nacht konnte ich kaum schlafen und wälzte mich auf meinem Kissen hin und her. Um 4 Uhr beteten meine Frau und ich im Bett und vertrauten uns Gott an.

Am nächsten Tag wurde der Vortragsort in einen anderen Stadtteil verlegt. Ab dem Nachmittag patrouillierten mehrere Agenten der Geheimpolizei das Wohnviertel. Insgesamt waren fünf Beamte in Zivil im Einsatz. Während ich drinnen vor einem freundlichen Publikum über unser Missionswerk redete, stand die Gebäudeanlage draußen unter Beobachtung. Die Polizisten in Zivil leisteten Überstunden, um mich zu schützen.

Mag sein, dass wir eines Tages wirklich Opfer von Anschlägen und Entführungen werden. Vielleicht zieht in einer dunklen Nacht ein Lastwagen in die Innenkurve und es kommt zum Crash wie damals im Dezember 2008. Wir kriegen bei Diospi Suyana oft nasse Füße. Die Krisen scheinen nie aufzuhören. Und mitunter überkommt meine Frau und mich das kalte Grausen, wenn die Wellen sich vor uns auftürmen. Dann rufen wir wie Petrus damals: „Herr, lass uns nicht im Stich!".

Fromme Sprüche, Religion als Kulturgut und theologische Spitzfindigkeiten entlocken uns nur ein tiefes Gähnen – aber ob der Glaube wirklich trägt, interessiert uns brennend. Die Ereignisse bei Diospi Suyana bestätigen immer wieder, dass wir tatsächlich auf dem Wasser laufen. Und wir stecken voller Sehnsucht, einmal den zu sehen – von Angesicht zu Angesicht –, der uns aus dem Boot gerufen hat.

Dank

„Gott, wo bist du? Ich will dich sehen!“, rief ich vor Jahrzehnten in einer stürmischen Novembernacht. Dieser Schrei hallt bis heute durch mein Leben. Und Gott in seiner Gnade hat ihn beantwortet. Ich werde ihm dafür nie genug danken können.

Rund 220 ehrenamtliche Langzeitmitarbeiter haben meine Frau und mich auf unserer Reise begleitet. Ohne sie wäre Diospi Suyana nie entstanden. Wir werden mit ihnen immer verbunden bleiben. Das gilt in besonderem Maße für Barbara und Udo Klemenz.

Unsere Freunde im Verein, allen voran Olaf Böttger und seine Schwester Annette, haben uns mit ihrem Engagement fortwährend den Rücken gestärkt. Immer, wenn ich einen neuen Versuch unternehme, den Beitrag der Böttgers gebührend zu würdigen, winkt die Familie ab. Sie halten sich bescheiden im Hintergrund, obwohl ohne sie Diospi Suyana nie das geworden wäre, was es ist.

Tausende von Unterstützern, Förderern und Multiplikatoren haben unsere Vision geteilt. Möge Gott ihnen alles zurückzahlen, was sie selbstlos für Diospi Suyana in die Waagschale geworfen haben.

Zu guter Letzt danke ich dir, Tina. Ich kenne keine andere Frau, mit der ich lieber über das Wasser gehen würde. Hand in Hand und mit dem Blick nach vorne. Komme, was da komme.

Übersetzt in viele Sprachen. Bekannt durch ZDF, Sat1 und Presse:

Klaus-Dieter John

„Ich habe Gott gesehen“

Diospi Suyana –
Hospital der Hoffnung

272 Seiten,
mit 16 Fotoseiten, gebunden
ISBN 978-3-7655-1757-0

Als Touristen kamen die Ärzte Dr. Martina und Dr. Klaus John nach Peru. Erschüttert von den schlechten gesundheitlichen und sozialen Bedingungen auf dem Land beschlossen sie, ihren Lebenstraum zu verwirklichen: ein modernes Krankenhaus mitten in den Anden zu bauen – ohne einen einzigen Cent in der Tasche ... Eine wahre Geschichte voller Wunder.

Und so geht's weiter:

Gott hat uns gesehen

Diospi Suyana –
eine Geschichte
geht um die Welt

240 Seiten,
mit 16 Fotoseiten, gebunden
ISBN 978-3-7655-0930-8